W0300101

BEAUTIFUL BOY

TOM BARBASH

BEAUTIFUL BOY

roman

Traduit de l'américain
par Hélène Fournier

TERRES D'AMÉRIQUE

ALBIN MICHEL

« Terres d'Amérique »
Collection dirigée par Francis Geffard

Retrouvez toute l'actualité de Terres d'Amérique et de ses auteurs
sur la page Facebook officielle de la collection :
www.facebook.com/Terres.Amérique

© Éditions Albin Michel, 2020
pour la traduction française

Édition originale américaine parue sous le titre :
THE DAKOTA WINTERS
Publiée par HarperCollins Publishers, New York, États-Unis.
© Tom Barbash, 2018
Tous droits réservés.

À ma famille

« Et vous, heureux mortels, pour qui les caps des Tempêtes, par un hasard extraordinaire, se montrent aussi paisibles que des lacs Léman, ne vous vantez pas d'avoir su échapper au danger grâce à votre sagesse et votre prudence ! Malgré tous vos dons naturels, vous auriez pu sombrer et couler bas si le mauvais génie du Cap en avait décidé ainsi. »

Herman Melville, *Vareuse-Blanche*[1]

1. Éditions Gallimard, traduit de l'américain par Jacqueline Villaret, 1967.

21 août 1979

Mon cher Anton,

J'espère que tu dors mieux et que la nourriture te plaît davantage, et je dois avouer que je t'envie d'avoir à choisir entre semoule de maïs, foufou et serpent rôti. Je t'imagine dans une paillote de bambou et dormant sous une moustiquaire ou lisant à côté d'une lampe à pétrole. N'oublie pas que tu ne revivras jamais pareille expérience, et que la plupart des hommes illustres commencent leur illustre existence en sortant de leur zone de confort. Je suis ravi que tu aies aimé les livres que je t'ai envoyés, et je suis de ton avis concernant celui d'Alan Moorehead. Il est un peu daté, mais il y a des passages intéressants et tu en tireras quelque chose.

Ton frère va plutôt bien mais tu lui manques énormément. Il se lève tôt pour faire des pompes et des abdos. Il participe à plusieurs tournois de tennis dans la région cet été, et il renforce peu à peu son mental. Il ne jette plus sa raquette. Il travaille depuis un moment avec l'entraîneur et maître zen dont je t'ai parlé, et il a évacué toute négativité. Sa transformation est impressionnante.

Quant à moi, je suis toujours – oui, toujours – en train d'essayer de retrouver mon équilibre, et je progresse. Mes voyages ont eu un effet miraculeux sur mon humeur et mon esprit dérangé, sans parler de mon corps de quinquagénaire qui n'avait pas été aussi tonique depuis ton enfance. Et pourtant, j'ai parfois l'impression d'avancer d'un pas chancelant. La routine de l'émission me manque et, en même temps, je suis ravi de pouvoir consacrer toutes ces heures à faire autre chose. Je nous imagine parfois tous les deux en train de discuter de nos expériences et de nos rencontres. D'une certaine façon, c'est ce que nous avons fait à travers nos lettres (bien que par intermittence), mais j'ai hâte de te voir en chair et en os. On a tous hâte. Ta mère planifie des menus à ton intention et note les films qu'elle aimerait t'emmener voir. Kip veut te mettre une raclée sur le court de tennis, et Rachel t'emmener faire du vélo dans Central Park comme vous en aviez l'habitude.

Chacun a sa théorie sur ce qui m'est arrivé. C'est plutôt sympa qu'ils emploient un terme aussi vague pour en parler, non ? Dépression nerveuse. Ça recouvre bien des choses. C'est comme si je venais de quitter mon lit après une forte fièvre, et que je me retrouvais avec du sel sur la peau et le vent dans mes cheveux.

Au fait, je suis tombé sur John L. dans l'ascenseur il y a un mois. Il était avec Sean. Je lui avais parlé de tes voyages en lui donnant quelques détails croustillants et, depuis, il me demande régulièrement de tes nouvelles. J'ai mentionné tes problèmes digestifs – je les ai peut-être un brin dramatisés, mais il m'a raconté une histoire similaire. On a marché jusqu'au zoo. Son fils est adorable.

Professionnellement, j'ai quelques spectacles de stand-up en vue et ça m'angoisse un peu. On pourrait d'ailleurs envisager un coup de fil hors de prix, en douce, pour que je te lise ce que j'ai écrit.

Mais je ne vais pas t'embêter plus longtemps, Anton, d'autant que je suis vraiment en pleine forme. Ça faisait longtemps que je ne m'étais pas senti aussi bien physiquement. J'ai repris la natation. Comme tu le sais, je joue au tennis quatre fois par semaine. Rien de tel que le chômage pour améliorer ses coups de fond de court.

Porte-toi bien et sois alerte. Yeux, oreilles et esprit grands ouverts. Mange un serpent rôti en pensant à ton père. J'adore l'histoire de ces gamins du village qui se sont pressés autour de toi pour avoir un autographe sans même savoir qui tu étais, si ce n'est que tu viens d'Amérique.

Savoure cet éloignement. Quelle aventure !

À bientôt.
Je t'embrasse,

Buddy (alias papa)

P.-S. : Malheureusement, les Mets s'enfoncent.

1

Janvier 1980

Il y a d'abord eu le paludisme.

J'étais parti au Gabon avec le Peace Corps pour aider les gens à mieux se nourrir et favoriser leur accès à l'eau potable. J'avais participé à la conception et à la mise en place d'un système de filtrage de l'eau, et j'étais en train de construire un centre médico-social comprenant une vaste cuisine et un dispensaire rudimentaire. J'avais nagé avec des hippopotames, dansé jusqu'à la transe avec une trentaine d'autres jeunes, lu beaucoup de romans de Ian Fleming, et perdu pas loin de neuf kilos. J'étais resté dix mois sans flirter, et puis j'avais passé un « week-end d'expansion de la conscience » dans un hôtel de Libreville avec la fille d'un fonctionnaire du ministère des Affaires étrangères.

Là-bas, loin de mes amis et de ma famille, il me semblait que je réussissais à y voir plus clair dans ma vie, mais si ce voyage avait été un film, j'aurais disparu de l'écran avant même que le décor soit solidement planté et sans connaître le dénouement de l'intrigue. J'avais l'impression d'être à la veille, ou à l'avant-veille, de franchir une étape importante. Je n'étais parti que treize mois et pourtant, à mon retour, la ville de New York me parut différente. Elle était magnifique sous la neige, on se serait cru dans un rêve, mais peut-être était-ce parce que j'étais d'un naturel rêveur. Quand j'allais me promener, je faisais semblant d'être originaire d'un petit village situé à des milliers de kilomètres de là, et j'imaginais quel regard je poserais sur elle.

Mais c'est la maladie qui occupait le plus clair de mon temps. J'avais attrapé une pneumonie quand j'étais au lycée, et il m'était arrivé à plusieurs reprises d'avoir un méchant rhume, mais rien qui puisse me préparer à ça. Je crois pouvoir situer le moment exact de l'infection. J'étais allongé sous ma moustiquaire et je m'étais rendu compte qu'un insecte était piégé (une femelle, car elles seules piquent, m'avait expliqué le médecin), mais je craignais que tous les moustiques présents dans la pièce m'attaquent si je déchirais la mousseline et, de toute façon, j'étais épuisé. Je flottais entre veille et sommeil. La maladie ne s'était pas déclarée immédiatement mais j'en avais eu ensuite tous les symptômes : forte fièvre accompagnée d'une transpiration excessive, frissons mortels, et hallucinations dès que je fermais les yeux. Le médecin qui s'est occupé de moi à l'hôpital de Bongolo, dans la commune de Lebamba, m'a dit que j'aurais pu y passer. Que si j'avais attendu un jour de plus, je serais mort. Et, en vérité, j'ai beaucoup pensé à la mort quand j'étais dans cet état hallucinatoire, le cerveau embrumé. Je me représentais les gens venus assister à mon enterrement, et je les imaginais dire des choses incroyablement gentilles à mon sujet.

On m'a rapatrié sur un Boeing 707, avec une escale à Paris pour faire le plein de carburant. J'ai peu de souvenirs de ce vol transatlantique. Peut-être ont-ils projeté un film à bord. J'ai bu une demi-canette de bière. Ma voisine lisait *Le Choix de Sophie* et j'aimais bien son parfum. Mes parents m'attendaient à l'aéroport, et mon père n'a pas arrêté de me serrer dans ses bras et de scruter mon visage. « Paludisme », articulait-il, comme pour s'habituer à un nouveau mot.

Ma maladie est devenue une histoire que Buddy se plaisait à raconter, son fils aîné avait attrapé le paludisme en Afrique, et il énumérait les sommités qui en avaient souffert et en étaient mortes : Dante, Le Caravage, Lord Byron ; et celles qui en avaient réchappé comme Hemingway, Lincoln (quand il était enfant, dans le Kentucky), et Kennedy pendant la Seconde Guerre mondiale, alors qu'il se trouvait dans les îles Salomon. On n'a pas exigé grand-chose de moi les premiers jours qui suivirent mon retour. Je me rappelle avoir regardé les éliminatoires de la National Football League – les Rams de Los Angeles l'emportant de manière inattendue sur les Cowboys de Dallas avec trois passes décisives de Vince Ferragamo –, et je me rappelle aussi avoir suivi, dans les journaux et à la télévision, la prise d'otages en Iran puis l'invasion russe en Afghanistan. J'étais particulièrement sensible à ce que je lisais dans la presse. Il m'a fallu deux jours, par exemple, pour me remettre de la mort de Joy Adamson, l'auteure de *Vivre libre*. On racontait qu'elle avait été déchiquetée par un lion au Kenya. Elle était partie se promener et avait prévu de rentrer à temps pour écouter une émission de la BBC. Son corps avait été retrouvé à une centaine de mètres du camp. Elle avait soixante-neuf ans.

Nous avions vu le film tiré de son livre cinq ou six fois quand on était petits, et il m'avait toujours fait pleurer. Il faut dire aussi que je m'étais amouraché de Virginia McKenna, l'actrice qui joue le rôle de Joy Adamson, et j'avais d'ailleurs pensé à elle pendant mon séjour en Afrique. J'aurais voulu rencontrer une femme comme elle – cheveux blonds et fine chemise kaki amidonnée –, tomber amoureux et m'installer là-bas ou la faire venir à New York.

« Celui qui prend l'épée périra par l'épée », avait déclaré Buddy, mais la nouvelle l'avait ébranlé, lui aussi.

J'étais également anéanti par le sort réservé aux otages en Iran. Il y avait, à la une du *New York Times*, une photo de deux d'entre eux en train de lire du courrier venu des États-Unis, un immense tas de lettres éparpillées à leurs pieds. Des hommes d'Église, qui étaient allés leur apporter biscuits de Noël, rosaires et bibles, avaient déclaré qu'ils étaient en bonne santé, mais il se disait aussi qu'ils avaient les yeux bandés et qu'ils étaient attachés à des radiateurs.

Le shah d'Iran, que j'avais rencontré une fois lors d'une réception chez Rowan Rose, s'était exilé sur une île du Panama où nous avions passé des vacances. Il s'était installé dans une maison que mon père avait eu l'occasion de louer. Il y avait des photos de lui pataugeant dans la mer pendant que des gardes du corps armés le surveillaient depuis la plage.

J'avais l'impression que le monde vivait un soulèvement cataclysmique et, avec le recul, je peux dire que c'est exactement ce qui se passait. Une révolution en Rhodésie, un assassinat en Corée du Sud, un autre en Afghanistan, puis l'invasion de Kaboul par les Soviétiques, pied de nez à notre vacillant président sudiste qui ne cessait d'intervenir à la télévision pour proférer des menaces et donner l'image d'un dirigeant inébranlable.

« Une telle agression ne sera pas tolérée », répétait-il avec la véhémence d'un père disant à son enfant qu'il sera privé de dessert s'il recommence à tirer sur la queue du chat.

Je lisais le journal de la première à la dernière page, je regardais les informations à la télé, et la nuit je rêvais de révolutions, de maladies et d'animaux en maraude ; une fois, l'un d'eux avait une tête qui ressemblait de façon troublante à celle de Buddy.

« Je ne voudrais pas m'emballer, me dit mon père, mais il se peut qu'on se retrouve bientôt au cœur de l'action. »

Nous étions au Café Un Deux Trois, dans Midtown, un jeudi soir. Ma mère était restée à la maison pour lire et aider mon frère à faire ses devoirs.

« Comment ça ?

– Un de nos anciens producteurs a lancé l'idée d'une nouvelle émission, et apparemment ça suscite l'intérêt. "Les gens ont la mémoire courte", m'a-t-il dit, à condition que je sois partant.

– Et tu l'es ?

– Je ne sais pas. Peut-être.

– Tu l'es, incontestablement. »

Reginald « Buddy » Winter, mon adorable père, avait animé le *Buddy Winter Show* entre 1968 et 1978, une émission diffusée sur une chaîne nationale, suivie par un nombre important de fidèles téléspectateurs, et qui lui avait valu deux Emmy Awards. Il avait invité, entre autres,

Salvador Dalí, Mohamed Ali, Gore Vidal, Woody Allen, Luciano Pavarotti, Elizabeth Taylor, Paddy Chayefsky et John Lennon – le grand public et l'avant-garde. Et puis un jour il était parti au beau milieu du talk-show et avait fait une dépression nerveuse, ce qui avait donné lieu à un long article plein de détails fallacieux dans le magazine *Manhattan*. Depuis, mon père était devenu un objet de curiosité et de fascination, même si certains récits de son expédition intercontinentale vers la guérison n'étaient que pure fiction et passaient sous silence le fait qu'il était totalement perdu.

Ma mère, Emily Winter (« Em » pour son mari), avait passé un mois avec lui dans les îles grecques, où ils avaient mangé du poisson, foulé du raisin au pied et bouquiné au bord de la mer, lunettes de soleil sur le nez. Elle disait qu'elle avait eu l'impression qu'ils retournaient dix ans en arrière, un véritable soulagement étant donné qu'elle ignorait qui elle allait trouver en atterrissant à Athènes.

« Bref, rien de concret, a poursuivi Buddy, mais il est peut-être temps de se remettre en selle.

– Et de se réconcilier avec certaines personnes. Qui est ce producteur ?

– Elliot. »

Elliot faisait partie de ceux, et ils étaient rares, qui avaient réussi à retomber sur leurs pieds – il avait décroché un poste important sur ABC Sports. Quand l'émission s'était arrêtée, nous n'avions pas été les seuls à perdre notre principale source de revenus. Il y avait des producteurs et des cameramen, des éclairagistes et des assistants de production, le personnel chargé d'accueillir les invités, tous ces gens qui, pour la plupart, avaient prévu d'accompagner Buddy jusqu'au bout. Nombre d'entre eux lui en avaient sacrément voulu de les avoir abandonnés, et ils avaient eu, par ricochet, la même attitude à mon égard. Un jour, notre vieux caméraman, Jay Schwabacker, que nous considérions comme un membre de la famille, avait évité de monter dans la même voiture que moi quand il m'avait aperçu dans le métro. Le plus regrettable fut ce qui se passa avec Harry Abrams, le camarade de chambrée de Buddy à l'université, devenu son agent. À l'époque, je sortais d'ailleurs plus ou moins avec sa fille. Ils avaient eu une violente dispute et ne s'étaient jamais reparlé depuis.

Un homme aux cheveux argentés, d'une bonne quarantaine d'années et qui, au vu de son bronzage, rentrait de vacances, se pencha pour parler à mon père. « Excusez-moi de vous déranger en plein repas, mais je voulais vous dire que je vous ai regardé tous les soirs jusqu'à la fin. J'ai conçu au moins un de mes enfants devant votre émission.

– Je suis désolé mais il me semble alors que la paternité me revient », a répondu Buddy.

L'homme a éclaté de rire. « Je suis ravi de constater que vous tenez aussi bien le coup.

– Que voulez-vous dire ?

– Je veux dire que vous avez l'air en pleine forme. »

Mon père était un sportif dégingandé qui avait encore quelques mois devant lui avant de franchir le cap de la cinquantaine. Il mesurait un mètre quatre-vingt-huit, avait des pommettes saillantes et des plis autour de la bouche quand il souriait (un mélange du journaliste Edward R. Murrow et de l'acteur George Peppard, avait écrit quelqu'un). Mais ce soir-là, son sourire était contraint.

« Quel air devrais-je avoir ?

– Exactement celui que vous avez. »

L'individu m'a regardé, comme pour dire : À toi de rattraper ça.

« Vous êtes vraiment le meilleur, Buddy », insista-t-il en lui tapotant l'épaule sans le quitter des yeux. Puis il s'éloigna.

« OK, OK, vous aussi », a marmonné mon père.

Il a fixé un moment son assiette, comme s'il y avait un message pour lui dans la purée de pommes de terre.

« Il faudrait faire un peu mieux quand tu rencontres ce genre de situation, lui ai-je dit.

– Tu as raison, tu as tout à fait raison », m'a-t-il répondu, et quand le serveur est revenu, mon père lui a demandé d'apporter une bouteille de vin à la table de son admirateur.

Nous avons remonté Broadway puis nous sommes passés devant le vieux théâtre qui avait hébergé le *Buddy Winter Show* pendant une décennie. Mon père était de bonne humeur, et l'incident au restaurant ne semblait pas l'avoir atteint. Une représentation venait de prendre fin et les gens sortaient, boutonnant leur manteau et remettant leur bonnet avant de héler un taxi.

« Tu crois que ça leur a plu, Anton ?

– Ils n'ont pas l'air très emballés.

– C'est exactement ce que je pensais. Ils sont en train de se dire : C'est mieux que la télé mais pas sûr que ça vaille soixante dollars. »

J'étais soulagé de constater que personne ne reconnaissait mon père, ces gens étaient probablement perdus dans leurs pensées, et j'appréciais de l'avoir un moment pour moi tout seul. Nous sommes passés devant le Stage Deli où nous avions l'habitude de nous réfugier après l'émission, devant le O'Donnell's Tavern et devant d'autres bars sombres où nous étions allés un nombre incalculable de fois avec certains membres de l'équipe. Généralement, Buddy ne s'éternisait pas car il aimait retrouver ma mère sans tarder mais, bien souvent, quelqu'un me glissait un verre en douce, on finissait tous par être légèrement éméchés et, à un moment donné, mon père réalisait que j'avais seize ans, que j'avais cours le lendemain, et qu'il était sans doute temps pour nous de rentrer.

Alors que nous arrivions à Columbus Circle, j'ai commencé à fatiguer. Après deux verres de vin mélangés aux médicaments prescrits par l'hôpital gabonais, je planais et j'avais l'impression que les couleurs de la ville tremblotaient.

« J'aurais dû aller te voir en Afrique, m'a dit Buddy. J'aurais bien aimé. On aurait vécu de sacrées aventures.

– On en vivra si j'y retourne.

– Il n'est pas question que tu y retournes.

– Et pourquoi pas ? ai-je rétorqué, car j'en avais le droit.

– Parce que j'ai besoin de toi. »

Le Dakota Building, où nous avions emménagé quand j'avais quatre ans, est l'un des immeubles les plus connus au monde. On dirait un château des Habsbourg et, tout comme l'Eldorado, le Beresford et le San Remo, il a été construit pour être unique en son genre. L'idée était qu'il puisse offrir dans l'Upper West Side – un quartier relativement isolé qui ressemblait alors aux vastes plaines des deux Dakotas, selon Edward Clark, le promoteur – le faste d'un hôtel de luxe. Le genre d'endroit où Marlene Dietrich aurait pu se sentir à l'aise. La liste des habitants de cet immeuble et des invités qui y ont défilé est le

Who's Who d'un siècle de culture américaine. Le Dakota aurait dû figurer au beau milieu de cette vieille couverture du *New Yorker* qui représente une petite partie de Manhattan entourée de minuscules points symbolisant le reste du monde, car c'est l'image qu'on avait de lui quand j'étais petit.

Ce qui ne signifie pas que c'était un endroit snob – ça n'a jamais été l'impression qui s'en dégageait. On aurait plutôt dit un village européen – luxembourgeois, par exemple – ouvert, chaleureux, impressionnant, avec tous ces gens qui voyageaient aux quatre coins de la planète et qui, à leur retour, relataient leurs aventures. Gamin, je n'en avais pas conscience – enfant, on croit que nos expériences ressemblent à celles des autres. Et pourtant, à cinq ou six ans, je reconnaissais déjà que j'avais de la chance, une chance peut-être exceptionnelle, même si je suis convaincu que d'autres enfants à travers le monde ressentent la même chose, sans pour autant qu'un immeuble en soit à l'origine.

Autrefois, sur le toit labyrinthique, il y avait des tentes, des auvents et des belvédères en vue des réceptions données en fin de semaine, et la musique s'entendait alors jusqu'à Central Park.

Nous occupions l'ancien appartement de l'acteur Boris Karloff, équipé de cinq cheminées et deux cuisines. C'est bien évidemment excessif, mais tous les appartements du Dakota étaient ainsi faits, avec de hauts plafonds, du parquet, de superbes ornements, d'étranges petits détails qu'on découvrait au fur et à mesure, comme les boutons de sonnette sur lesquels on appuyait pour indiquer aux domestiques – dans notre cas, à la femme de ménage – la pièce où l'on se trouvait ; ou encore le monte-plats autrefois utilisé pour renvoyer la vaisselle sale à la cuisine.

Pendant longtemps, le prix des appartements est resté relativement bas. Après tout, le Dakota était situé dans l'Upper West Side, un quartier jadis malfamé, connu pour ses gangsters comme Dutch Schultz ou Joe Masseria dit « Le Boss », pour ses sinistres terrains vagues et, soi-disant, pour la plus importante concentration de junkies et de malades psychiatriques relâchés suite à la fermeture d'hôpitaux dans tout le pays, mais aussi pour ses cinémas, ses librairies et ses intellectuels de gauche.

Depuis l'accueil, Hattie Beckwith nous a salués de la main. Hattie était originaire d'une petite ville irlandaise et travaillait là depuis cinquante ans. Elle recevait et triait le courrier, tenait le standard, le plus souvent de jour mais parfois de nuit. Elle avait des cheveux gris bouclés et, d'aussi loin que je me souvienne, elle portait alternativement trois pulls à torsades en hiver, un rouge, un vert irlandais, et le bleu qu'elle avait sur elle ce soir-là.

« Qui est cet inconnu ? a-t-elle demandé à mon père en me souriant.

– Un de vos nombreux admirateurs.

– N'importe quoi ! Dites donc, il a vos yeux.

– Il faut changer de lunettes, Hattie. Les siens sont marron.

– Peut-être. Je suis ravie de te revoir, Anton. Ton père a bien besoin qu'on s'occupe de lui. »

Elle avait toujours eu un faible pour Buddy, comme la plupart des habitants de l'immeuble. Chaque année, nous organisions une fête dans la cour, ma mère passait des jours à cuisiner, mon père faisait des gâteaux ou apportait de bonnes bouteilles de vin, et il s'asseyait à l'une des douze longues tables dressées autour de la magnifique fontaine, à côté de Rowan Rose, Lauren Bacall, Jason Robards et Ruth Ford. Quelques années plus tard, John, Yoko et Sean seraient aussi de la partie. Yoko apporterait des sushis, John s'installerait à la table de mon père, et moi, j'irais courir ailleurs – sans ressentir le besoin d'être au cœur de l'action puisque, de toute façon, nous y étions.

Jusqu'à ce que, bien évidemment, tout cela s'arrête.

Les ascenseurs du Dakota sont d'étranges appareils qui ont toujours été là. Ce sont sans doute les derniers ascenseurs hydrauliques de la ville. Il arrive qu'on reçoive des gouttes d'eau quand on en prend un.

Vous y croisez régulièrement vos voisins et, ce soir-là, nous sommes tombés sur Paul Loeb, un journaliste en charge de la rubrique architecture pour le *New York Times*.

« Tu es rentré, constata-t-il en me regardant.

– Oui, ça fait quinze jours.

– C'était comment ?

– Super. Mais je suis tombé malade.

– Comme tout le monde, non ?

– Tu aurais un boulot dans ton journal ? lui a demandé Buddy.

– Peut-être.

– On parle quand même du *New York Times*, ai-je fait remarquer. C'est comme si tu demandais à Billy Martin s'il avait besoin d'un joueur dans l'équipe des Yankees.

– On voit que tu t'es absenté, rétorqua mon père. Ça fait plusieurs mois que Billy s'est fait virer. »

Nous étions arrivés à l'étage de Loeb. En sortant de l'ascenseur, il m'a dit : « Sérieusement, Anton. Passe-moi un coup de fil et je verrai ce que je peux faire. Je ne te promets rien mais on ne sait jamais.

– Je vous appelle dès que je n'ai plus de vertiges. »

Il a souri. La porte s'est refermée.

Ma mère et mon frère Kip, quinze ans, regardaient le début d'un match que les Rangers disputaient sur la côte Ouest. « Tu as fait tes devoirs ? a demandé mon père.

– Oui. Tu veux lire ?

– Lire quoi ?

– Ma dissert sur *Siddhartha*.

– Montre-la plutôt à ton frère, a dit Buddy en se laissant tomber sur le canapé à côté de ma mère.

– Tu veux la lire ? m'a demandé Kip.

– Tu dois la rendre quand ?

– Demain. Il y a beaucoup de sexe dans ce livre.

– Ce n'est pas le souvenir que j'en ai. »

Kip lut : *Ils jouèrent au jeu de l'amour... Son corps était souple comme celui d'un jaguar ou comme l'arc du chasseur ; et celui à qui elle avait appris à faire l'amour pouvait se vanter d'en connaître les plus mystérieux attraits.*

« Pigé, dis-je.

– Qu'est-ce qu'un jaguar ou l'arc d'un chasseur ont à voir avec le sexe ? a demandé ma mère.

– Il faudrait que tu sois plus souple pour comprendre », a rétorqué Buddy.

Ma mère lui a fait un sourire qui signifiait : *Pas terrible.*

J'ai suivi Kip dans sa chambre, où il avait affiché des posters de grands sportifs, essentiellement des joueurs de tennis – Connors sautant au-dessus du filet, Borg prêt pour un passing-shot en revers, Vitas Gerulaitis plongeant sur un retour de service, mais aussi l'adorable Ron Duguay des Rangers marquant un but contre Bernie Parent des Flyers, et Dr J lévitant pour réaliser un dunk.

« Il était comment pendant le dîner ? m'a demandé mon frère.

– En forme, pourquoi ?

– Pour rien. »

J'ai attendu.

« Tu trouves qu'il va mieux ? a repris Kip.

– Oui. »

Je me suis assis à son bureau, j'ai allumé la petite lampe à abat-jour et commencé à lire sa dissertation. « Je peux l'annoter ?

– Autant que tu veux. »

C'est ce que j'ai fait.

Sa dissertation était bien argumentée mais il fallait y mettre un peu d'ordre.

« Ça me plaît qu'il soit là tout le temps, a poursuivi Kip. Qu'il soit là quand je rentre de l'école, et qu'à mon réveil il soit déjà en train de lire le journal.

– Tu as de la chance. Quand on était petits, Rachel et moi, il était toujours absent.

– Mais il va peut-être animer une nouvelle émission, non ?

– On verra. J'espère bien, mais ce n'est pas pour tout de suite.

– Tu en as envie, j'imagine ?

– Bien sûr, mais ça ne dépend pas de moi.

– Tu ne travailleras pas avec lui ?

– Ce n'est pas ce qui est prévu.

– Lui pense le contraire.

– C'est ce qu'il t'a dit ? »

Kip a hoché la tête. « Un ami m'a expliqué que, comme mon père avait fait une dépression nerveuse, j'avais de bonnes chances d'en faire une.

– Ton ami est un gros con. Allez, mets ça au propre et va te coucher. »

Je me disais que j'allais rester un mois et qu'ensuite je repartirais au Gabon pour finir ce que j'avais commencé. Je ne voulais pas me faire piéger une nouvelle fois.

Pas question.

2

Lundi, je suis allé voir le spécialiste des maladies tropicales au Bellevue Hospital pour un bilan. Dans le métro, j'ai écouté, avec le walkman que mes parents m'avaient offert à Noël, les groupes The Waitresses et Au Pairs sur des cassettes que Kip m'avait enregistrées. Au service de parasitologie, les différentes queues s'étendaient jusqu'au hall d'entrée.

J'ai signé un document et attendu qu'on m'appelle. Nombre de patients étaient des immigrants africains (leur afflux expliquait la longueur des files d'attente), dont un adolescent qui disait être originaire du Zaïre, et je me sentais dans mon élément parmi eux, bien plus en tout cas qu'en compagnie du New-Yorkais moyen.

Le médecin était un bel homme d'une trentaine d'années, aux cheveux bouclés, qui avait apparemment voyagé partout dans le monde. Il avait attrapé deux fois le paludisme, trois fois la dysenterie et une fois la dengue.

« Il n'y a rien de pire que la dengue. Que faisiez-vous au Gabon ?

– Volontaire du Peace Corps.

– Je regrette de ne pas avoir fait cette expérience.

– Je repars dans quelques semaines.

– Voyons déjà comment vous allez. Je parie que vous aviez arrêté la chloroquine.

– Effectivement.

– Et vous avez eu un accès de fièvre subit, c'est bien ça ?

– Oui. »

Cette nuit-là, j'étais trempé de sueur, j'avais eu trop chaud puis j'avais fini par être frigorifié et par avoir horriblement soif. Enfin, j'avais été pris de vertiges, comme si la paillote tournait autour de moi.

« Si vous êtes originaire de là-bas, ce n'est pas un drame, sauf la première fois que vous l'attrapez. Il existe plusieurs formes bénignes du palu. La vôtre était mortelle, Anton. Et vous avez bel et bien failli y passer.

– Je sais.

– Quel effet cela vous fait-il ?

– Que voulez-vous dire ?

– D'un point de vue psychologique, on ne s'en remet pas facilement. C'est quand même une expérience de mort imminente.

– J'ai des cauchemars récurrents.

– Ça ne m'étonne pas. Ils ressemblent à vos hallucinations ?

– Oui. J'ai aussi rêvé que j'étais mort et que j'assistais à mon propre enterrement. Et que tout le monde m'incitait à prendre la parole. »

Le médecin a écrit deux lignes dans son bloc-notes.

« Ce serait bien que vous trouviez quelqu'un à qui en parler.

– Pourquoi pas vous ?

– Je veux dire un psychologue. Croyez-en mon expérience. »

Il a poursuivi : « Je vais vous faire un test de dépistage de la dengue et de la maladie du sommeil. »

Je lui ai parlé de la dysenterie, de l'humiliation cuisante due aux longues et fréquentes crises de diarrhée. Il m'a regardé avec compassion.

« Lors de mon premier séjour en Afrique, je me souviens d'en avoir eu une carabinée. Ça ne m'était jamais arrivé, et mon vœu le plus cher est que ça ne m'arrive plus jamais. Je me rappelle m'être réveillé avec de la merde partout sur moi. »

Le médecin m'a ensuite fait passer un test auditif pour rechercher la présence d'acouphènes, et un bilan musculaire pour détecter d'éventuels troubles neurologiques. J'avais souvent l'impression que mon mollet droit était comme engourdi. Il m'a dit que ça s'arrangerait avec le temps tout en m'incitant à revenir le voir si cette sensation persistait. Puis il a ajouté qu'une rechute était possible, même au bout de six mois.

« Comment saurai-je que j'en fais une ?

– Vous ne le saurez pas. Pas tout de suite. Mais si vous avez le teint jaune, le visage bouffi et des symptômes de déshydratation, et si vous êtes trempé de sueur en pleine nuit, il faut immédiatement vous rendre à l'hôpital.

– Entendu. »

Il est sorti de la pièce. L'espace d'un instant, je me suis demandé si je ne devrais pas devenir parasitologue. C'est dire si j'étais paumé.

Une fois de retour, le médecin m'a dit : « J'ai vu votre adresse dans le dossier. Votre père serait-il Buddy Winter ?

– Oui.
– Dites-lui que son émission me manque. »

Il fait nuit. Les journées sont très courtes, la neige est sale et les oiseaux ont l'air frigorifiés. Certaines petites branches d'arbres sont gelées. Ça sent le froid et la saleté.

J'ai pris le métro pour rentrer, d'abord la ligne R puis la 2. Les voitures étaient couvertes de graffitis, des trucs grossiers écrits au marqueur noir sur les sièges, les fenêtres et les portes. Les stations elles-mêmes étaient vétustes, exiguës et mal aérées, et leurs colonnes, jadis d'un bleu vif, étaient couvertes de crasse.

L'homme assis à côté de moi parlait tout seul. Il s'était manifestement uriné dessus, et il se plaignait d'une femme qui lui avait piqué son argent et qui ferait bien de le lui rendre, nom de Dieu, si elle voulait le revoir un jour.

Deux jeunes de mon âge sont montés, un béret rouge enfoncé sur le crâne, l'un vêtu d'une veste militaire, l'autre d'un maillot de corps thermique blanc. C'était des Anges Gardiens, une association créée quand j'étais en Afrique et dont la mission consistait à prévenir les viols, les agressions et les vols dans le métro. Ils étaient treize au départ (« les 13 Magnifiques », comme ils se surnommaient) et plus de quatre cents désormais. Ils patrouillaient par groupes de huit environ, et se déployaient dans les différentes voitures.

« Bonjour, a lancé le type en veste militaire en s'adressant aux nombreux passagers. Je m'appelle Joseph, lui c'est Hector, et nous sommes ici pour faire en sorte que votre trajet soit agréable et que vous rentriez chez vous en toute sécurité. »

Il s'est avancé et je me suis rendu compte que son copain et lui étaient plus jeunes que ce que j'avais cru – dix-sept ou dix-huit ans.

Deux années plus tôt, j'avais été menacé de mort sur la ligne 2, en direction de Brooklyn, car mes yeux avaient rencontré ceux d'un homme dont l'oreille était sectionnée. « Qu'est-ce que tu regardes, putain ? » m'avait-il demandé, et quand j'avais répondu : « Rien », il s'était tellement approché de moi que j'avais pu distinguer les pores de son visage, et il avait lancé : « Rien, mais bien sûr ! Je vais te tuer, connard.

– Pour quelle raison ? » avais-je répliqué à voix haute, à mon grand étonnement.

Il avait alors jeté à terre le livre que je lisais.

« T'es un homme mort », avait-il articulé, les yeux furibonds, et après m'avoir dévisagé dix horribles secondes, il s'était éloigné en foudroyant d'autres passagers du regard.

Il y avait davantage de tension à New York que dans n'importe quel endroit où j'avais pu aller, en Afrique ou ailleurs. Dès que je m'éloignais un certain temps de cette ville, j'oubliais le stress que l'on pouvait ressentir uniquement parce que l'on sortait à certaines heures ou dans certaines rues.

Au collège, on avait entendu parler de Charlie Chop-off, une légende urbaine qui s'inspirait d'un homme ayant réellement existé. Il entraînait des gamins de force dans une ruelle ou un couloir obscurs pour les poignarder et, dans certains cas, les violer, puis il leur arrachait les organes génitaux avec un cran d'arrêt. Ça nous donnait des cauchemars. Dans la cour de récréation, on plaisantait quand l'un de nous rentrait chez lui dans la lumière déclinante :

Attention à Charlie Chop-off. Ou bien, chez un ami, on sortait un couteau du tiroir de la cuisine, on fixait l'entrejambe dudit ami et on criait : *Je suis Charlie Chop-off !*

Il avait fait au moins sept victimes, peut-être une vingtaine en tout. Puis il y avait eu le Fils de Sam, qui agissait dans d'autres quartiers mais qui aurait pu frapper n'importe où, et enfin Calvin Jackson, qui avait tué et violé des femmes près de chez nous avant de leur voler leurs appareils ménagers. (Une fois arrêté, il avait déclaré : « J'aime tuer. »)

Je me rappelle avoir un jour croisé un type qui marchait à pas furtifs dans la rue et qui ressemblait au Charlie Chop-off que je voyais dans mes cauchemars d'enfant. Il m'avait regardé bizarrement et j'avais détalé. Dès que je pressentais un danger, je marchais ou courais sur la chaussée, le long des voitures, jusqu'à ce que je me sente en sécurité. C'était comme jouer à chat perché mais avec un enjeu de taille, ou comme rejoindre un radeau à la nage avec des requins à proximité. Notre pâté de maisons était relativement sûr, mais non loin de là, à l'angle de Broadway et de la 73ᵉ Rue, se trouvait Needle Park où traînaient les drogués. C'était toujours un choc de les voir, le regard vide, la main tendue, les gestes ralentis, comme déformés.

En même temps, à une minute à pied, il y avait des *brownstones* bien entretenues, de nouveaux restaurants et cafés, et même quelques boîtes de nuit. Un peu plus haut sur Broadway, les cinémas d'art et d'essai qu'on aimait tant – le Thalia, le Regency, le New Yorker – et des librairies, des boutiques de cannabis et des quincailleries, des boulangeries et un terre-plein central avec un banc sur lequel étaient assis, ce jour-là, deux vieillards bien sapés qui se partageaient un sachet de marrons chauds, un homme aux cheveux gras vêtu d'un pull à torsades, qui lisait Henry Miller, et une femme qui vendait des livres de poche et des 33-tours. Tout ce dont vous aviez besoin dans une ville. La vie.

Juste avant d'arriver à ma station, la femme assise en face de l'homme qui s'était uriné dessus m'a murmuré à l'oreille : « Le monde est plein de gens horribles. »

3

J'essayais de manger le plus possible pour reprendre du poids. Je mesure un mètre quatre-vingt-trois et je pesais soixante-six kilos à mon retour du Gabon, ce qui fait que je flottais étrangement dans mes vêtements.

Je marchais beaucoup, je traversais Central Park pour aller à la bibliothèque puis j'y repassais pour m'arrêter au zoo, dans la seule partie où, à l'époque, les animaux n'étaient pas tristement incarcérés, et je regardais les phoques faire des roulades et plonger. J'allais aussi beaucoup au cinéma, vu que je ne travaillais pas, d'ailleurs Buddy m'accompagnait souvent et, avant la séance, on s'achetait un seau de pop-corn, des caramels et du Coca.

J'ai vu *Apocalypse Now* à deux reprises, d'abord avec mon père puis tout seul ; chaque fois, je n'ai pas seulement regardé le film, je l'ai vécu. Après ça, j'ai commencé à me réveiller le matin dans un certain état de confusion, ne reconnaissant pas très bien mon environnement. J'étais devenu Martin Sheen et, quand j'ouvrais les yeux, je me voyais dans cette chambre d'hôtel de Saïgon, fiévreux et en nage. On aurait même dit que l'acteur avait attrapé le palu. Sa voix intérieure était la mienne, et je me demandais s'il s'agissait d'une hallucination auditive. *« À chaque fois, je crois que je vais me réveiller dans la jungle. »*

Mon Dieu, me disais-je. Il est moi.

« Ça fait une semaine que je suis là, à attendre une mission, à me ramollir. »

J'attendais une mission.

Et je me ramollissais.

Quand j'en ai parlé à Buddy, il m'a dit que tous les films que nous avions vus parlaient de nous.

« Donne-moi un exemple.

– *Kramer contre Kramer.*

– C'est sur l'abandon maternel.

– Ou sur un homme qui perd son travail et qui se rapproche de son fils tout en préparant le coup d'après.

– Le gamin a huit ans, mais d'accord.

– *La Bande des quatre.* »

Un film réalisé par Peter Yates, l'un de nos voisins du Dakota. Et qui parle de vélo et d'adolescents vivant dans l'Indiana. Je ne voyais pas le rapport.

« Un jeune homme dégingandé et délicieusement maniéré, pris entre deux cultures », résuma mon père.

On allait aussi visiter des musées, le Met, le Whitney ou encore le Museum of Modern Art. À chaque fois, une ou deux personnes reconnaissaient mon père et lui demandaient ce qu'il devenait et, quand il était honnête, il répondait qu'il se changeait les idées et nourrissait son âme ou quelque chose du genre ; les gens hochaient alors la tête avec reconnaissance, comme si l'un des personnages de leur livre préféré s'était matérialisé pour devenir leur ami.

Quand ma mère rentrait, nous allions dîner au restaurant, et ma sœur Rachel s'est jointe à nous à deux reprises. Par moments, j'avais l'impression de remonter le temps, et à d'autres je trouvais ça un peu forcé, comme si nous jouions sur scène une famille dont chaque membre dissimulait des secrets. Avant, Buddy orchestrait le plus souvent la conversation mais, désormais, il n'intervenait que rarement et il lui arrivait même de nous ignorer. « Que se passe-t-il, mon amour ? » lui demandait ma mère. Il levait alors les sourcils et déclarait : « Ce n'est pas à toi que je vais le dire. »

Adolescente puis jeune adulte, ma mère avait été une actrice accomplie. Elle avait grandi dans le West End, où mon grand-père, Will Simmons, était propriétaire d'un magasin d'instruments de musique. Elle avait fait ses études à l'université de New York et obtenu une licence de théâtre, puis elle avait joué dans une douzaine de films, tous salués par la critique, incarnant la plupart du temps la meilleure amie de la vedette. Elle avait obtenu le premier rôle dans trois films dont l'un, *High Seas Charade* (avec Lee Marvin et George Kennedy), était devenu culte. Je les avais presque tous vus avec elle au Thalia ou au New Yorker, et elle me murmurait à l'oreille des trucs comme : « Regarde la fille sur la banquette arrière de la décapotable, celle qui porte des lunettes de soleil. »

Ça faisait un drôle d'effet de la découvrir si jeune à l'écran, de la voir gifler Van Johnson ou hurler en trouvant Walter Pidgeon mort au pied d'un escalier. Elle avait aussi été un personnage récurrent de la série *Peyton Place* et elle avait joué dans plusieurs pièces off-Broadway, ainsi que dans quelques publicités, dont celle pour les soutiens-gorge

Playtex Living où elle se déplaçait au milieu des invités d'une soirée alors que des hommes flippants en col roulé se retournaient pour l'admirer.

Depuis deux mois, elle essayait de collecter des fonds pour la campagne de Ted Kennedy, candidat à l'investiture démocrate, et on avait fait appel à elle pour escorter en ville Joan Kennedy, une amie de longue date, et pour l'accompagner à un meeting au restaurant Park Tavern.

« À certains moments, Teddy a l'air vraiment solide et charismatique », nous a-t-elle fait remarquer un soir où nous dînions à la pizzeria du coin, Al Buono Gusto, sur Columbus Avenue. « Et à d'autres, c'est comme s'il avait la flemme de faire le moindre effort, comme si ça l'énervait de devoir expliquer les raisons pour lesquelles il est le plus à même d'occuper la Maison Blanche. »

Au Gabon, j'avais suivi la campagne en écoutant quelques émissions de la BBC et en lisant les lettres de mon père, et l'idée qu'un autre Kennedy puisse devenir président me plaisait bien. Mais il y avait eu cet entretien catastrophique avec Roger Mudd, que mon père m'avait décrit dans les moindres détails.

« Mort par tergiversation », avait-il diagnostiqué.

La course à l'investiture était brouillée par la crise des otages, qui avait permis à Jimmy Carter de se cacher dans la roseraie de la Maison Blanche, de prononcer des grands discours, et de laisser entendre que faire campagne était bien peu élégant en ces temps difficiles. Aussi curieux que cela puisse paraître, cette tactique avait produit l'effet souhaité, et sa cote de popularité était restée forte malgré ses insuffisances manifestes.

« La malédiction des Kennedy », disait Buddy.

Je crois que ma mère faisait un parallèle entre le sénateur et mon père car tous deux cherchaient à surmonter un passé difficile même si, ajoutait-elle : « Je suis sûre qu'il n'y a pas mort d'homme, du moins dans le cas de Buddy. » D'après moi, ils avaient tous deux besoin de retrouver la pêche et de reprendre contact pour l'un avec ses électeurs et pour l'autre avec son public.

Ce soir-là, dès que j'avais fini une part de pizza, ma mère en faisait apparaître une autre dans mon assiette.

« C'est la quatrième, dis-je.

– Même en en mangeant quatre autres, tu ressemblerais encore à une publicité pour l'UNICEF.

– Une de plus et je vomis.

– Je mangerai tout ce que tu laisseras, est intervenu Kip.

– Le ver solitaire fait homme », a souri Buddy.

Mon frère avait beaucoup grandi. Il faisait presque ma taille (il avait une tête de moins que moi avant mon départ pour l'Afrique), ses épaules étaient plus larges, et comme il sautait à la corde dans l'entrée à n'importe quelle heure du jour et de la nuit, il avait de fines jambes musclées.

Pendant mon absence, il avait amassé des dizaines de blagues salaces, et il les racontait pendant les repas, bien que mes parents les connaissent déjà presque toutes.

Sa préférée concernait le jeu télévisé *L'Objet en question*, où l'on bande les yeux des candidats avant de leur présenter un objet sur un plateau, qu'ils doivent identifier en posant des questions.

« Ce jour-là, m'a expliqué Kip, on présente à la candidate, une femme âgée originaire d'Applewood dans le Wisconsin, le pénis d'un orignal. Elle demande : "Est-ce que ça se mange ?" dit-il en faisant de son mieux pour imiter une voix de vieille dame. Les jurés discutent et finissent par répondre : "Eh bien oui, madame, vous pouvez tout à fait en manger si vous en avez envie." Et la dame de demander : "Ne s'agirait-il pas d'une bite d'orignal ?" »

J'ignore pourquoi cette blague m'a autant frappé, mais la bière que j'avais dans la bouche m'est ressortie par le nez.

« J'adore ! » me suis-je exclamé.

Alors que nous sortions du restaurant, Kip m'a dit : « Je peux te demander un truc ?

– Bien sûr.

– À l'hôpital, est-ce que tu as cru que tu allais mourir ?

– Plus ou moins.

– Ça t'a fait quelle impression ?

– J'étais dans le cirage. Mais je me rappelle bien m'être dit que c'était peut-être la fin. Et ça me faisait bizarre de me voir mourir dans cet endroit improbable et très loin de tous les gens que je connaissais.

– Heureusement que tu n'es pas mort, parce qu'il n'y a que toi pour rire autant à mes blagues.

– Au moins, je suis doué pour quelque chose. »

Je faisais partie intégrante de cette famille et, en même temps, je me sentais terriblement seul. J'avais surtout l'impression d'être déconnecté, comme lors d'une escale en avion. Je n'avais pas encore appelé beaucoup d'amis et je n'avais rien programmé au-delà de deux semaines. Le plus facile pour moi était de coller aux basques de mon père, lui aussi étant dans une espèce d'entre-deux, et de refaire connaissance avec ma mère et mon frère. C'était sympa de voir mes parents marcher main dans la main comme deux jeunes amoureux.

« Tu es vraiment maigrichon, a soudain lâché Kip.
– Je suis encore capable de te coller une raclée.
– Tu peux toujours rêver. »

J'ai martelé son bras à coups de poing, il a hurlé et martelé le mien. Je l'ai senti passer mais j'ai fait comme si de rien n'était.

4

Les semaines défilaient et je me sentais de plus en plus partir à la dérive, sans être malheureux pour autant. New York continuait à me surprendre. J'avais toujours l'impression d'être un étranger dans la ville où j'avais grandi, et j'essayais de voir les gens et les édifices avec les yeux d'un Gabonais. Je posais un regard neuf sur ce qui aurait pu me paraître banal, constatant par exemple que l'île de Manhattan n'était finalement pas si grande que ça. Il suffisait d'un après-midi pour la traverser du nord au sud. Elle s'élevait à la verticale, et l'idée d'entasser des millions de vies les unes sur les autres me semblait presque comique.

En définitive, mon retour fut comme un effacement. Buddy absorbait toutes mes histoires, soit parce qu'il les racontait avant que je puisse le faire (« Et quand il est remonté à la surface, il a vu un hippopotame à une dizaine de mètres de lui… »), soit parce que les gens s'intéressaient davantage à la prochaine étape de son parcours qu'à la mienne. Cette situation m'évoquait la scène de la soirée mondaine dans *Le Lauréat* sauf que, dans notre version, les invités s'enquéraient auprès de Benjamin de la santé de son père et de ses projets.

Ma propre histoire était en cours d'élaboration, comme on le dirait d'un feuilleton télévisé. J'étais en train de récupérer, et j'allais devoir attendre d'être en parfaite santé pour repartir, c'était sans doute une question de semaines ou d'un mois tout au plus. Buddy suggéra que nous en profitions pour faire des choses que nous n'avions jamais pu faire quand il travaillait six jours sur sept. Nous lisions le *New York Times* ensemble, nous allions nous dépenser à la salle de sport ou à la piscine deux fois par semaine, et nous nous baladions dans la ville. Au cours de ces promenades, je lui racontais cette année passée loin d'eux, je lui parlais des gens auxquels je m'étais attaché, des trois mois de sécheresse, du déluge qui avait suivi, pareil à celui rapporté par la Bible, du guérisseur fétichiste appelé au chevet d'un enfant mourant, qui secouait la tête au rythme des tambours jusqu'à ce qu'il prenne possession de l'esprit du petit garçon et le guérisse, des matchs de foot que j'organisais, et de ma frustration quand je manquais de moyens matériels pour agir. Mon père écoutait, souriait fièrement, et me disait que c'était là une expérience incroyable et qu'il m'apporterait son soutien pour que je puisse finir ma mission au Gabon, « si c'est ce que tu veux ».

Nous avions tous deux été malades et voilà que nous étions tous deux au chômage, un état de fait de courte durée qui ne se reproduirait pas, insistait-il. Si bien que nous considérions cette ville comme un monde lointain que nous aurions décidé de visiter, ce qui, dans mon état de confusion, me semblait être le cas.

Si j'étais perturbé, c'était en partie parce que je n'avais pas mon propre logement et que je dormais dans mon ancienne chambre, sous ma couverture des Knicks de New York. Une solution s'est présentée quand un vieux journaliste, un voisin qui habitait au huitième étage du Dakota, m'a expliqué qu'il s'apprêtait à passer une année en Espagne et que ça m'intéresserait peut-être de sous-louer son deux-pièces en échange d'une somme symbolique et de menues tâches – ramasser son courrier, arroser ses géraniums et ses philodendrons, et faire quelques courses.

Étrangement, deux univers bien distincts cohabitaient dans cet immeuble, et c'est toujours le cas aujourd'hui : les six premiers étages avec leurs hauts plafonds, leurs innombrables cheminées et leurs habitants célèbres, et les deux derniers avec leurs couloirs à la moquette défraîchie, leurs chambres et appartements minuscules, souvent sans fenêtre, avec des plaques chauffantes en guise de cuisinière et des toilettes sur le palier, occupés, à quelques exceptions près, par des gens dont tout le monde ignorait le nom, et dont le visage ne vous dirait rien si vous vous retrouviez assis à côté d'eux dans le métro.

J'ai répondu au journaliste, qui s'appelait Robert Fielding, que je lui donnerais ma réponse avant le 1er février, jour de son départ pour San Sebastián, mais j'avais déjà décidé d'accepter sa proposition.

Un soir de grand froid, fin janvier, j'ai dîné avec Alex, mon ami d'enfance qui, depuis l'université, songeait sérieusement à devenir acteur. Il prenait des cours avec Stella Adler. Jusqu'ici, il avait joué dans deux pièces de théâtre à petit budget, et il était figurant dans un soap opera qui avait été prolongé de quelques semaines. Il interprétait un serveur, mais n'en était pas un – contrairement à bon nombre d'acteurs débutants vivant dans cette ville, précisa-t-il.

Nous sommes allés dans un restaurant indien de la 6e Rue, où l'on pouvait apporter sa bouteille de vin et où le menu était à six dollars. La nourriture était correcte même si, la moitié du temps, elle vous restait sur l'estomac. À l'époque, il était possible de manger à peu de frais si vous connaissiez les bonnes adresses. La neige avait commencé à tomber. Alex portait un manteau noir acheté dans une friperie, un pantalon baggy de la même couleur, et des Converse All Stars rouges.

Il avait vu *Les Désaxés* pendant un de ses cours et m'en parlait avec animation. C'était un des films préférés de mon père et, pour ma part, je l'avais vu quatre fois. En fait, Buddy y avait consacré toute une émission avec, comme invités, le scénariste Arthur Miller, le réalisateur John Huston et plusieurs membres de l'équipe de tournage.

« C'est incroyable le nombre de carrières qui ont pris fin après ça, nota Alex.

– Tu veux dire le nombre de vies. Ils sont tous morts. »

C'était la triste vérité : Clark Gable et Marilyn Monroe dans les mois qui avaient suivi, et Montgomery Clift un peu plus tard.

Il paraît qu'Arthur Miller avait passé six semaines dans le Nevada car la législation sur le divorce y était moins sévère. À l'époque, il voulait épouser Marilyn. Il avait loué un chalet non loin de Pyramid Lake et s'était lié d'amitié avec deux cow-boys qui, pour gagner leur vie, attrapaient des mustangs et les revendaient à des entreprises qui les transformaient en pâtée pour chien. Ces hommes vivaient en marge de la société et Miller en avait d'abord tiré une nouvelle, qui serait publiée dans *Esquire*, et ensuite un scénario.

« J'ai animé le débat sur Marilyn et l'arbre », m'a raconté Alex. Il avait une bonne tête pour un acteur, des cheveux bruns assez longs avec une raie sur le côté, et une fossette au menton. Il avait le plus souvent l'air renfrogné et les yeux plissés, mais il lui arrivait de sourire avec espièglerie quand la situation le voulait.

À New York, les autorités catholiques avaient voulu faire interdire la scène où Marilyn danse autour d'un arbre « car pour eux, c'est de la masturbation », avait expliqué Arthur Miller pendant l'émission. « Je leur ai répondu qu'on garderait la scène et que, s'ils protestaient, je rapporterais notre conversation au *New York Times*. Ce qui a mis un terme au débat. »

« Sans cette scène, on perd la moitié du film », a déclaré Alex.

Les plats arrivèrent – poulet tandoori et poulet tikka masala.

« Tu t'imagines sur le plateau des *Désaxés* ? »

Il devait faire dans les quarante degrés et le film était tourné sur un lac salé et asséché.

Clark Gable portait des vêtements épais, censés le protéger lorsqu'il se faisait traîner par les chevaux. Il était le plus souvent épuisé, et il supportait mal la chaleur.

D'après Miller, le film avait été tourné en noir et blanc pour qu'on ait l'impression que le sol était recouvert d'ossements desséchés.

Cette émission reflétait exactement ce que seul mon père était capable de faire. Pas de promotion vaine. Un échange de vues divergentes sur le film, un couple qui se brise, et une immense star à la fin de sa courte vie, qui se cache à longueur de journée avec sa répétitrice dans une voiture où l'air est irrespirable.

Nos voisins de table ont entonné « Joyeux anniversaire » et Alex, se joignant à eux, a chanté à pleins poumons. Ils avaient apporté plusieurs bouteilles de champagne et nous en ont offert une coupe.

« Je connais trois chants en hindi, m'a-t-il appris.

– Vas-y. Je suis sûr que la serveuse va adorer. »

Alex a hésité puis il s'est aperçu que je me retenais de rire.

« Va te faire foutre, Winter. Ces chants sont magnifiques et tu viens de rater l'occasion de les découvrir. »

On a évoqué la nourriture gabonaise qui m'avait, dans le meilleur des cas, moyennement plu. Au début, l'esprit aventureux, j'avais mangé de la viande de brousse comme de l'antilope, du sanglier et du singe.

« Oh, mon Dieu ! Tu as mangé George le petit chimpanzé curieux ?

– Son cousin.

– Il avait quel goût ?

– Sa chair était grasse et coriace. Comme celle de la chèvre ou du lama. »

J'ai raconté à Alex que j'avais un jour commandé du poulet et que j'avais entendu le volatile crier car on était en train de le tuer à l'arrière du restaurant.

« Comme ça, tu étais sûr que la viande était fraîche, remarqua-t-il.

– J'ai vraiment failli devenir végétarien.

– À propos, tu les as vus ? »

J'étais sidéré qu'Alex ait attendu aussi longtemps pour me poser la question. Il voulait tout savoir sur

John et Yoko, des amis de mes parents qui habitaient deux étages au-dessus de nous. À ma connaissance, John, vêtu d'un kimono bleu et blanc, passait ses journées à lire, à préparer des plats macrobiotiques, à regarder la télé et à s'occuper de son fils Sean. Yoko travaillait dans son bureau, situé au rez-de-chaussée de l'immeuble, où elle se consacrait à leurs investissements : des appartements, plusieurs maisons et deux exploitations laitières dont les bêtes avaient été primées. Il était de notoriété publique que l'une d'entre elles avait été vendue deux cent cinquante mille dollars.

« Oui, plusieurs fois.

– Dans l'ascenseur ?

– Oui, et aussi à une soirée.

– Vous avez parlé de quoi ?

– De dysenterie.

– Super.

– En fait, John s'intéresse beaucoup à la voile. Il veut s'offrir un bateau.

– Tu ne lui as pas dit que tu étais le roi du grand large ?

– Mon père s'en est chargé.

– Tu devrais faire une sortie en mer avec lui. »

J'en avais eu l'idée. Les Lennon venaient de s'acheter une maison à Cold Spring Harbor. Ils s'intéressaient aussi à Palm Beach où ils s'étaient rendus à différentes reprises, m'avait appris Buddy. Quant à moi, je faisais de la voile depuis que j'étais gamin et que je passais mes vacances dans le Maine, chez mes grands-parents.

« Il a évoqué l'arrestation de Paul ?

– Non.

– Intéressant. »

Paul McCartney s'était récemment envolé pour le Japon en vue d'une tournée et, à la douane de l'aéroport de Tokyo, il s'était fait arrêter pour possession de deux cents grammes de marijuana. Il était resté neuf jours en prison et avait dû annuler tous ses concerts.

On pouvait examiner la situation sous différents angles. D'abord, il faut être stupide pour agir ainsi quand on s'est déjà fait arrêter à deux reprises pour possession de marijuana et une fois pour en avoir fait entrer clandestinement en Suède. Par ailleurs, un voisin, sans être tout à fait sérieux, avait propagé la rumeur selon laquelle Yoko aurait jeté un sort à Paul pour le punir d'avoir réservé sa suite préférée dans un hôtel.

Le plus triste à mes yeux est l'histoire de ce fan des Beatles, un déséquilibré qui s'était pointé à un comptoir de l'aéroport de Miami et avait exigé qu'on lui donne un billet d'avion pour Tokyo afin qu'il puisse aller libérer Paul. Histoire véridique. Comme on refusait de lui céder, il avait sorti un pistolet pour enfant de son sac à dos et avait été abattu par un agent de sécurité.

Alex n'en avait pas entendu parler.

« C'est triste, merde ! Perdre la vie pour quelqu'un qu'on ne connaît même pas.

– La guerre, c'est la même chose, fis-je remarquer.

– Oui, sans doute. Viens, on va se bourrer la gueule. »

Nous avons traversé Washington Square Park puis le Village, jusqu'à la 7e Avenue. À l'époque, on pouvait fumer dans la rue sans craindre de se faire arrêter et, dans certaines boutiques, on pouvait passer commande, comme chez le traiteur, et repartir avec toute une variété de graines de cannabis – hollandais, afghan, nigérian, jamaïcain… Le préféré d'Alex était le colombien. En chemin, nous avons parlé de la façon dont Buddy et moi occupions nos journées.

« Le bon côté des choses, c'est qu'on ne te met plus la pression.

– Comment ça ?

– Dans la plupart des familles, il y a un vilain petit canard, ce qui fait qu'on fiche la paix aux autres. C'est comme si tu avais un frère aîné brillant qui, parce qu'il a perdu les pédales, attire toute l'attention. »

Il y avait du vrai là-dedans.

« Il sera bientôt tiré d'affaire.

– C'est sûr. Je peux te garantir que les gens ont hâte de le revoir à la télé.

– Toi, tu as hâte parce que tu le connais.

– Non. C'est presque de la dévotion, Anton. Je crois que les gens l'aiment encore plus depuis qu'il n'est plus à l'antenne. En tout cas, c'est vrai pour mon entourage.

– On verra bien. Est-ce que je t'ai dit que j'avais peut-être trouvé un logement ?

– Où ça ?

– Dans le Dakota. Au huitième étage. Un journaliste qu'on connaît propose de me sous-louer son appartement.

– C'est l'étage qui a une drôle d'odeur ?

– Je ne dirais pas qu'il a une drôle d'odeur mais oui, c'est bien celui-là. Il me fait penser à ces anciennes pensions pour travailleurs itinérants.

– Tu te rappelles qu'on jouait au quart de singe là-haut avec Rachel ?

– C'est pour ça que je l'aime bien. J'ai l'impression de quitter la maison sans vraiment la quitter.

– Je suis preneur si tu changes d'avis. Mon quartier est super flippant la nuit. Je te jure que j'ai entendu des gens se faire tuer dans ma rue. J'ai dû appeler les flics trois fois ces six derniers mois. Si tu savais ce que je ferais pour avoir des douves, des gargouilles et un putain de portail en fer forgé. »

Alex vivait à Alphabet City, dans le Lower East Side, un quartier qui n'était pas prêt de changer et à côté duquel les portions les plus sinistres d'Amsterdam Avenue passaient pour engageantes. Quand j'allais le voir, il devait me jeter une clé depuis sa fenêtre du troisième étage afin que je puisse entrer dans l'immeuble.

On s'est arrêtés au Joe Allen, sur la 46e Rue, pour boire un verre avec des amis acteurs d'Alex, un certain Miles, sa petite copine Sophia, et une amie de Sophia, Stephanie, qui travaillait au Helen Hayes Theater.

C'était le lieu de prédilection autoproclamé des acteurs et des amateurs de théâtre. Les murs de brique rouge étaient couverts de photos de stars comme les Marx Brothers ou Mae West, et d'affiches de pièces de théâtre, surtout celles qui avaient fait un bide, comme les comédies musicales *Via Galactica* ou *Diamants sur canapé*.

« Tout le monde doit te le dire mais Buddy est mon héros », déclara Miles. Il était serveur à temps partiel au West End Café où j'allais boire tous les soirs quand j'étais étudiant.

« Pas tout le monde. Donc merci.

– Alex dit que tu vas inviter John Lennon et Paul McCartney dans la nouvelle émission.

– Je n'étais pas au courant.

– C'est juste une idée, réagit Alex.

– Mon père n'a pas encore d'émission.
– Ça va venir.
– Je ne sais pas combien de temps je vais rester à New York, ai-je précisé.
– Il paraît que tu as attrapé le palu, intervint Sophia.
– Ne t'inquiète pas. C'est rarement contagieux.
– Il ne l'a plus.
– C'est vrai mais, pendant un an, les symptômes peuvent réapparaître n'importe quand.
– Moi, j'ai eu la mononucléose quand j'étudiais à Vassar, déclara la jeune femme.
– Ça fait partie du cursus obligatoire, plaisanta Miles.
– Ce n'est pas drôle. J'ai dû laisser tomber deux matières.
– C'est pour ça que tu es aussi mince ? me demanda Stephanie.
– Non, ça c'est la dysenterie.
– Miam-miam, fit Alex. Quelqu'un a faim ?
– Je peux te dire quelle est l'émission de Buddy que je préfère par-dessus tout ? me demanda Miles.
– Bien sûr. »

J'étais habitué à ce genre de question. Les gens argumentaient comme ils l'auraient fait à propos de leur épisode préféré de *M*A*S*H.*

« C'est le soir où il a reçu Tennessee Williams, avec son costume à carreaux et ses lunettes à grosse monture noire. Ils ont parlé de sa traversée transatlantique avec ses grands-parents.
– Non, juste avec son grand-père, ai-je corrigé.
– Tennessee Williams a bu son premier verre sur ce bateau, un mint julep, a poursuivi Miles, et ça l'a rendu tellement malade qu'il a dû rester cinq jours dans sa cabine.

– C'était de la crème de menthe », ai-je rectifié. N'ayant pas dépensé une fortune pour être en première classe, ils s'étaient retrouvés dans une petite cabine étouffante et dépourvue de hublot.

« Et puis, une fois remis, il a pris des cours de danse. Et à cause de lui, sa prof a eu des ennuis avec son petit ami, c'est bien ça ?

– Elle ne lui a pas donné de cours, elle aimait juste danser avec lui. Elle avait déjà flirté avec le capitaine du bateau. Je me rappelle même son nom, le capitaine DeVoe.

– Ensuite il est allé à Paris et il a pété les plombs. C'est quand même étrange, non ? »

C'était la partie la plus marquante de l'entretien, mais comme je n'avais aucune envie de discuter de la dépression nerveuse d'un écrivain célèbre, je me suis tourné vers Stephanie : « J'aime beaucoup le Helen Hayes. »

Je ne mentais pas. C'était un vieux théâtre magnifique, avec des peintures murales à chaque étage et une façade en terre cuite toute de turquoise, or et vieil ivoire.

« On présente *Strider*, une "merveilleuse opérette autour d'un cheval".

– Super. Ils en ont trop fait autour des moutons ces derniers temps.

– Tout à fait d'accord.

– Ça parle de quoi ?

– On devrait plutôt se demander de quoi ça ne parle pas. Le personnage principal est un hongre pie ; dans la scène d'ouverture, un homme s'apprête à l'égorger, puis on remonte dans le temps et on voit le cheval passer de l'état de poulain insouciant à celui de véritable épave dans le pré couvert de rosée.

– Qui l'a écrite ?
– Tolstoï.
– Ce type a de l'avenir, dit Alex.
– Ils sont en train de le raser, déclara Stephanie.
– De raser quoi ?
– Le Helen Hayes.
– Tu n'en as pas entendu parler ? me demanda Alex.
– Non.
– Ils vont construire un hôtel monstrueux à la place. Le Morosco et le Bijou vont subir le même sort. C'est ce que je te disais.
– On est allés manifester, reprit Stephanie. Il paraît qu'il y aura un immense théâtre à l'intérieur de l'hôtel, mais il sera froid comme le Minskoff, où le public est à des kilomètres de la scène.
– Je déteste ce théâtre de merde », lâcha Alex.
Plus tard, une fois la note réglée, Miles lança : « On va au Studio 54. Vous voulez venir ?
– La dernière fois que j'y suis allé, j'ai vu deux personnes au balcon en train de baiser, raconta Alex.
– Seulement deux ? ironisa Sophia.
– Tu te souviens de Brandon Mayer ? On était au lycée avec lui.
– Oui. Malheureusement.
– C'est le genre de mec qui danse sur des enceintes et qui a tout de suite l'air sexy. »
J'étais allé dans cette boîte de nuit à plusieurs reprises avec des amis et une fois avec mes parents, qu'un réalisateur avait traînés là après une émission à laquelle il avait participé. Pour ceux qui n'ont pas connu l'endroit, c'était un monde imaginaire fait de musique frénétique,

de mannequins affriolants, de barmen torse nu, véritables étalons vêtus d'un affreux petit short doré, de nababs en costume Bill Blass, de stylistes, de rock stars, de jeunes BCBG en Ralph Lauren qui pouvaient se trouver juste à côté d'un type en slip de cuir avec un collier de chien autour du cou, et d'un flux ininterrompu de cocaïne et de nitrite d'amyle. Quelques semaines plus tôt, les propriétaires avaient été bouclés pour fraude fiscale.

« Allez, venez. On va bien s'amuser, lança Stephanie

– Vas-y, me dit Alex. Moi, je déteste ce putain d'endroit.

– Non. Je crois que je vais aussi passer mon tour. »

Nous les avons toutefois accompagnés à pied jusqu'au Studio 54.

« Il paraît que tu habites dans le Dakota.

– Quand t'a-t-on dit ça, Stephanie ?

– À l'instant.

– C'est vrai.

– Cet immeuble me fout les jetons.

– Pourquoi ?

– Déjà à cause de *Rosemary's Baby*. Et puis à cause de toute la suie. C'est un bâtiment magnifique mais il m'a toujours fait penser à une maison hantée.

– C'en est une.

– Anton, Stephanie aimerait avoir des renseignements concernant un de tes voisins », lâcha Miles.

Je me préparai aux inévitables questions sur John Lennon. C'est la raison pour laquelle je donnais rarement mon adresse aux gens. Mais j'ai été surpris d'entendre Stephanie me demander si j'avais déjà rencontré Leonard Bernstein.

« C'est un ami de mes parents.
– Oh mon Dieu ! Il est comment ?
– Il fume beaucoup et il a d'épais sourcils. Et une voix incroyablement grave. »

Miles est intervenu : « Est-ce qu'il t'est déjà arrivé, je veux dire quand tu es dans l'ascenseur avec lui, d'entonner une chanson de *West Side Story* ? "*A boy like that, who'd kill your brother*"... ?
– Juste une fois.
– "*One of your own kind. Stick with your own kind !*" »

J'avais oublié que Miles chantait très bien. Il me semblait parfois que j'étais le seul, dans cette ville, à ne pas avoir de talent caché.

Arrivés à proximité de la foule qui patientait derrière les cordons en velours, nous avons pris congé des autres.

« On dirait les portes du paradis, nota Alex. Il faudrait prévoir une autre boîte de nuit sur le trottoir d'en face pour tous ceux qui n'arrivent pas à entrer.
– On l'appellerait Les Consolations.
– Ou Les Perdants. À ce propos, tu ne lui as pas demandé son numéro, si ?
– J'aurais dû ?
– Oui.
– Tu crois qu'elle me l'aurait donné ? »

Alex m'a regardé, à moitié médusé.

« Tu es tellement nul, parfois, Winter, que je me demande comment tu fais pour t'en sortir dans la vie. »

Tout en marchant, j'ai raconté à Alex que mon père m'avait demandé de ne pas retourner en Afrique mais de rester à New York pour l'aider à monter une nouvelle émission.

« C'est évident.

– Comment ça ?

– C'est évident que tu vas le faire. Je sais comment tu vois les choses. Tu es parti en Afrique pour vivre ta vie, mais d'autres occasions se présenteront. Tu es en train d'écrire une nouvelle fin à la carrière de ton père pour qu'il ne passe pas le restant de ses jours à tenter de faire oublier ce moment où il a quitté le plateau. Putain, si tu ne l'aides pas, c'est moi qui le ferai. J'adorerais être le bras droit de Buddy Winter. Je laisserais tout le reste en plan.

– C'est faux.

– Non. À ta place, c'est ce que je ferais.

– OK. »

On est allés écouter les Dead Boys au Hurrah sur la 62e Rue Ouest. Le chanteur s'était ouvert le doigt mais ne semblait pas y prêter attention, et il a commencé à avoir du sang sur sa chemise et son visage. Je voulais qu'il réagisse et en même temps ce spectacle avait quelque chose de fascinant.

« Il ne va pas tarder à tomber dans les pommes, me dit Alex. Et à se retrouver à l'hôpital. »

Mais il n'est pas tombé dans les pommes, contrairement à une spectatrice qui fut prise en charge par des ambulanciers.

Les comprimés qu'Alex nous avait fait avaler se sont mis à agir dix minutes après notre arrivée. Mon cœur s'est emballé et les murs se sont rapprochés. Je me suis revu en Afrique, dans cette chambre d'hôpital à l'atmosphère suffocante, où j'appelais à l'aide, personne ne m'entendait, et j'étais convaincu que j'allais mourir.

Je ne me sentais pas tout à fait remis et je ne savais pas si je le serais un jour.

Sur la piste envahie par les punks, Alex et moi nous sommes dépensés jusqu'à devenir de véritables épaves ruisselantes de sueur. À un moment, une fille aux cils alourdis de mascara et aux bas résille déchirés m'a empoigné les fesses et, quand je me suis retourné, elle m'a lancé : « Pas un mot ! Et continue à te trémousser. » Puis elle s'est éloignée en dansant.

Au moment de partir, Alex m'a dit : « Reste à New York. On a besoin de toi ici, même si tu ne t'es pas totalement acquitté de ta mission là-bas. »

Il avait raison, me suis-je dit, du moins pour l'instant. J'avais très envie de rester, d'aider au mieux ma famille et, malgré tout ce que je risquais de rater, il n'était plus question pour moi de me retrouver à l'article de la mort, en nage sous une moustiquaire. J'étais soulagé d'avoir compris ça.

5

Un soir, quelques jours plus tard, j'ai pris un verre au Oak Bar du Plaza Hotel avec une ex-petite copine, Claudia, la fille d'Harry Abrams, l'ancien meilleur ami et agent de Buddy. Je voulais la voir et prendre des nouvelles de son père, qui me manquait. Je savais que l'une des priorités, pour que Buddy puisse refaire de la télé, était de travailler à une réconciliation entre les deux hommes.

Je suis arrivé le premier et j'ai réservé deux sièges au comptoir. La salle était pleine de banquiers et de jeunes publicitaires qui sortaient du bureau, de quelques nantis guindés qui se rendraient bientôt à l'opéra, et j'ai saisi des bribes de conversations qui tournaient autour d'embauches et de licenciements, ou encore d'un patron qui avait mis sa secrétaire enceinte. L'individu assis à ma droite demanda au barman de deviner combien de fois il avait baisé au cours du mois précédent.

« Quatre ? tenta l'homme.

– Zéro, répondit le client. Et c'est pour ça que je t'aime bien. »

Après avoir soupiré et râlé à propos de son travail, Claudia a paru contente de me voir mais préoccupée par ma santé. Je l'ai rassurée tandis qu'elle examinait mes bras et mon visage, comme le ferait un médecin avant une prise de sang.

« On dirait que tu es le jumeau malade d'Anton.

– Si tu m'avais vu il y a trois semaines…

– J'ai heureusement échappé à ça. »

On a bu un Sapphire Martini, commandé des beignets de crevettes et échangé des nouvelles. Claudia a parlé de son travail pour une association de défense des sans-abri et des mal-logés, et moi de mon séjour en Afrique. Je lui ai dit que je cherchais du boulot mais que je ne savais pas trop ce que je voulais faire de ma vie.

« Ton état était inquiétant ?

– Ils avaient choisi ma pierre tombale.

– Tu plaisantes ?

– Je n'ai pas eu que le palu. J'ai aussi souffert de dysenterie amibienne. J'avais des hallucinations dingues et je me sentais extrêmement faible.

– Mon pauvre. Dis-moi, ça fait quoi d'être de retour ici ? Ça doit te paraître étrange de te retrouver à New York après une année passée là-bas.

– C'est comme la planète Mars.

– Tu habites où en ce moment ?

– Chez mes parents.

– Ça se passe comment ?

– C'est agréable d'avoir un frigo toujours plein. »

J'ai évoqué mon projet d'aller m'installer au huitième étage du Dakota, et le fait qu'il me faisait penser aux anciennes pensions pour travailleurs itinérants.

« On dirait *Upstairs Downstairs* à l'envers, remarqua Claudia.

– Oui, et je suis un des valets de pied. »

Elle a eu un sourire que je n'ai pas su interpréter.

« D'une certaine façon, tu es encore beau gosse », a-t-elle déclaré. C'était notre façon de communiquer. (*Ce n'est pas le pire baiser qu'on m'ait fait. Tu n'as pas trop mauvaise mine au clair de lune.*)

« Et ton avocat, il est comment ? »

Claudia a éclaté de rire. « C'est marrant.

– Qu'est-ce qui est marrant ?

– Tu parles de mon avocat et pas de mon petit ami.

– Ton petit ami avocat, alors.

– Il est gentil, répondit-elle en faisant glisser son doigt sur le comptoir, comme pour éliminer un faux pli. Il est intelligent. Il m'arrive juste de me demander si nous avons suffisamment de choses à nous dire. Il parle sports. Il parle argent. Il se plaint de la saleté de la ville et de son taux de criminalité. Pour lui, Carter est un connard et Kennedy ne vaut guère mieux.

– Et toi, tu en penses quoi ?

– J'aime bien Kennedy. Ta mère travaille pour lui, non ?

– Oui.

– C'est ce que maman m'a dit. Elle m'a expliqué que c'était sa troisième campagne pour un Kennedy et j'ai trouvé ça infiniment triste. Tu n'as pas un peu peur qu'il lui arrive quelque chose s'il gagne la primaire ?

– Tu veux dire qu'il soit abattu ?

– Oui.

– Non », ai-je menti.

J'ai demandé à Claudia des nouvelles de sa sœur aînée et de ses nièces, qu'on avait gardées un soir. Elle m'a raconté qu'elles avaient vu ensemble *Le Magicien d'Oz.*

« Tu sais ce qui me foutait les jetons quand j'étais petite ?

– Non.

– Les singes volants.

– Des vrais salauds ! Ils me donnaient des cauchemars.

– Et la tornade aussi.

– Tu sais que pour la réaliser, ils ont utilisé des collants ?

– Comment ça ?

– Le mec des effets spéciaux a eu une idée géniale. Il a rempli des collants de sable et les a fait tournoyer à l'aide d'une machine souffleuse. »

J'ai expliqué à Claudia que je le savais parce que j'avais rencontré Mervyn LeRoy lors d'une soirée. Il m'avait aussi appris que, pendant le tournage, les fameux Munchkins étaient installés dans un hôtel de Culver City et que ces nains se lâchaient tous les soirs, comme des VRP lors d'un congrès. Il y avait des bagarres et des orgies, et les flics devaient sans cesse intervenir pour éviter qu'ils ne s'entretuent.

« Tu as une copine ?

– Non.

– J'ai du mal à le croire, toi qui en sais autant sur les orgies des Munchkins.

– Je n'y ai jamais pris part. En tout cas pas à jeun. »

J'ai alors fait quelque chose qui m'a surpris. J'ai posé ma main sur la jambe de Claudia. Elle l'a saisie et m'a caressé le poignet. J'ai soudain eu très envie de passer la nuit avec elle et de me réveiller dans ses bras. Flirter avec une ancienne petite amie qui avait tourné la page me fit me sentir seul.

« Tu es vraiment maigre, constata-t-elle.

– Je sais. J'essaie de manger le plus possible mais sans résultat pour l'instant. »

J'ai fini mon Sapphire Martini et fait signe au barman. Quand il a regardé dans ma direction, je lui ai indiqué nos deux verres. Peu après, il nous a apporté deux autres cocktails et a fait disparaître l'assiette vide.

Claudia a consulté sa montre. « Il faut vraiment que j'y aille », dit-elle tout en se rapprochant légèrement de moi, avant d'ajouter : « J'adore cet endroit.

– Tu sais qu'ils ont tourné une scène de *La Mort aux trousses* dans ce bar ?

– Ah bon ?

– Oui. Au début du film, Roger Thornhill, joué par Cary Grant, a un rendez-vous d'affaires ici. Mais il est enlevé à la suite d'un malentendu. Ses ravisseurs le prennent pour un espion, un certain George Kaplan.

– Tu me l'avais déjà raconté la dernière fois qu'on est venus.

– C'est faux.

– Je t'assure, insista-t-elle, et elle avait raison. Je me souviens que j'étais rentrée chez moi et que j'avais loué la cassette dès le lendemain. »

Claudia devait retrouver son petit ami avocat dans un bar de l'Upper East Side où il prenait un pot avec des copains.

« Accompagne-moi.

– D'accord. »

Nous avons emprunté Madison Avenue jusqu'à la 74ᵉ Rue. En chemin, nous avons remarqué, sur un abribus, une publicité pour la marque Fortunoff, avec une photo de

Lauren Bacall et la légende suivante : *Si vous me voyez me noyer dans des perles de culture, ne venez pas me secourir.*

« Je déteste l'East Side, déclara Claudia.

– Dans ce cas, pourquoi tu y vis ?

– Parce que Bruce habite là et qu'il a un plus bel appartement que moi. Mais le West Side me manque. Heureusement que j'y travaille.

– Comment va ton père ? »

Elle hésita.

« Il va bien. Buddy n'était pas son seul client, tu sais.

– Et c'est le meilleur agent qui soit.

– Ton père s'est comporté comme un salaud avec lui.

– Je sais. Il se sent terriblement coupable.

– Ce n'est pas vrai.

– Si. Et il va mieux maintenant. Il a besoin d'Harry.

– Je lui souhaite bonne chance.

– Il est vraiment furax ?

– Buddy lui a tout mis sur le dos. Il lui a dit qu'il avait toujours été jaloux de son succès, et que les agents étaient des parasites.

– Oh, bon sang.

– Eh oui.

– Il ne le pense plus. »

Claudia hocha la tête.

« Mon père veut se faire pardonner, ai-je insisté.

– Tu sais que je l'ai vu jouer, un soir, quand tu étais en Afrique ?

– Où ça ?

– Au Catch a Rising Star. Bruce adore ce genre d'endroit. Le présentateur a annoncé : “Nous avons un invité exceptionnel, une star de la télévision et du cinéma”, et cet invité, c'était ton père. J'ai voulu lui dire bonjour quand il est passé à côté de notre table, mais je ne suis pas sûre qu'il m'ait reconnue. Tout son numéro tournait autour de sa dépression et de ses voyages. Le public était un peu gêné au début car c'était plutôt inhabituel... Ce n'était pas du tout ce que je m'étais imaginé. En fait, c'était très émouvant, et drôle là où on ne s'y attendait pas. On s'est tous sentis étrangement proches de lui, et on était touchés qu'il partage ça avec nous. C'était tellement intime. Je ne suis pas sûre que Bruce ait tout pigé. Il y a beaucoup de choses qu'il ne comprend pas. Mais ça, c'est une autre histoire. »

Nous étions arrivés devant le bar. Bruce l'avocat a repéré Claudia sur le seuil de la porte et lui a fait signe d'approcher.

« Tu veux rencontrer mon homme ?

– Non, ça ira.

– Il est pas mal, hein ?

– Sa chemise est impeccable », ai-je fait remarquer parce que c'était vrai.

J'ai agité la main pour le saluer et puis je suis parti, et j'ai traversé le parc désert en direction du Dakota tout en me demandant pourquoi je n'avais jamais entendu ces textes intimes que mon père avait choisi de partager avec une salle remplie d'inconnus.

6

Au cours des années où mon père était au zénith de sa carrière télévisuelle, on ne pouvait pas l'approcher du petit-déjeuner jusqu'à son retour à la maison, tard le soir, c'est pour ça qu'une fois au lycée je l'ai imploré de m'accepter sur le plateau. Je me disais que c'était la seule façon de passer du temps avec lui.

Notre famille ressemblait à celle des Osmond Brothers, ou celle du feuilleton *The Brady Bunch*, ou encore au trio formé par Sonny, Cher et leur fils unique, Chastity Bono. On voyait les enfants grandir à l'écran, d'abord ils venaient faire des sketchs ridicules dans l'émission et puis ils réapparaissaient des années plus tard pour jouer d'un instrument. À seize ans, j'accomplissais différentes petites tâches, m'assurant par exemple qu'il y avait toujours à boire et à manger dans les loges, et puis, à un moment donné, j'ai commencé à me charger de l'interview préliminaire des invités et à prendre des notes pour mon père. Au début, les membres de l'équipe ont dû y voir de l'amateurisme, un gamin qui accomplissait le travail d'un adulte. Mais je me suis rapidement senti à l'aise dans ce rôle, et ils ont très vite fini par me considérer non plus comme le fils du patron mais comme un facilitateur. Je faisais mes devoirs sur place, et j'étais probablement le seul élève de première à avoir pu discuter d'une dissertation sur la Seconde Guerre mondiale avec George C. Scott, l'acteur qui avait interprété au cinéma le rôle du général Patton, et d'une épreuve de biologie avec le généticien et biochimiste James Watson.

Mon père n'avait pas vraiment le temps de remplir sa fonction paternelle sur le plateau. Et pour être sûr que je m'intègre bien, il m'avait demandé de l'appeler Buddy. Du coup, j'oubliais parfois de l'appeler papa à la maison, ce qu'il ne remarquait pas.

Le studio se trouvait sur la 49e Rue, dans un vieux théâtre de Broadway où *Blanches colombes et vilains messieurs* était restée des années à l'affiche, suivie de *Drôle de couple*. J'aimais cette intimité recréée sur le plateau avec quelques fauteuils, un bout de moquette et une table avec une lampe posée dessus, qui pouvaient vous rappeler votre salon, malgré les caméras, les perches et les projecteurs et, au fond de la scène, les cinq musiciens du Buddy Winter Show Band dirigés par le bluesman cherokee Lester John Woods.

Et mon père, assis les jambes croisées, calme en apparence alors qu'il réfléchissait à la vitesse de l'éclair. Il pouvait écouter son interlocuteur avec attention en hochant la tête tout en se demandant s'il fallait changer de sujet pour ne pas risquer d'ennuyer les téléspectateurs, ou s'il avait suffisamment de temps pour relancer avec une nouvelle question. Je lisais dans ses pensées quand l'invité bavassait trop longtemps. Mon père souriait pour manifester son intérêt même s'il était accablé car, à une minute à peine de la coupure publicitaire, son interlocuteur commençait tout juste à s'animer et, s'il ne l'interrompait pas, l'invité suivant serait stressé et son temps de parole écourté, alors que mon père avait dû faire jouer ses relations pour qu'il accepte de venir, mais il lui fallait poser une dernière question au bavard pour que cette partie de l'émission ait du sens, bref, vous voyez ce que je veux dire. À première vue, ça avait l'air facile et indolore, et c'était souvent le cas, mais certains soirs, c'était comme cuisiner les yeux bandés, aimait dire Buddy. L'intuition et la mémoire vous évitaient une méchante brûlure.

On ne pouvait pas débiter de clichés dans le *Buddy Winter Show*, ni tout écrire à l'avance ou encore s'assurer à tout prix un filet de sécurité ; ce n'était pas le public habituel. Ceux qui regardaient l'émission étaient indéniablement intelligents et avertis, une tranche de la population convoitée par les marques d'alcools, de voitures et de vêtements haut de gamme. L'invité était le joker, bien évidemment, ce qui apportait une touche de magie mais pouvait aussi poser des problèmes – il y avait celui qui arrivait ivre, fatigué, sous traitement médicamenteux ou surexcité voire, dans le cas de l'actrice Shelley Winters, tout ça à la fois. Certains soirs, on avait l'impression de faire la fermeture du bar avec mon père (imaginez-le en train d'essuyer le comptoir) en compagnie de Lauren Bacall. Elle condamnait Frank Sinatra. Il lui avait fait la cour après la mort de Bogart et avait fini par la demander en mariage en insistant, disait-elle, pour qu'elle n'en parle à personne. Lors d'une soirée, l'actrice avait mis une amie dans la confidence, amie qui réussit à glisser le secret à l'oreille du célèbre agent artistique Swifty Lazar qui, le soir même, l'annonça dans l'*Examiner*. Quand le bruit se répandit, Lauren Bacall appela Sinatra. Il lui répondit que le mal était fait et qu'ils allaient devoir « faire profil bas ».

« Vous n'aviez quand même pas braqué une banque, s'étonna Buddy.

– Pour lui, si, expliqua l'actrice.

– Et ensuite, que s'est-il passé ?

– Eh bien, il ne m'a plus jamais adressé la parole. »

Quelqu'un hoqueta. Lester, je crois.

« Il le paiera, conclut Buddy. Le temps vient à bout des cons. »

Il se passait quelque chose de marquant quasiment chaque soir : altercations entre invités, acteurs qui se mettaient à chanter, numéros de magiciens et d'avaleurs de sabres époustouflants, parties de ping-pong ; hommes ou femmes politiques, stars du sport, musiciens et révolutionnaires ; un jour, il arriva même qu'un invité meure pendant la coupure publicitaire, un arrêt cardiaque sans témoin, la diffusion fut stoppée net, et c'est quelque chose qui nous hanta, Buddy et moi. Comment pouvait-on, d'une minute à l'autre, passer de vie à trépas ?

La dépression couvait depuis un moment. Mais on ne s'en est pas aperçus tout de suite. Mon père a commencé à s'énerver pour des bricoles et ne tenait pas en place. Il s'est mis à s'emporter sur le court de tennis, accusant son adversaire de tricher en arguant de détails insignifiants. Et il nous accusait de le discréditer ou de l'insulter lorsque nous discutions, alors que nous avions surtout du mal à le suivre.

Le stress, affirmait-il. Ça ne durerait pas.

Plus tard, il nous expliquerait que c'était comme le mauvais temps, il était impossible de le planifier ou de l'empêcher. On pouvait avoir un mois de temps clair suivi de deux mois d'orage. Ses deux mois d'orage à lui le menèrent jusqu'à ce jour où il plaqua l'émission en direct.

Il s'en prenait de plus en plus aux invités. Au début, on ne s'en est pas rendu compte car il avait l'esprit mordant, un critique avait d'ailleurs déclaré que c'était enthousiasmant de le voir tirer à boulets rouges sur la plus choyée des étoiles du cinéma, sur des rock stars ou des personnalités politiques. Il s'est mis à ressembler à une brute, ce qu'il n'avait jamais été. À perdre le fil de la conversation, ce que je fus l'un des rares à remarquer. Je le préparais aux interviews comme je l'avais toujours fait, mais il improvisait et asticotait de charmants invités jusqu'à provoquer des controverses inutiles. Un humoriste l'a poursuivi en justice, l'accusant de s'être approprié une de ses blagues, marrante mais pas inoubliable, sur un voleur entré par effraction dans un Alexander's, cette chaîne de grands magasins à bas prix, où il n'avait trouvé aucun objet de valeur à emporter. Sa plainte a été classée sans suite – le type a plus tard raconté une blague sur un criminel avisé – et Buddy a bouilli de colère quand il s'est malgré tout fait accuser de plagiat par des journalistes de la presse à scandale, et par un inconnu en smoking qui passait en taxi.

Et puis il y a eu la blague sur Leona Helmsley, la richissime propriétaire d'un empire immobilier, qui est tombée à plat et même pire. Mon père s'était toujours moqué de ses publicités en forme de lettres publiées dans le *Times*

Magazine et prétendument écrites par la reine des hôtels en personne.

Un soir, dans son monologue, il a déclaré, et j'en fus horrifié : « Dommage que le Fils de Sam ait abattu des gamins plutôt que la vieille Leona. J'aurais bien écrit la lettre annonçant sa mort. »

D'un coup, le charme et la grâce qui faisaient sa signature furent remplacés par une causticité allant jusqu'à la méchanceté, et son public, d'abord perplexe, finit par être dégoûté. Le jour de ce qui serait sa dernière émission, mon père a fait la grasse matinée. Un des invités ayant annulé sa venue, il s'est dépêché de lui trouver un remplaçant. Quand son public a répondu à son monologue par un silence et même par un murmure désapprobateur, il s'est contenté de regarder au loin, a lâché : « Mais qu'est-ce que je fous ici ? », est descendu de scène, a traversé le théâtre, et il est parti. Puis il a quitté la ville.

Pendant trois semaines, il ne nous a donné qu'épisodiquement de ses nouvelles, nous appelant d'un hôtel, d'un motel, d'un bar ou d'une station-service. Il s'est rendu dans un centre de méditation dans le nord de la Californie, il a fait la cueillette de fruits, et il a travaillé comme barman dans l'Oregon. Et puis pendant un temps, il n'y a rien eu d'autre qu'une carte postale nous disant qu'il nous aimait et qu'il espérait qu'on se portait bien.

Enfin, au bout de trois mois, il s'est mis à nous téléphoner souvent et son voyage s'est transformé – il parlait d'une quête d'expérience, d'un cheminement en vue d'une compréhension plus profonde. « Un joli nœud sur une boîte pleine de merde », a lâché ma sœur Rachel. Pour ma part, j'y ai vu une trahison personnelle et du vol. Une créature d'une autre galaxie s'était emparée du cerveau et du corps de mon génie de père pour le transformer en un être méconnaissable et détestable.

J'ai mis du temps avant de pouvoir changer de sentiment à son égard.

Début février, Buddy et moi sommes allés nous promener, comme à notre habitude. Nous avons visité Ellis Island puis le Stock Exchange et Federal Hall avant de déjeuner au Windows on the World, sites que tout vrai New-Yorkais se devait de connaître, déclara mon père avec animation. Nous avons ensuite traversé le pont de Brooklyn, ce que je n'avais pas fait depuis mes six ans et qui m'épuisa, puis nous avons pris le métro pour nous rendre au General Grand National Memorial, situé plus au nord. Nous explorions chaque jour des lieux inconnus.

Un matin, au petit-déjeuner, mon père m'a demandé : « Que se passera-t-il quand nous aurons tout vu ?

– On trouvera chacun un travail.

– C'est la chose la plus triste que j'aie jamais entendue », m'a-t-il répondu.

Sauf si nous travaillons ensemble, ai-je pensé à ma plus grande surprise.

7

La plus belle aventure fut celle que mon père imagina pour nous quatre, un séjour à Lake Placid à l'occasion des Jeux olympiques d'hiver. « Vu notre nom de famille, on se doit d'y être présents », affirma-t-il. Il acheta des billets qui nous permettraient d'assister à certaines épreuves et réserva des chambres d'hôtel. Tout en nous réjouissant des bons moments que nous allions passer, nous songions aux gens de la télé que nous pourrions rencontrer. Ils découvriraient un Buddy tout revigoré, les joues rouges et de la neige dans les cheveux. J'imaginais l'air des montagnes, le bourdonnement ambiant, et je nous voyais en train de boire un cocktail avec la bonne personne, elle entendrait la voix argentine de mon père, remarquerait la lueur dans son regard et se dirait : il n'y en a vraiment pas deux comme lui.

Nous avons mis sept heures pour arriver à destination dans notre Mercedes 1963, en passant par la I-87. Nous sommes partis à quatorze heures et nous avons roulé dans l'obscurité la plupart du temps. J'adore les trajets de nuit et je me suis rappelé que, plus jeunes, nous jouions aux devinettes ou au jeu du dictionnaire, nous écoutions la radio (tout le monde chantait quand ils passaient « Me and Julio Down by the Schoolyard » de Paul Simon) ou bien la voix rassurante de nos parents, et nous nous arrêtions dans des restaurants où nous n'allions jamais en famille, comme celui, situé à la périphérie d'Albany, où nous avons dîné ce soir-là et qui s'appelait le Hugo's.

Un certain Hugo à la moustache cirée passait de table en table pour présenter les menus et papoter. « Vous ressemblez à des athlètes olympiques, dit-il en s'adressant à Kip et moi.

– Et qu'est-ce qui vous fait penser qu'ils n'en sont pas ? » demanda Buddy.

Pour l'occasion, ma mère nous avait acheté une veste de ski bleu arctique ainsi que des bottes fourrées et, avec son visage rougi par le froid, Kip pouvait passer pour un sportif de haut niveau. Quant à moi, je souffrais encore trop de malnutrition.

« On fait de la luge en double, affirma mon frère.

– Ah, dit Hugo, c'est là qu'il y a l'argent, non ?

– Et les groupies », renchérit Buddy.

Nous avons passé commande. On a tous pris une bière, sauf Kip, ce qui ne l'empêcherait pas de boire quelques gorgées de la mienne.

Mon père se préparait aux Jeux comme si on risquait de lui demander d'être le bras droit du célèbre journaliste sportif Jim McKay. Il nous apprit qu'il avait tellement manqué de bus les premiers jours que les gens avaient attrapé des engelures à force d'attendre dans le froid. Et qu'il n'avait pratiquement pas neigé au cours des semaines précédentes. Ce serait la première fois que skieurs et lugeurs olympiques glisseraient sur de la neige en grande partie artificielle. Phil Mahre, qui, pensions-nous, avait une chance d'obtenir une médaille en ski alpin, avait été éblouissant lors des entraînements, et notre meilleur bobeur, Willie Davenport, un illustre coureur de haies, s'était entraîné moins d'un an et arrondissait ses fins de mois en jouant au blackjack, où il excellait.

« Mais celui dont tout le monde parle, c'est Heiden », déclara Buddy.

Eric Heiden était le phénomène américain en patinage de vitesse.

« Des cuisses grosses comme des troncs, ajouta Kip.

– Oui, des troncs de chêne, avec en plus un parcours intéressant. »

C'était une réplique que mon père avait lancée et que nous utilisions tous. Il suffisait de mentionner quelqu'un pour ajouter : « avec, en plus, un parcours intéressant ». Il pouvait s'agir de gens aperçus dans le métro, d'un serveur ou d'un barman. Originaire de Madison, Wisconsin, Heiden était un cycliste mondialement connu. Il était beau garçon et sain comme un mangeur de graines. Sa sœur participait aussi aux Jeux en patinage de vitesse. Eric n'allait pas se contenter d'une médaille d'or, proclamait mon père. Il en gagnerait cinq.

« Vous êtes au courant pour nos patineurs ? demanda Hugo en nous servant – une énorme part de lasagnes pour Kip et moi, du poulet à l'ail et au parmesan pour nos parents.

– Oui », répondit ma mère en soupirant.

Le couple de patineurs américains formé par Tai Babilonia et Randy Gardner avait dû abandonner la compétition alors qu'il était assuré de gagner au moins la médaille d'argent. Randy était tombé à deux reprises lors d'un simple saut.

Nous avions appris la nouvelle sur la route. Le patineur avait été victime d'un claquage à l'aine une semaine plus tôt.

« Ils l'ont bourré de lidocaïne pour l'aider à tenir, expliqua Hugo. Pensez à toutes ces heures d'entraînement qui lui ont permis d'arriver jusqu'ici et puis pfft, plus rien. »

Quand on s'était attablés, on avait pu voir la chute de Gardner au ralenti sur l'écran du téléviseur installé dans un coin de la salle.

« Vous imaginez, s'écrouler comme ça, et sur une chaîne nationale en plus », dit mon père.

Il avait commencé à neiger, un spectacle réjouissant. Ces flocons n'avaient rien à voir avec ceux de neige artificielle, nous expliqua Kip.

« N'importe quoi, dis-je.

– Je suis sérieux. La neige de culture, c'est de l'eau cristallisée, et tous les flocons ont la même forme ronde.

– Des flocons clonés, quoi », conclut Buddy.

J'avais vu des canons à neige en action dans certaines stations, et ça m'avait fait penser à une éruption de puits de pétrole.

« Les vrais flocons sont hexagonaux, reprit mon frère, et il n'y en a pas deux pareils.

– Comme les empreintes digitales, nota ma mère. C'est extraordinaire ! »

Ce soir-là, dans notre chambre du Mountain Home Inn, nous avons mangé les cookies aux pépites de chocolat tout juste sortis du four que nous avait offerts le réceptionniste, et nous avons regardé le résumé de la journée des J.O. sur ABC. Nos parents, qui occupaient la chambre voisine, nous avaient rejoints. Les bruits d'une fête particulièrement animée dans le salon du rez-de-chaussée de l'hôtel parvenaient jusqu'à nous.

« Ce n'est plus un village endormi », fit remarquer Buddy.

Nous avons regardé Heiden, paré d'or, dépasser le Russe, Yevgeny Kulikov, dans le cinq cents mètres. Kulikov avait légèrement dérapé et Heiden avait saisi l'occasion, comme propulsé par un lance-pierre.

Keith Jackson l'interviewa peu après et, avec son bonnet en laine à rayures arc-en-ciel enfoncé sur la tête (un cadeau de sa petite amie norvégienne, dira-t-il plus tard) et ses cheveux qui lui arrivaient aux épaules, il avait l'air détendu et incroyablement confiant.

Il a deux ans de moins que moi, ai-je pensé. *L'enfoiré.*

À l'époque, j'avais vingt-trois ans, et je comparais mes réalisations à celles d'hommes et de femmes qui avaient remporté un incroyable succès. (Au même âge, Picasso finissait sa période bleue et Mick Jagger écrivait « 19th Nervous Breakdown » ; quant à Jeanne d'Arc, elle avait sauvé la France et elle était morte sur le bûcher à dix-neuf ans.) J'avais entendu dire que Heiden portait des chaussettes en nylon ou pas de chaussettes du tout pour être en contact plus étroit avec la glace. Du coup, il saignait et, après chaque épreuve, ses chevilles n'étaient plus qu'une bouillie sanguinolente.

Ce résumé fut suivi d'un reportage de quinze minutes sur la crise des otages en Iran. L'air grave, l'animateur Ted Koppel introduisit l'émission en disant : « 104e jour, l'Amérique prise en otage. » De jeunes hommes barbus portant une calotte se pressaient dans les rues de Téhéran et lançaient une chaîne par-dessus leur épaule, un acte symbolique d'autoflagellation. D'autres brûlaient la bannière étoilée ou une effigie de l'Oncle Sam. Des gamines, qui n'avaient pas plus de quatre ou cinq ans, portaient un voile noir et brandissaient une photo de l'ayatollah Khomeyni de la taille d'une pancarte. Sous couvert d'informations, on nous faisait assister à un défilé de la victoire.

Nous avons débattu un moment pour savoir ce qu'on devrait regarder en dernier, les Jeux ou la crise des otages.

« La crise des otages, bien évidemment, déclara Buddy. Sinon, on se sentira trop coupables de s'intéresser à des gens qui font du bobsleigh, du ski ou qui embrassent une médaille. On ne peut que se réjouir pour eux. Mais comment se passionner pour un double axel absolument parfait quand cinquante personnes sont enchaînées à un radiateur avec un bandeau sur les yeux ?

– En même temps, vous ne trouvez pas que ce serait bien d'aller se coucher en étant un tant soit peu optimistes ? » demanda ma mère.

Il se trouve que les nouvelles, ce soir-là, étaient plus optimistes que d'habitude. Les otages allaient pouvoir être libérés dès la semaine suivante, d'après Kurt Waldheim, le secrétaire général des Nations unies.

« Ne comptez pas là-dessus, dit Buddy. Ils vont vouloir qu'on leur serve le shah sur un plateau, et on n'est pas encore prêts à ça. »

Kip et moi avons veillé tard. Nous avons regardé un film dans lequel Clint Eastwood joue le rôle d'un animateur de radio terrorisé par une certaine Evelyn, une admiratrice complètement folle qui ne cesse de se pointer chez lui ou au restaurant quand il déjeune avec son patron.

« Elle me rappelle la femme à la marionnette, me dit Kip.
– Carrément ! »

Mon père avait été harcelé par une fan qui insistait pour lui parler par l'intermédiaire d'une marionnette à gaine qui lui ressemblait vaguement, et qui déclarait aimer Buddy et vouloir un baiser de lui. Au début, mon père avait trouvé ça flippant mais plutôt drôle et, un jour, il lui avait embrassé la joue. La femme avait alors incliné sa main pour donner l'impression que la créature tombait en pâmoison.

Un mois plus tard, elle avait débarqué avec une seconde marionnette qui ressemblait à Buddy et portait les mêmes vêtements que lui, et elle avait demandé à mon père de glisser sa main à l'intérieur et d'aller se promener avec elle jusqu'à l'étang de Central Park. Devant son refus, son sosie lui avait crié dessus sans discontinuer jusqu'à ce que le portier intervienne et demande à la femme de partir, faute de quoi il appellerait la police.

La marionnette avait continué de protester d'une voix perçante : « Mais je vous aime, Buddy Winter. Je vous aime ! »

Mon père s'est levé à cinq heures du matin, il a fait une longue promenade sous la neige et, à son retour, il a médité dans le salon désert (position du lotus, jean, pieds nus). Puis il a lu le *New York Times* du début à la fin et il est allé prendre son petit-déjeuner dans l'établissement situé juste à côté de l'hôtel. Quand j'y suis entré, il était assis au comptoir, à côté de mon frère qui lui rapportait que j'avais encore parlé dans mon sommeil.

Ça m'arrivait de temps à autre. Quand j'étais à l'université, ma copine m'avait entendu dire : *La porte est défoncée.*

« Qu'est-ce que j'ai bien pu raconter ?

– C'était inintelligible. Tu marmonnais.
– Tu te sens bien, Anton ? me demanda mon père.
– Très bien. »

Il a fait glisser une assiette de saucisses jusqu'à moi. J'en ai englouti deux.

« On a regardé les temps forts des Jeux hier soir et vous savez ce qui ne va pas ? C'est que ça tourne beaucoup trop autour des Américains. Alors qu'on ne représente qu'une petite partie des sportifs. Je veux que, dans l'heure qui vient, vous me fassiez la liste de cinq athlètes étrangers et que vous les suiviez de près. Je ne veux pas voir d'Américains. Heiden et notre équipe de hockey ont bien assez de fans comme ça. » Je n'avais pas besoin d'en faire une. Je m'intéressais déjà à une dizaine de sportifs, dont un seul Américain – Heiden, bien sûr.

Buddy avait entouré dans le journal deux articles qu'il pensait pouvoir nous intéresser. Kip les a lus en premier.

« Oh, mon Dieu. John Denver a tiré sur un chien !
– Délibérément ?
– En quelque sorte. Le chien fouillait dans sa poubelle. Mais apparemment il ne l'a pas tué.
– Ce n'était qu'une carabine à air comprimé, précisa Buddy. Comme le savent tous les personnages de film, on peut tirer sur qui on veut mais il ne faut surtout pas faire de mal à un chien. »

L'autre article concernait Richard Nixon qui emménageait dans une demeure du quartier des East Sixties. On l'avait vu prendre un repas au Lüchow's et demander au serveur d'offrir une bouteille de champagne à un couple qui lui avait réservé une part de leur gâteau d'anniversaire de mariage.

« Si ça ne vous attendrit pas, c'est que vous êtes irrécupérables », conclut mon père.

Nous avions décidé de nous séparer une bonne partie de la journée. Nos parents comptaient faire de la raquette dans les étendues sauvages situées derrière la station puis nous retrouver à midi pour l'épreuve de biathlon. Buddy nous fit un petit topo sur cette épreuve qui, à ses yeux, était clairement conçue pour James Bond.

« Faire une course de ski de fond en portant une carabine sur le dos, ce n'est pas un sport ; c'est *L'Espion qui m'aimait*. »

Ils avaient ajouté deux nouvelles disciplines cette année, poursuivit-il. La préparation d'un martini et un concours de séduction.

J'ai mangé une gaufre et bu du café. Faire de la raquette ne me tentait pas et il fallait absolument que, pendant une heure ou deux, je puisse cesser d'être le public dont mon père avait besoin et fuir mon frère qui, dès que je ne me méfiais pas, me bombardait de boules de neige en hurlant : « Personne ne s'attend à l'Inquisition espagnole ! »

C'est donc seul que j'ai fait le tour du village olympique en pensant au pays que je venais de quitter. Il était difficile d'être plus éloigné de l'Afrique équatoriale – et je ne parle pas uniquement de la température, de la neige, et de toutes les parkas colorées en provenance d'Autriche, du Japon, des Pays-Bas ou du Canada, mais de l'argent qui coulait à flots et de l'attention mondiale que cette manifestation attirait.

L'Afrique où j'avais vécu était loin des coups de force post-coloniaux, des armées d'enfants-soldats, et des camps de réfugiés surpeuplés dont vous entendiez parler dans les journaux, et ce n'était pas non plus un décor de jungle verdoyante avec moi à l'arrière d'une Jeep. C'était une terre austère, poussiéreuse, où il faisait très chaud, une terre qui vous défiait sans cesse tout en vous offrant des moments où vous aviez l'impression de faire l'œuvre de Dieu. Nous avions eu deux mois pour apprendre le français, nous adapter au climat, et nous habituer à vivre de peu. J'aurais dû aussi, avant de rentrer, bénéficier d'un mois ou deux pour réapprendre à côtoyer les nantis.

J'ai acheté une carte postale pour Gauthier, un enseignant gabonais qui avait été là-bas mon fidèle acolyte et mon meilleur ami. Elle représentait un raton laveur qui portait des lunettes de ski et un bandana autour du cou.

Les gens de Lake Placid se métamorphosaient volontiers. Ils avaient « laissé tomber leur veste de bûcheron pour la remplacer par un petit anorak Bill Blass », avait expliqué un journaliste télé, et c'était vrai. La papeterie et la quincaillerie avaient disparu au profit de magasins de vêtements de marque et de manteaux de fourrure Revillon. Nombre d'habitants avaient loué leur logement ; un Texan, qui travaillait dans l'industrie pétrolière, avait payé cinquante mille dollars pour passer une semaine dans la plus grande maison de la ville.

Une personne rencontrée sur cinq était une de nos connaissances new-yorkaises, dont un bon nombre travaillaient dans le monde de la télé. Ces gens me demandaient des nouvelles de mon père et je leur répondais qu'il allait très bien et qu'il avait hâte de reprendre le travail.

« Les fins de soirée ne sont plus comme avant, constataient-ils sous une forme ou sous une autre.

– Elles le redeviendront bientôt », leur promettais-je en prenant l'air confiant, tout en notant dans un coin de ma tête à qui téléphoner le moment venu.

Elliot Kaplan, le producteur qui avait tâté le terrain en vue du retour de Buddy à la télévision, suivait les Jeux pour ABC Sports et, comme Kip et moi, il assisterait au match de hockey qui opposerait les États-Unis à la Norvège. Buddy s'était arrangé pour que je puisse le rencontrer entre la deuxième et la troisième période.

« Il veut parler du câble, me dit mon père. Or, je n'y connais rien.

– C'est ça, l'avenir. Je te présenterai mon rapport à dix-huit heures.

– Bien, capitaine. »

Le match se tenait dans l'ancienne arène olympique qui avait la taille du gymnase d'un lycée du Midwest, et où Sonja Henie, la patineuse artistique, avait gagné plusieurs médailles en 1932. Un lieu étrangement petit pour organiser une épreuve de hockey, ce sport dont tout le monde parlait, et pour accueillir l'équipe américaine qui, composée d'une poignée d'étudiants, avait déjà réussi à faire match nul contre les Suédois et à écraser la locomotive tchécoslovaque 7-3, ce que Buddy assimilait à une victoire de l'équipe de basket de l'université de St John, dans le Queens, sur les Knicks de New York.

Quand nous sommes entrés dans l'arène, les spectateurs commençaient à scander « USA ! USA ! ». Ils portaient des casquettes, des écharpes et des tee-shirts USA, et brandissaient des drapeaux américains. Bon nombre d'entre eux avaient le visage peint en rouge, blanc et bleu.

« Atomisons les Nordiques ! cria quelqu'un.

– Balançons-les dans un sauna ! renchérit un autre.

– Et si je soutenais la Norvège ? lança Kip.

– Pourquoi tu ferais une chose pareille ?

– Parce qu'il faut bien que quelqu'un le fasse. Et puis maman dit que c'est un pays incroyablement beau. Il y a plus d'un millier de fjords.

– D'accord, mais s'ils prennent l'avantage, tu changes de camp.

– Geir Myhre est le meilleur ! s'époumona alors mon frère.

– Oui ! » hurla une jeune et jolie Norvégienne. Elle avait l'âge d'être étudiante et était accompagnée d'une amie. Elles se tournèrent vers Kip, pouce levé.

« C'est qui ? ai-je demandé.

– Le meilleur joueur norvégien. Ailier droit, né à Oslo.

– Tu as creusé le sujet. Papa serait fier de toi. »

Le match commença mal. Passes ratées, patinage médiocre. Les Norvégiens dominèrent les Américains pendant toute la première période en menant 1-0. C'est Geir Myhre qui marqua l'unique but. Kip agita la main en direction des deux jeunes filles assises à environ cinq rangées au-dessus de nous, et elles l'imitèrent avec enthousiasme.

« J'ai envie d'aller m'installer en Norvège, me glissa mon frère à l'oreille.

– Et tu ferais quoi là-bas ?

– Des trucs norvégiens.

– De la course de rennes.

– Ils ont des rennes ?
– Bien sûr. C'est là que le Père Noël recrute les siens. »

Mike Eruzione marqua avant la quarante-cinquième seconde de la période suivante et ce fut le début de la fin pour les Norvégiens. Les États-Unis ajoutèrent deux buts dans le deuxième tiers, puis encore deux dans le dernier, et notre gardien, Jim Craig, fit tout pour empêcher nos adversaires de marquer.

Quand arriva la seconde pause, je suis allé retrouver Elliot dans la tribune de la presse. Kip est tombé sur l'un de ses camarades de classe et ils sont partis flâner autour des stands de souvenirs, de tee-shirts et de restauration.

Elliot et moi nous sommes assis, et nous avons regardé la surfaceuse faire briller la glace devenue terne.

« En un sens, ce n'est pas plus mal que je discute d'abord avec toi, Anton. Tu es resté combien de temps au Ghana ?

– Au Gabon. Un an. »

Il a jeté un coup d'œil en direction des journalistes qui, non loin de nous, griffonnaient des notes ou dictaient par téléphone un compte rendu partiel du match.

« Ça te dit de marcher un peu ? me demanda-t-il.

– Volontiers. »

Nous avons déambulé dans les allées, acheté une part de pizza insipide, et nous sommes installés à une table. Elliot évoqua les collègues et amis qui ne s'étaient jamais remis de la fin du *Buddy Winter Show* et qui ne manqueraient pas d'allumer la télé dès que mon père ferait son retour à l'écran, et il déclara que, pour y parvenir, il fallait juste « sortir des sentiers battus ».

« C'est-à-dire ?

– Vous courtisez les réseaux nationaux, non ? Sinon, ce serait une régression. Buddy Winter sur le câble ? C'est comme si Mohamed Ali boxait sur un ring de catch ! Voilà ce que vous vous dites. Eh bien c'est une erreur, Anton. Le câble est la nouvelle frontière. Il explose. »

J'ai hoché la tête car c'était effectivement ce que j'avais lu.

« Prends Bill Rasmussen, le responsable de la communication de l'équipe des Whalers. Il s'est fait virer. Eh bien il a demandé à la Getty Oil Company de l'aider financièrement et, il y a cinq mois, il a lancé ESPN, une chaîne dédiée au sport. Au printemps, elle retransmettra le championnat interuniversitaire de basket, et son sponsor n'est autre qu'une petite brasserie qui s'appelle Budweiser. Ted Turner diffuse des émissions de sa chaîne locale TBS au-delà d'Atlanta via les satellites de RCA et, bingo, il possède la première superstation qui, grâce au satellite, diffuse dans tout le pays. Aujourd'hui, il en existe des dizaines, dont un grand nombre sont confessionnelles. Tu n'as jamais regardé la chaîne évangélique PTL ? La Trinity ou la Christian Broadcasting Network ?

– Elles me fascinent.

– Incroyable, non ? Plus besoin de t'habiller pour aller à la messe, le Seigneur entre dans ta chambre par le câble. Le nouveau projet de Turner, c'est une chaîne d'information en continu. Elle sera lancée cet été. Tu te réveilles à trois heures du matin et tu veux savoir ce qui se passe à Dubrovnik ? C'est désormais à ta portée. Il n'y aura pas de concurrence. Et un jour, les chaînes nationales pourront avoir leur propre câblo-opérateur, mais l'offre sera plus étendue, beaucoup plus étendue. Tu connais *PopClips* ? C'est une émission sortie de l'imagination de Mike Nesmith, un ancien membre des Monkees, avec de courtes vidéos et des actualités musicales. Et, pour autant que je sache, il existera bientôt une chaîne consacrée à la mode, une autre à l'alimentation et une troisième au yoga. L'avenir est aux chaînes thématiques.

– Et qui va en tirer profit ?

– Tout le monde. Je t'explique. Aujourd'hui, on a tout gratuitement mais on n'a aucun choix. Pour bénéficier du câble, il faut s'abonner. Sur les réseaux nationaux, une émission en première partie de soirée suivie par vingt millions de téléspectateurs, c'est un échec, tu la supprimes. Mais sur le câble, si cinq millions d'abonnés paient deux dollars pour la voir, ça te fait dix millions de chiffre d'affaires. »

Elliot a balancé d'autres chiffres, raconté d'autres anecdotes, et m'a affirmé que les réseaux nationaux faisaient partie du passé et qu'il ne fallait pas s'inquiéter si les trois plus gros nous tournaient le dos.

« C'est ce qu'ils risquent de faire ?

– Je ne pense pas. Mais vous vous en sortiriez mieux sans eux. »

Son optimisme était contagieux et j'ai pensé à l'émission de stand-up de Robert Klein sur HBO, qui était hilarante et jamais censurée.

« Je dois retourner au match, Anton, mais regarde autour de toi, parle aux gens, je vais faire de même, et on se revoit dans un mois, je serai moins pris et on fera le point. D'accord ?

– Oui.

– C'est ton frère ? »

Kip s'approchait de nous avec, dans la main, ce qui ressemblait à une affiche roulée.

« Qu'est-ce que tu lui as donné à manger ? Hier encore, il était haut comme trois pommes et voilà qu'il a ma taille, nom de Dieu !

– J'ai acheté une affiche de l'équipe américaine de bobsleigh, nous dit-il.

– Sans blague ? C'est génial, s'exclama Elliot. Je te l'échange contre dix dollars.

– Pas question. C'est pour ma chambre. »

J'ai appelé Rachel dans l'après-midi. Pour la charrier parce qu'elle n'était pas venue avec nous. Ma sœur enseignait l'anglais aux élèves de seconde de Coolidge, une école pour garçons, et elle allait passer le week-end à corriger des copies. Elle me demanda combien d'argent nous avions dépensé.

« La somme n'est pas exorbitante.

– Tu mens.

– Peut-être.

– Quel est le prix des chambres ?

– Cent cinquante, je crois.

– Les deux ?

– Chacune. »

Silence à l'autre bout du fil.

« Et j'imagine que vous ne mangez pas des Big Mac.

– Non », ai-je répondu. Avant de citer Buddy : « “Combien d'occasions aurons-nous d'avoir les Jeux olympiques à deux pas de chez nous ? Au moins, on n'aura pas eu à payer de billets d'avion.”

– C'est papa tout craché. Au moins, je n'ai pas eu à acheter *une montagne*.

– Écoute. Je suis d'accord avec toi, mais le but était de nous retrouver tous ensemble et de nous amuser. Or, tu n'es pas là. Sinon, tu comprendrais.
– Je suis désolée.
– Tu nous manques.
– Vous avez vu Eric Heiden ?
– Oui.
– Il est vraiment canon.
– Il a quatre ans de moins que toi.
– Anton, j'ai quelqu'un.
– Qui ça ?
– Randy.
– Le flic ? Je croyais qu'il avait une petite copine. »
Environ un mois plus tôt, la voisine de Rachel avait été cambriolée, et ma sœur avait craqué pour un des policiers qui menaient l'enquête. Il était intelligent et « sentimental », il avait fait ses études à l'université de New York et, le soir, il suivait un atelier d'écriture de scénario.

Randy était revenu à deux reprises chez ma sœur pour le suivi de l'enquête mais, à chaque fois, ils s'étaient écartés du sujet et avaient discuté une bonne heure. Et puis la police avait attrapé le voleur et rendu la plupart des objets à leur propriétaire.

« C'est fini entre eux.
– Eh ben dis donc ! » Et, comme je ne pouvais pas résister, j'ai ajouté : « Il t'a déjà passé les menottes ?
– Non, et je n'ai pas non plus caressé son arme.
– Beurk.
– Anton ?
– Oui.
– Ne te fais pas avoir une nouvelle fois.

– Qu'est-ce que tu veux dire par là ?

– Tu le sais très bien. Est-ce que je dois te rappeler toutes les raisons que tu avais invoquées pour te faire la malle ?

– Ne t'inquiète pas. »

Petite, Rachel adorait un film des années quarante, *Le Grand National*, parce que l'histoire tournait autour de Velvet, la fille de la famille, et du rêve qu'elle poursuivait. Son père était un boucher bienveillant et attentif dont l'acte le plus irresponsable avait été de parier sur un cheval de course.

« En partant maintenant, tu arriveras avant la fin de la soirée où nous nous rendons, dis-je.

– Amusez-vous bien.

– Compte sur nous. Tu auras de nos nouvelles en lisant le journal. »

8

Ce soir-là, ces gens qui avaient de l'argent et des relations (alias les Winter) se sont rendus à une soirée habillée organisée dans le Lake Placid Resort Hotel par une certaine Marylou Whitney, une femme du monde de l'East Side. Nous y sommes allés en calèche, d'autres invités en traîneau à chiens. J'avais emprunté un smoking à mon père. Et tenté de convaincre Kip de se joindre à nous, mais il avait préféré retrouver des amis du lycée, l'un d'eux ayant affirmé qu'il pourrait les faire entrer dans le village des athlètes.

Mes parents ont vidé un ou deux vodka gimlets dans leur chambre et, une fois assis dans la calèche, ils ont chanté des limericks grivois, un de leurs penchants, en se tenant par la main. Il faisait environ moins dix et il neigeait.

« Un jeune homme du nom de McNair, entonna Buddy.

– Tripotait une fille dans les escaliers, enchaîna ma mère.

– Il la caressait, la bécotait, et la rampe céda.

– Et ça se finit par une partie de jambes en l'air. »

Puis, à mon grand regret, ils ont repris en choeur : « Baise-la, baise-la, baise-la dans ton lit. » Mon père a respiré le cou de ma mère comme il aurait respiré une rose. Elle l'a embrassé.

J'ignore combien de parents ont un tel comportement, mais ça me plaisait que les miens se conduisent ainsi. Les soirs où tout allait bien, ils ressemblaient à Nick et Nora, le couple de détectives du feuilleton *L'Introuvable*, qu'ils adoraient. Les rares fois où ils se disputaient, c'était flippant comme ça peut l'être quand deux êtres intelligents savent parfaitement comment se faire du mal.

Dans la salle qui donnait sur le lac, et qui était décorée de flocons de neige argentés et de stalactites de cellophane, des diseurs de bonne aventure recevaient dans des igloos en polystyrène. Un Père Noël au corps d'athlète distribuait des cadeaux à l'effigie des Jeux olympiques – collier pour les femmes, boutons de manchette pour les hommes.

Le Lester Lanin Orchestra joua des morceaux de big band comme « It's De-Lovely » ou « My Funny Valentine ». Les invités comptaient parmi eux des princes et des princesses, l'ambassadeur d'Espagne en Union soviétique, l'ambassadeur de France aux États-Unis, l'ambassadeur d'Italie en Allemagne ainsi que le gouverneur général du Canada, Edward Schreyer, et sa femme, Lily, qui était couverte de bijoux. Je le sais parce que notre hôtesse a mis un point d'honneur à présenter mes parents à tout le monde.

Elle avait organisé un buffet « typiquement américain », claironnait-elle – jambon de Virginie, rôti de bœuf, salade de pommes de terre, *coleslaw* et crème glacée. De l'autre côté de la table, des serveurs déguisés – il y avait le Winter Warlock du film *Santa Claus Is Comin' to Town* et l'abominable homme des neiges – remplirent nos verres de champagne, précisant qu'il venait directement de la région des Finger Lakes.

« Un mélange de raffinement et de prépuberté », me souffla Buddy à l'oreille.

J'ai échangé un moment avec une certaine Astrid, une attachée olympique suédoise, pendant que son mari dansait avec une femme qui, me dit-on, était une cousine éloignée de Teddy Roosevelt. On a parlé ski. Elle a évoqué Åre (prononcez « Oreu »), une station qui n'attirait pas les foules comme les Alpes mais qui était « tout aussi agréable ». On ne pouvait atteindre le sommet qu'en motoneige. J'ai fait mon possible pour ne pas regarder son décolleté. Je pense y être parvenu.

C'était une soirée à l'atmosphère un peu magique.

Buddy discutait du skieur alpin suédois Ingemar Stenmark avec un Autrichien, médaille de bronze en slalom géant aux J.O. de 1968 à Grenoble, la question étant de savoir s'il était le meilleur de tous les temps. Mon père plaidait en faveur de Jean-Claude Killy.

« Allons faire un tour », me dit ma mère, et nous avons déambulé ici et là. Je craignais qu'elle soit en quête d'une jeune fille avec qui je puisse échanger, et je fus soulagé de constater qu'elle voulait juste observer les gens.

Le joueur de football américain Terry Bradshaw et son épouse, la patineuse artistique JoJo Starbuck, se pavanaient, formant un des couples glamour des Jeux. Il gagnerait le Super Bowl quelques semaines plus tard. Je les avais aperçus au match de hockey.

« Le problème, c'est que je suis un vrai plouc, affirmait-il. Je ne comprends rien à la danse classique. Je ne connais que le quadrille. On est comme le couple des *Arpents verts*.

– Il veut que j'arrête de patiner mais il n'en est pas question, décréta sa femme.

– Je le reconnais. Je suis un sale macho. Un *cochoune*. C'est comme ça que ça se prononce ? »

Il essaya de lui glisser un amuse-gueule dans la bouche. Elle le lui prit des mains et le posa sur la table derrière elle.

« J'aime te voir patiner, ma chérie. On est ici pour toi. »

Ils s'embrassèrent.

« De vrais tourtereaux », gazouilla leur interlocutrice.

« Un couple dans de sales draps », déclara ma mère quand nous fûmes hors de portée de voix.

Nous avons échangé avec les uns et les autres, laissant Buddy faire de même dans son coin, et discuté avec diverses sommités des épreuves auxquelles nous avions assisté. Un des organisateurs de la soirée portait un badge de la campagne de Kennedy sur le revers de sa veste, ce qui fit plaisir à ma mère. À un moment, elle attira l'attention de Buddy, il leva son verre et nous l'imitâmes.

« Vous avez l'air bien ensemble, notai-je.

– Ce n'est pas une chose à dire à sa mère. Bien sûr que nous sommes bien ensemble.

– Je veux dire que vous avez l'air heureux.

– On est aux Jeux olympiques. Qui ne le serait pas ? »

Je lui ai raconté ma conversation avec Elliot Kaplan, le fait qu'il croyait qu'on aurait bientôt l'occasion de lancer une nouvelle émission, et le sentiment que j'avais que Buddy était prêt à reprendre le travail. Ma mère n'a rien dit.

« Tu n'es pas d'accord ?

– Ça dépend de ce que tu veux dire par "prêt". » Elle a incliné la tête et détourné les yeux pour réfléchir. « Il faut que tu comprennes, Anton… J'aime beaucoup l'ambiance qu'il y a à la maison ces derniers temps.

– Moi aussi.

– C'est différent, plus douillet. On regarde la télé ensemble, on joue au Scrabble, on lit, et les moments que ton père et Kip ont passés tous les deux les ont métamorphosés.

– Mais il a besoin de travailler. Il n'est pas question qu'il prenne sa retraite et reste le cul sur une chaise. »

Je poussais le bouchon trop loin, je le savais, mais il me fallait le soutien de ma mère sur ce coup-là.

« Il va beaucoup mieux, reconnut-elle, mais il ne subit plus le stress de la préparation d'une émission quotidienne, et du direct une heure durant. Qui me dit qu'on ne va pas revivre la même chose ?

– C'est impossible.

– Comment peux-tu en être sûr ?

– Je suis sûr qu'il deviendra fou s'il reste à la maison. »

Elle n'a pas réagi.

« Piètre choix de mots, ai-je ajouté.

– Il se cherche encore, Anton. Il a effectivement besoin de travailler, et Dieu sait qu'on a besoin d'argent, mais si ce n'est pas pour tout de suite, on s'en sortira quand même. »

Elle essayait de tempérer nos attentes, et peut-être les siennes. Au même moment, Buddy traversait la salle pour venir nous rejoindre.

« Mince alors, quel bel homme, lança ma mère.

– Qu'est-ce que vous complotez tous les deux ? nous demanda-t-il.

– J'ai décrété que tu étais trop sexy pour passer à la télé, lui dit-elle.

– Combien d'hommes ont déjà eu droit à cette réflexion ce soir ?

– Tu es le troisième, lui dis-je.

– Ça pourrait être pire. On danse ? Ou on va voir une diseuse de bonne aventure ?

– Ce genre de truc me met mal à l'aise, objecta ma mère.

– Alors on danse », conclut mon père, et ils s'éloignèrent.

Les plus jeunes buvaient des cocktails et fumaient des cigarettes françaises devant un des igloos de cartomancie. J'ai repéré les enfants de certaines connaissances de mes parents, ainsi qu'un type avec qui j'avais fait un stage de voile sur Block Island quand j'avais douze ans.

« Ce sont tes parents, non ? m'a demandé une fille de mon âge.

– Comment le sais-tu ? »

Elle portait un badge d'accréditation presse au bout d'un cordon.

« À la façon dont tu les regardes.

– Et comment je les regarde ?

– Avec inquiétude et affection, comme si tu priais pour qu'ils arrivent sains et saufs chez eux.

– Tu es anglaise ?

– Comment le sais-tu ?

– L'intuition.

– Pas mon accent ? »

Elle s'appelait Olive Diop. Un de ses parents devait être originaire d'Afrique de l'Ouest.

« La BBC, hein ?

– J'en ai bien peur. Ne m'en tiens pas rigueur, me dit-elle.

– En fait, deux de tes athlètes m'intéressent.

– De *mes* athlètes !

– Konrad Bartelski.

– Né aux Pays-Bas mais oui, c'est notre plus grand skieur alpin.

– Et bien sûr, Robin Cousins.

– Tu en pinces pour un médaillé d'or ? »

Cousins avait décroché l'or en patinage artistique.

« Tu as couvert l'épreuve ?

– Je ne suis pas journaliste sportive. Je fais juste des encadrés. En réalité, je suis censée écrire un papier sur cette soirée.

– Je ne vois pas de calepin.

– J'ai déjà réalisé les interviews. »

Il n'y avait pratiquement plus de queue pour se faire dire la bonne aventure. Une femme, qui portait une robe de soirée dorée, est sortie de l'igloo, un sourire tranquille flottant sur ses lèvres.

« Les nouvelles sont bonnes ? lui ai-je demandé.

– Excellentes. Je suis tellement soulagée. »

La diseuse de bonne aventure passa la tête à l'extérieur. « Entrez dans l'igloo mystique », lança-t-elle. Elle devait approcher la soixantaine mais son visage n'était pas marqué, à tel point qu'il n'était pas difficile d'imaginer la petite fille de sept ans qu'elle avait dû être. C'était comme si on avait vieilli une toute jeune actrice.

« Tu vas y aller, n'est-ce pas ? me dit Olive.

– Et toi, c'est fait ?

– Bien sûr que oui.

– Qu'est-ce qu'elle t'a dit ?

– Pratiquement rien. Elle s'est plantée à plusieurs reprises, et elle a juste conclu que "cette année sera meilleure que la précédente". Mais certaines personnes m'ont dit qu'elle avait bizarrement tapé en plein dans le mille.
– À mon tour, alors. »

L'igloo avait une odeur d'encens, de parfum coûteux et de plante, de la sauge peut-être.
« Vous avez regardé le match de hockey aujourd'hui, affirma-t-elle.
– Ça, c'est facile.
– Vous avez de la chance. C'est une équipe formidable. »
J'ai hoché la tête.
« Mais il n'y a pas que le hockey qui vous occupe l'esprit en ce moment.
– C'est vrai. »
Elle étudia les cartes posées devant elle et respira profondément.
« Vous êtes sur le point de vous lancer dans une grande aventure.
– Tout ça, c'est du passé. »
Elle marqua une pause et ferma les yeux comme pour faire venir à elle une vision.
« Non. Quelque chose va bientôt arriver. Quelque chose d'important. Vous avez été très malade, n'est-ce pas ?
– Vous avez parlé à mon père.
– Je ne l'ai jamais rencontré. Vous avez été malade ?
– Oui.
– Et vous avez failli mourir.
– C'est ridicule.

– Votre père aussi a été malade.
– Oui.
– La même maladie que vous. »
Je la tenais.
« Non.
– Votre père est très fier de vous.
– Et moi de lui », ai-je rétorqué.
Elle essaya de lire sur mon visage.
« Je vous crois.
– C'est vrai, je le suis.
– Je vois venir comme une tempête.
– Ici, à Lake Placid ?
– Là où vous habitez. Vous habitez à… Chicago, c'est bien ça ?
– Non.
– Boston.
– Non.
– New York.
– Oui.
– Cette année sera meilleure que la précédente.
– Espérons-le.
– Profitez bien des Jeux », conclut-elle en me raccompagnant jusqu'à la sortie.
« Tu as appris quelque chose ? me demanda Olive.
– Je ne sais pas trop. »
Un homme avec un badge de la BBC s'approcha d'elle et lui annonça qu'il partait.
C'était sans doute pour moi le moment de rentrer à l'hôtel, mais Olive ne bougea pas et son collègue s'éloigna.
« Tu vas te coucher ? me demanda-t-elle.
– Oui.

– J'ai mieux à te proposer. » Elle avait des yeux marron foncé et des petits plis sexy autour de la bouche. Une coupe au carré et une frange balayée sur le côté.

« Ah bon ?

– Tu aimes la boxe ? Les poids lourds ?

– J'adore Mohamed Ali.

– Tu y es presque.

– Qu'est-ce que tu veux dire ?

– Tu verras. »

On s'est installés dans le bar du fond du Whiteface Inn. Olive a commandé des martinis, des bières et un grand bol de fruits secs.

Je lui ai dit que j'avais eu la chance d'assister, en 1971, au fameux combat d'Ali contre Frazier, qui avait marqué son retour après plusieurs années d'absence, et qui s'était conclu par la victoire de Frazier, déclarée à l'unanimité. J'avais quatorze ans et c'est le spectacle le plus étonnant que j'aie jamais vu de ma vie. Nous nous trouvions à portée de voix de Woody Allen, Frank Sinatra et Norman Mailer, que nous connaissions. Au quinzième round, Frazier avait cogné impitoyablement sur Ali sans pour autant réussir à le mettre K.-O.

Ali n'avait jamais reconnu sa défaite, même des années plus tard quand il avait regagné le titre. Mais ce soir-là, il avait bel et bien perdu. En 1973, Frazier s'était fait démolir par George Foreman puis il avait perdu deux autres combats spectaculaires contre Ali. Mais je l'avais vu à son meilleur, et voilà qu'il allait chanter une sérénade à tous ceux qui étaient venus boire un dernier verre.

« Mesdames et messieurs, installez-vous bien, lança l'animateur. Dans quelques minutes, venu directement de Beaufort, Caroline du Sud, avec sa voix aussi douce que son crochet du gauche était redoutable, Smokin' Joe va monter sur scène avec son groupe ! »

« Il a gagné une médaille d'or en 1964, et le voilà de retour, au mieux de sa forme, me dit Olive.

– C'est incroyable.

– Ce sont les seuls visages noirs à Lake Placid, en plus de ton bobeur.

– Et donc toi, tu vis à Londres ?

– Raté.

– Dans la banlieue de Londres.

– Non, à New York.

– Tu couvres la ville pour la BBC.

– Je couvre beaucoup de choses.

– Tu y habites depuis combien de temps ?

– Environ trois ans. J'ai fait un troisième cycle à l'université Columbia. Je suis moitié irlandaise, moitié sénégalaise, mais je n'ai pratiquement pas de lien avec le Sénégal. Mon père a disparu de la circulation assez rapidement. Ma mère s'est installée à Londres quand j'avais quatre ans et j'ai grandi là-bas.

– J'ai vécu au Gabon pendant un an.

– Avec le Peace Corps ?

– Comment as-tu deviné ?

– Je dois te faire un aveu. Je sais qui tu es. Et je sais qui est ton père. J'ai regardé l'émission pendant un an avant qu'elle disparaisse.

– Donc tu as vu la dernière.

– Oui.

– Tu en as pensé quoi ?

– Je vais être honnête. J'ai pensé A) que c'était un grand moment de télévision, un sacré coup de théâtre. Mais B) que ça avait dû être très douloureux pour lui, pour toi, pour ta mère, ton frère et ta sœur.

– C'était vraiment le bordel.

– Je m'excuse. Je suis trop indiscrète.

– Pas de problème. Donc tu aimes New York.

– Ma mère s'inquiète. Tu es au courant de ce qui se passe ? Six personnes ont été poussées sur les voies du métro. On a écrit un papier sur ce qu'ils appellent les "meurtres d'inconnus". C'est une véritable épidémie. Quelqu'un les surnomme les "meurtres façon Orange Mécanique", mais l'image est fausse. Il n'y a rien de délirant là-dedans.

– Quand j'étais petit, on me volait régulièrement ma carte de bus. Si bien que j'avais toujours dix dollars dans mon portefeuille au cas où je me ferais dépouiller.

– Le petit Blanc se faisait dépouiller.

– Les petits Noirs subissaient certainement le même traitement.

– Tu es déjà sorti avec une Noire ?

– Oui.

– Au Gabon ?

– Oui. Enfin, "sorti avec", c'est vite dit. On m'a dit que je lui plaisais. Et elle me plaisait aussi. On a déjeuné une fois ensemble mais il n'y a rien eu entre nous à part des gloussements et de la gêne. J'avais l'impression que si je faisais quoi que ce soit, je serais obligé de l'épouser.

– Pourquoi ? Elle voulait peut-être juste s'envoyer en l'air.

– Alors j'ai raté le coche.

– Bien évidemment. Fais en sorte que ça ne se reproduise plus. »

Joe Frazier est monté sur scène pour tester le micro. Il portait une veste de soie noire et une magnifique cravate bleu canard. Olive s'est penchée vers moi et a murmuré avec force : « Au cas où tu te serais demandé s'il y avait un deuxième acte dans la vie d'un Américain. » L'ancien champion a offert sa propre version de « Mustang Sally », de « Proud Mary », et puis une adaptation mortelle de « My Way ».

Ses choristes entonnèrent : « *He's gonna do it his way. He's gonna do it his way. Go get'em, Joe*[1] ! » Puis Smokin' Joe s'est lancé :

> « *Prepare… to take the dare… it's time to climb… right through them ropes now.*
> *You face a man… who has a plan and stakes that plan… not in a shy way.*
> *Well that's his right… but come the fight… I'll fight him my way*[2]. »

« Il est doué.

– Bien sûr. C'est un champion. Qu'est-ce que tu croyais ? »

---

1. Littéralement : « Il va le faire à sa façon. Il va le faire à sa façon. Vas-y, Joe ! » (*Toutes les notes sont de la traductrice.*)

2. « Relève… ce défi… c'est l'heure de monter… sur le ring. / Tu as… en face de toi… un homme prêt… qui ne manque pas d'aplomb. / Eh bien c'est son droit… Mais lorsqu'arrivera la bataille… Je livrerai bataille à ma façon. »

Alors que nous nous dirigions vers la sortie, Olive me dit : « Ce n'est pas ton père, là-bas, au bar ? » Entouré d'un public restreint, Buddy improvisait une émission, comme il lui arrivait parfois de le faire.

« Anton, approche. Je te présente Terrance. »

Nous avons échangé une poignée de mains.

« Terrance fabrique de la neige. Il fait fonctionner les machines dont on parlait avec ton frère et ta mère. Sans lui, pas de Jeux.

– Je n'irais pas jusque-là, intervint Terrance.

– Des Jeux olympiques d'hiver sans neige ? Ce sont les jeux d'automne, et personne ne paiera pour voir du ski alpin aux jeux d'automne.

– La neige est indispensable, confirmai-je.

– Sans doute, reconnut l'homme.

– Je vous présente Olive Diop. Elle est originaire de Londres.

– Mes respects à Sa Majesté la reine, lança Terrance.

– Enchanté, déclara mon père.

– Très honorée.

– Et voici Willem, dit Buddy. Il est représentant pour les skis Rossignol. D'après lui, ce n'est pas Oswald qui a abattu Kennedy. Les coups de feu mortels provenaient du monticule herbeux. »

Un de nos sujets de discussion favoris à la maison était l'assassinat des Kennedy et des leaders des droits civiques. Buddy s'y connaissait, et il avait profité de son émission pour organiser des débats autour de la balistique après la mort de Robert Kennedy et celle de Martin Luther King.

« Maman passe son tour ce soir ?

– Elle se dit épuisée. Et moi j'ai commis l'erreur de boire un Irish coffee.

– Ils ont voulu faire croire que le Président avait été atteint à l'arrière du crâne alors que les projectiles ont été tirés de face, précisa Willem.

– Bien évidemment, dit mon père.

– Je viens de lire un excellent article sur le sujet. Ils ont falsifié les photos de l'autopsie.

– Quand ont-ils emmené le corps ? ai-je demandé.

– Le corps ou le cercueil ?

– Je vais rentrer, me dit Olive.

– Tu veux que je te raccompagne ?

– Non, reste », me répondit-elle en nous saluant, Buddy et moi, avec un adorable sourire. « Je pense que ton père a besoin de toi.

– Tu m'écoutes ? continua Willem.

– Oui, répondis-je, et Olive partit.

– Voilà l'histoire. Le corps, qui se trouve dans le cercueil, est dérobé au moment même où Johnson prête serment à bord de l'Air Force One. Une fois rapatrié à Washington, il est transporté au plus vite à l'hôpital militaire de Walter Reed où il est maquillé par voie chirurgicale. Les radiographies sont retouchées. Puis il est conduit au Bethesda Naval Hospital et remis dans le cercueil d'origine. »

Dans ses heures sombres, Buddy aurait piqué une crise, mais il s'est contenté de sourire. « Est-ce vraiment plausible ? demanda-t-il.

– Bien sûr. Beaucoup de gens étaient impliqués. Ce n'est pas un prétendu communiste russe, seul dans une chambre d'hôtel, qui a fait le coup.

– Comment ont-ils pu voler le corps en présence de Jackie, de Johnson et des autres passagers ?

– Ils avaient bien d'autres préoccupations en tête.

– Ça vaut le coup d'y réfléchir, conclut mon père.

– Une question, dit Terrance. Un Kennedy est venu à votre émission, non ?

– Oui, j'ai invité Bobby la première année.

– Il était assis comme moi, tout près de vous ?

– Oui.

– Ça ne vous manque pas ?

– Je vais revenir. Je prends juste un congé sabbatique. »

Nous avons parcouru ensemble, dans un froid glacial, les deux kilomètres qui nous séparaient de l'hôtel, mon père savourant l'air pur de la montagne et la vue d'un millier d'étoiles, et moi réalisant avec tristesse que je n'avais pas réussi à obtenir le numéro de téléphone d'Olive Diop.

« Si je pouvais avoir un parti pris…, commença Buddy.

– Papa. C'est quoi un parti pris ? »

On jouait parfois à ce jeu.

« Personne ne le sait, répondit-il en souriant. Mais il faut toujours en avoir un. C'est le secret du bonheur. Tu pourrais vendre le tien. *Approchez, parti pris à vendre !*

– Est-ce que je pourrais échanger mes doutes contre ton parti pris ?

– Mauvaise affaire. Un parti pris te fait davantage avancer que des doutes.

– C'est vrai.

– Et tu ne devrais pas douter, Anton.

– Je ne douterais pas si je pouvais avoir un parti pris. »

Une fois à l'hôtel, Buddy m'a suivi dans la chambre. Kip dormait profondément et la télévision était allumée. Mon père a écarté ses cheveux et embrassé son front, comme il le faisait quand Rachel et moi étions petits et que nous faisions semblant de dormir, et j'ai songé aux inquiétudes de ma mère à son sujet.

« Il ronfle, ai-je murmuré.

– Dit celui qui parle dans son sommeil. »

9

Je me suis installé au huitième étage du Dakota le soir même de notre retour de Lake Placid. Robert Fielding avait laissé dans son appartement son linge de maison, sa vaisselle et un bar plein d'alcools : cognac, Pernod, ouzo, apéritifs français, vermouth italien. Il avait été journaliste à *Esquire* (dans les années cinquante) et avait mené la vie de célibataire que prônait le magazine. Des photos le montraient en train d'interviewer des célébrités, ou bien en vacances dans des lieux exotiques.

On trouvait dans son salon un beau tapis tressé provenant d'Asie du Sud-Est, une horloge murale en bronze et bois, deux masques africains, un canapé qui s'affaissait, des étagères jumelles couvertes de toutes sortes de livres qui allaient du *Soleil se lève aussi* jusqu'au *Complexe d'Icare*, un minuscule poêle et un mini-frigo et, curieusement, une baignoire installée près de la fenêtre, qui vous permettait d'admirer un morceau de ciel new-yorkais tout en étant plongé dans de l'eau savonneuse. On sentait que ce logement était habité par quelqu'un qui voyageait une bonne partie de l'année.

Le couloir de l'étage reliait les quatre angles du bâtiment en serpentant. Un de mes voisins m'avait un jour décrit le Dakota comme un donut carré dont le centre était la cour. À chaque angle de chaque étage, une batterie d'ascenseurs donnait sur un hall. C'était les femmes de chambre, les cuisiniers et, de façon générale, tous les domestiques qui habitaient au huitième. Le bruit courait que certains illustres habitants entretenaient des maîtresses dans de petits appartements comme celui de Fielding, et je suis sûr que le cœur de la discrète et belle jeune femme qui occupait la chambre au bout du couloir appartenait à un habitant du sixième étage.

Un écrivain, qui un an plus tôt avait publié une histoire du Dakota, appelait les résidents de notre étage « Ceux qui restent » – des gens abandonnés par les propriétaires quand ils déménageaient.

Jadis, des hommes évoluant dans le milieu du théâtre – acteurs et chanteurs – vivaient là-haut. Un certain Jimmy Martin, qui avait dansé et chanté sur Broadway (et qui avait reçu sur la tête un élément du décor, perdant de ce fait l'usage d'un œil), avait travaillé comme valet de chambre au Dakota, et il était resté « vivre dans son trou à rat » – ce sont les mots de Fielding – après le départ de son maître, profitant de la largesse de l'immeuble ; sa voisine était une vieille femme malade qui, des décennies auparavant, avait été la maîtresse d'un célèbre chanteur d'opéra.

Là-haut, je me sentais très loin de ma famille alors que, si je le voulais, je pouvais en cinq minutes me retrouver assis avec eux à la table du petit-déjeuner.

Voici une phrase tirée des mémoires de Fielding, qui se trouvaient sur l'étagère du bas de son bureau : « Je crois être aujourd'hui un homme humble parce que j'ai vu une hyène manger une carcasse de lion, et des vautours manger la hyène qui avait mangé le lion. » Il s'était rendu dans le Tanganyika, où il avait fait l'expérience de la sérénité et compris qu'il n'était qu'« une toute petite fourmi sur la colline de la vie ». Et sur sa vie itinérante : « J'ai été malade dans des hôtels encore plus étranges que ceux fréquentés par le grand correspondant de guerre Ernie Pyle. »

Quand j'ai commencé à envisager l'éventail de choix dont Elliot m'avait parlé, j'ai compris que, sans agent, je ne ferais que tâtonner dans l'obscurité. J'ai alors pris le risque d'appeler Harry Abrams pour tout lui raconter.

« Bien sûr, quelqu'un va miser sur Buddy, m'a-t-il dit. Ce n'est pas n'importe qui. Beaucoup de gens importants regardaient religieusement son émission. »

Le son de sa voix suffit à me rendre nostalgique.

« Quel est votre plan ?

– On n'en a pas vraiment. On a besoin de toi, Harry », ai-je répondu. Avant de balancer un bobard : « Tu manques beaucoup à Buddy.

– C'est ce qu'il dit ?

– Oui. Souvent. Tu nous manques. »

Il y eut un silence à l'autre bout du fil.

« On était comme des frères.

– Je sais. Il veut retravailler avec toi.

– Tu en es sûr ? Parce qu'il m'a balancé de sacrées vacheries.

– À nous aussi. Il reconnaît avoir déconné et il le regrette.

– Je m'en lave les mains, Anton.

– Donc, tu refuses, c'est ça ?

– Je ne peux pas. »

Je ne savais pas quoi dire mais je savais que, sans Harry, nous étions foutus.

« Alors au revoir », ai-je lâché.

Mais il a repris : « Claudia m'a raconté que tu voulais faire amende honorable. Mais c'est à lui de le faire, Anton.

– Il en est bien conscient.

– Et toi ?

– Moi aussi. »

J'ai perçu de longs soupirs et imaginé Harry secouant la tête en se voyant fléchir.

« Et puis zut. De l'eau a coulé sous les ponts, beaucoup d'eau… et s'il veut me parler, je l'écouterai. Il faut qu'on sorte un soir, lui et moi, deux ou trois verres au Lion's Head et on verra si on peut renouer.

– Choisis une date et il sera au rendez-vous.

– D'accord et en attendant…

– Je dois noter ?

– La dernière image que les gens ont de Buddy, c'est lorsqu'il craque sur le plateau.

– Effectivement.

– Donc la première chose à faire, c'est d'effacer cette image.

– Comment ?

– À travers ce que, dans le métier, nous appelons une "offensive de charme". On le fait intervenir dans une émission qui ne prête pas à polémique, quelle qu'elle soit du moment qu'il peut montrer qu'il est redevenu l'être charmant qu'il était. Je peux tâter le terrain.

– Tu es un véritable ami.

– Oui, peut-être bien… Mais attention, il va y avoir de la résistance. Buddy en a déçu plus d'un.

– Compris.
– Bon. Je vais prendre la température. »

Ce week-end-là, ma mère et moi nous sommes rendus en voiture à Manchester, New Hampshire, pour promouvoir la candidature de Ted Kennedy et pour que Joan et elle reprennent contact avant la journée qu'elles devaient passer ensemble à New York le mois suivant. Nous avons fait du porte-à-porte pendant plusieurs heures, par un temps frais et ensoleillé, afin d'essayer de convaincre les indécis, nous inspirant d'un texte que l'équipe de campagne avait bricolé sur l'économie, l'intervention soviétique en Afghanistan et la crise des otages.

Dans l'ensemble, les gens se sont montrés aimables, mais quelques-uns se sont dits dégoûtés de Teddy, alors que plus de dix ans s'étaient écoulés depuis l'accident de Chappaquiddick[1]. Un article en une du *New York Times* s'était appuyé sur les coefficients de marées et sur d'autres données scientifiques pour contredire son récit des faits. Après quoi, l'équipe de campagne avait réuni des océanographes et des spécialistes du droit maritime pour contester ces conclusions, ce qui avait fait dire à Buddy : « Faire appel à de tels experts n'est jamais très bon signe. »

Alors que je remontais Main Street, j'ai remarqué des autocollants sur le pare-chocs de certaines voitures en

1. En 1969, le sénateur avait perdu le contrôle de sa voiture et plongé dans l'eau. Sa passagère, Mary Jo Kopechne, n'avait pas survécu. Ted Kennedy, qui avait attendu le lendemain pour prévenir la police, avait été accusé de ne pas lui avoir porté secours.

stationnement, sur lesquels on pouvait lire : SI KENNEDY GAGNE, TU PERDS. Et aussi : TEDDY POUR MAÎTRE-NAGEUR.

« Que pensez-vous du refus du Président de débattre avec le sénateur ? demandions-nous aux habitants.

– C'est de la lâcheté », répondaient tous ceux qui voteraient probablement pour Kennedy, tandis que les soutiens de Carter affirmaient qu'il avait des sujets de préoccupation plus importants que la campagne des primaires.

« Quoi, par exemple ? demandais-je.

– Le retour des otages.

– Où en est-il à cet égard ? »

Ils me fusillaient alors du regard, comme si je venais de cracher sur le drapeau.

Lors d'une fête d'anniversaire organisée pour Kennedy par un club de Manchester, Ted et Joan ont dansé joue contre joue pour les caméras. À la table d'honneur, on pouvait voir Rose, quatre-vingt-neuf ans, un chapeau à large bord sur la tête, Kara, la fille blonde du couple, venue de Trinity College dans le Connecticut, le temps des vacances, et Patrick, son petit frère âgé de douze ans. L'air tendu, Patricia Finn, la directrice de campagne au niveau local, nous a chuchoté à l'oreille : « Elle est meilleure que lui pour évoquer Chappaquiddick. Elle parle avec le cœur.

– Effectivement, dit ma mère.

– Imaginez, elle est enceinte, la maison est pleine d'enfants et d'amis, et lui téléphone à sa petite copine. La pauvre Joan décroche l'autre combiné et entend son mari pleurer. »

Puis Patricia Finn s'est dirigée vers le buffet en se dandinant.

« Tu vois le problème, m'a dit ma mère. Quand un membre de ta propre équipe de campagne jase sur toi, tu es foutu.

– Donc d'après toi, Ted est foutu ? »

Ma mère avait plaisir à assister à des dîners ou des cocktails pour ensuite les disséquer avec nous, comme s'il s'agissait d'analyser des personnages, et elle n'hésitait pas à se montrer impitoyable. « Je ne fais qu'énoncer des évidences », disait-elle, évidences que nous n'avions pas repérées avant qu'elle les pointe du doigt. Elle démasquait les artifices et les mensonges. Buddy aimait dire que ma mère était perspicace mais qu'elle se fiait bien trop à son ressenti. Ce soir-là, elle avait bu deux généreux verres de vin et elle était incapable de se contrôler.

Le sénateur, qui avait de larges épaules et le visage cramoisi, s'est arrêté une dizaine de minutes à notre table.

« *Happy birthday, Mr. President* », a chanté ma mère en singeant Marilyn.

C'était risqué, étant donné qu'elle était en présence du frère de JFK, mais elle s'est sortie de ce mauvais pas.

« Vous voulez monter sur scène et chanter devant tout le monde, Emily ? lui a-t-il demandé.

– Je ne porte pas la tenue adéquate. »

Il a balayé la salle du regard puis a respiré profondément. « Le New Hampshire en février, dit-il.

– Carter ne supporte pas le froid, hasardai-je.

– Ça, c'est bien vrai, dit Teddy.

– Je pressens qu'ici, on va gagner haut la main, déclara ma mère.

– Moi aussi, répondit Kennedy. Les sondages me donnent parfois gagnant, parfois perdant, mais les gens en ont marre de cette situation économique de merde. Ils en ont marre de l'inflation galopante, et ils exigent le retour des hommes et des femmes retenus en otage en Iran.

– Ce n'est pas trop fatigant de faire campagne ? lui ai-je demandé.

– Pas du tout, mon garçon. Si être sur la route et répandre l'évangile te fatigue, il faut changer de boulot. »

Ma mère l'a regardé, l'air sceptique.

Il s'est penché vers nous. « Je suis prêt à dormir pendant un mois. Mais pas tout de suite. En novembre peut-être.

– Impossible, ce sera la période de transition, lança un homme assis en face de nous.

– Effectivement », reconnut Teddy. Puis, s'adressant à ma mère et moi : « Vous refaites du porte-à-porte demain ?

– Toute la journée, répondit ma mère.

– Génial ! Oh, voilà Joanie. »

Elle a posé sa main sur l'épaule de ma mère. « Bonjour Emily, bonjour Anton, vous êtes très élégants.

– Il n'y a pas que l'apparence qui compte, dit ma mère.

– Je ne parle que de vous deux. Buddy, c'est une autre histoire.

– C'est le moins que l'on puisse dire.

– Comment va votre mari ? demanda Teddy.

– Très bien. On rentre de Lake Placid.

– Grand match de hockey contre les Russes ce soir.

– On les a vus écraser les Norvégiens, dis-je.

– Génial ! s'exclama Teddy. Bon, écoutez, je vais aller serrer des mains et embrasser des bébés.

– Tant que vous ne les pincez pas, ironisa ma mère.

– Vas-y, mon chéri », dit Joan.

Le candidat s'est penché vers elle et l'a embrassée ouvertement sur la bouche.

« Je t'aime !

– Moi aussi, je t'aime.

– Voilà une bonne chose de faite, grommela Patricia Finn à notre intention.

– Promets-moi une chose, dit Joan à ma mère.

– Je t'écoute.

– Promets-moi de ne pas me dire que je suis incroyablement forte, que je tiens sacrément bien le coup, et que Teddy et moi formons vraiment un beau couple.

– D'accord. Alors je vais te dire un truc, tu as vraiment une sale tête.

– Merci.

– Je blague.

– Tu sais ce qui m'énerve ? reprit Joan. C'est que pendant des années, on a supplié Teddy de se présenter aux élections, on lui a dit qu'il devait sauver le pays, qu'il serait le meilleur président qu'on ait jamais connu depuis son frère, qu'il serait peut-être même meilleur que lui, et quand Teddy leur a dit : "OK, j'y vais", on lui a répondu : "Pas si vite." Tu vois ce que je veux dire ?

– Évidemment », répondit ma mère en pensant, j'en suis sûr, à son propre mari.

Ce soir-là, dans le salon bondé du Manchester Inn, nous avons regardé le match de hockey qui opposait les États-Unis à l'Union soviétique. Les bénévoles des équipes de campagne de Bush, Baker, Carter, Reagan et Kennedy occupaient tous les sièges et l'espace autour du bar. Personne ne parlait politique, il n'était question que de sport.

Les Américains ont été menés 1-0 puis 2-1. Mais le vent a tourné juste avant la fin de la première période. Dave Christian a décoché un tir frappé, l'immortel Vladislav Tretiak a laissé échapper un rebond, et Mark Johnson en a profité pour surgir entre deux défenseurs avant de glisser le palet dans le but au moment où la sonnerie retentissait.

« Ils vont nous le refuser, lâcha un homme qui portait une casquette des Bruins de Boston. Ça va être comme le match de basket contre la Russie en 72. Ils vont nous niquer sur le chrono. »

En 1972, les Soviétiques avaient obtenu une deuxième chance de décrocher la victoire dans les ultimes secondes à cause d'un problème de chronomètre. C'était la première fois que les États-Unis perdaient un match aux Jeux olympiques.

Pour notre plus grande joie (bière aidant), les juges ont validé le but.

« Bien fait pour vous, les Russes ! » s'exclama l'homme.

Quand les Américains furent déclarés vainqueurs, les joueurs se précipitèrent sur la patinoire, et tout l'hôtel dansa de joie.

« Je crains un accès de patriotisme irrationnel qui permettra à Carter de franchir la ligne d'arrivée, me dit ma mère

– À moins qu'on reprenne nos esprits. »

Une fois dehors, ma vaillante mère cria à tous ceux qui se dirigeaient vers leur voiture : « Votez Kennedy mardi, pour une Amérique meilleure ! »

10

Avec ses quatorze pièces, l'appartement des Rose faisait bien des envieux, même parmi les occupants du Dakota. Il disposait d'un salon à colonnades qui, autrefois, tenait lieu de salle de bal et qui était équipé de deux cheminées se faisant face (le logement en comprenait huit en tout). Sur les murs, des peintures modernes – un Warhol et un Kandinsky – se mêlaient à des tableaux rapportés de voyages au Pérou, en Malaisie, en Inde et en Égypte. Ils avaient une salle de projection, un Steinway dans la salle de réception, et une petite piscine au fond de l'appartement.

Les fêtes organisées par Rowan Rose – les jours fériés mais aussi dès qu'il se sentait d'humeur, notamment le jour des Tony Awards, de la Saint-Patrick, du Super Bowl, de l'anniversaire d'une cantatrice ou d'une danseuse étoile qu'il admirait, le premier jour du printemps ou le dernier jour de l'été, ou encore le réveillon du Nouvel An – étaient réputées. Le buffet provenait de l'un de ses deux restaurants, le Park Tavern et le Rosy Thorn, ce dernier étant un célèbre lieu de drague situé dans l'East Side.

Ce soir-là, Buddy portait une veste de tweed et un jean. Ma mère, un pull gris en cachemire avec un col en V qu'il lui avait acheté des années plus tôt. Pour une fois, toute notre famille avait répondu à l'invitation.

J'ai reconnu des acteurs et des actrices, des artistes, quelques banquiers, des écrivains, un acrobate. Lauren Bacall, le célèbre critique de cinéma Rex Reed, Rudolph Noureev qui, disait-on, était en train de faire l'acquisition d'un appartement dans le Dakota, Nastasjia Kinski qui avait joué dans *Tess* de Polanski et que j'aurais aimé aborder, mais j'étais bien trop intimidé. Le cycliste Leo Larson qui dissertait sur le prix de l'immobilier. Et puis j'ai vu mon père s'approcher de John Lennon qui, seul dans un coin, reposait un livre sur une étagère. Ma mère et moi l'avons suivi.

Le chanteur avait de longs cheveux noués en queue-de-cheval et une barbe hirsute. Il portait une chemise bleue et une fine cravate noire, et il semblait avoir passé ses vacances dans une région très ensoleillée. Son nez pelait.

« Tu es bronzé, dit Buddy.

– Négroïde, corrigea-t-il.

– La Floride ?

– La salle d'attente de Dieu. Palm Beach. J'y suis allé avec Peter Boyle et sa famille pour l'anniversaire de Yoko.

– Souhaite-lui un joyeux anniversaire de ma part.

– Fais-le toi-même, elle est à la cuisine.

– OK.

– On a passé un super moment autour de la piscine. J'ai chanté quelques titres et Peter a dansé comme un ours empoté pour faire rire Sean. Et puis on est sortis dîner dans un restaurant français soi-disant classe, La Petite Marmite. C'est Peter qui l'avait choisi, mais il ne nous avait pas précisé que c'était l'endroit où tout le monde allait pour être vu. »

Peter Boyle avait participé au *Buddy Winter Show* lors de la sortie de *Frankenstein Junior*, dans lequel il jouait le rôle du monstre. Il était intelligent, engagé politiquement, « un invité intéressant et fiable », avait conclu mon père après l'émission.

« Et il y avait des photographes, je parie.

– Putain, Buddy, si tu savais.

– Pas étonnant.

– "Par ici, Mr. Lennon. Ce sont des petits pois que vous mangez ?" »

Un serveur s'est approché avec un plateau de raviolis au porc. Mon père et moi nous sommes servis. Dans la pièce voisine, il y avait une longue table en acajou couverte d'une sélection de plats du Park Tavern. Croquettes de morue, saint-jacques enrobées de bacon, côtelettes d'agneau, tranches de filet de bœuf à profusion, asperges froides enveloppées de poivron rouge grillé, feuilletés aux épinards et à la feta… Tout était absolument délicieux.

« Je me suis comporté comme le connard que j'ai tendance à être dans ce genre de circonstances, et je m'en suis pris à ce pauvre Peter dès que nous sommes rentrés à la maison.

– Oh, non.

– Oh, si, j'en ai bien peur. Je l'ai accusé d'avoir choisi cet établissement pour être pris en photo avec nous et je l'ai traité d'abruti, ce qui revenait à le transpercer avec une lance, si tu connais un tant soit peu son manque d'assurance. J'ai continué en lui demandant comment il avait pu être aussi débile, mais je n'étais pas sérieux, je voulais juste l'asticoter un peu, et il a répondu, bouillonnant de colère : “Ne me traite jamais de débile. Sinon je t'arrache ta putain de tête.” »

J'imaginais Peter dans le rôle du monstre de Frankenstein, attrapant John par le cou et le secouant jusqu'à ce que son corps soit mou et inanimé.

« Puis j'ai éclaté de rire et il a compris que je ne faisais que blaguer. On s'est réconciliés. Et le lendemain, ils nous ont emmenés bruncher dans un restaurant en tous points semblable à celui de la veille, sauf qu'il y avait encore plus de gens qui nous regardaient et nous prenaient en photo. »

La célébrité était un mal dont souffraient nombre d'occupants du Dakota. John la décrivait comme une forme d'emprisonnement, certes douillet, mais il avait confié à Buddy qu'il donnerait volontiers plusieurs années de sa vie pour pouvoir se promener là où il voulait sans que quiconque s'intéresse à lui. J'avais entendu mon père faire cette même réflexion, mais lui deviendrait fou si personne ne s'intéressait à sa personne.

Dans l'immeuble, il y avait un accord tacite selon lequel on entretenait des rapports de voisinage sans accorder d'importance à la célébrité de l'un ou de l'autre et, la plupart du temps, cet accord était respecté. Mais il était difficile de ne pas être fasciné par les Beatles.

Le métier de Buddy intéressait ceux qui au contraire recherchaient la célébrité ; tout le monde voulait être invité dans son émission. Des serveurs, des chauffeurs de taxi ou encore des inconnus croisés dans la rue se mettaient à chanter, à balancer des vannes ou à faire un tour de magie, et mon père grimaçait puis il souriait en leur expliquant qu'ils pouvaient appeler son assistante et envoyer une cassette audio, mais que lui voulait profiter de sa journée en famille.

« Si je comprends bien, tu n'as pas pu te cacher derrière ta barbe ? dit-il à John.

– Non. Et elle est devenue célèbre. Tu as déjà laissé pousser la tienne, Buddy Boy ? Je n'arrive pas à t'imaginer barbu. »

John Lennon et mon grand-père étaient les seules personnes à lui donner ce surnom.

« Oui, il y a quelques mois, pendant mon voyage.

– Ah oui, le grand voyage de Winter. J'aurais bien aimé t'accompagner.

– Je n'ose pas imaginer le spectacle, intervint ma mère. Vous deux surfant sur une plage de Bali.

– Je vois une chaise longue et une jeune et jolie masseuse », renchérit John.

Un homme corpulent et barbu s'est assis au piano et a commencé à jouer des titres d'Ella Fitzgerald devenus des classiques comme « Dream a Little Dream of Me » et « I Don't Mean a Thing (If It Ain't Got That Swing) ». Une femme vêtue d'une longue robe fluide de couleur bleue les interprétait et les gens se rassemblaient autour d'elle, certains dansaient. D'autres s'étaient approchés des fenêtres pour admirer la vue.

« Vous avez fait du bateau ? » ai-je demandé à John.

C'était ce dont on parlait quand on se rencontrait. Lui était déterminé à apprendre à naviguer cette année, et moi je passais mes étés sur un voilier depuis l'âge de dix ans.

« C'est drôle que tu me poses cette question. J'étais en voiture avec Fred un matin et on a vu un voilier, amarré à quai, qui s'appelait *Imagine.* Fred a téléphoné au capitaine et l'a loué sans préciser que c'était pour moi. »

Fred était l'assistant de John, le neveu du précepteur de Sean.

« Le capitaine a dû avoir une attaque quand il vous a vus débarquer, remarqua ma mère.

– Attendez, ce n'est pas tout. Il nous ont raconté que lui et sa femme étaient des fans inconditionnels des Beatles et qu'un soir, alors qu'ils étaient complètement défoncés à l'acide, ils avaient allumé la télé pour regarder le *Buddy Winter Show*, et j'étais là, dans mon salon en Angleterre, en train de jouer *Imagine* sur un piano à queue blanc.

– Tu rigoles ! réagit mon père.

– C'est là qu'ils ont décidé de s'acheter un bateau et de l'appeler *Imagine.* »

Un peu plus tard, une certaine Lucretia, une actrice qui avait participé à l'émission de Buddy, a expliqué à ma mère la théorie des conversations électromagnétiques de Buckminster Fuller, et lui a dit qu'elle s'appliquait tout le temps sans qu'on s'en aperçoive.

« Quatre-vingt-dix-neuf pour cent de la réalité ne serait perçue que par notre intelligence métaphysique.

– Hum », fit ma mère comme si elle acceptait cette vérité.

Un serveur est passé avec un plateau de champignons farcis. Elle en a pris un, l'a déposé sur sa langue puis a fermé les yeux de plaisir. « C'est tout simplement divin, a-t-elle dit au serveur. Y a-t-il une pointe de basilic ? »

Lucretia a poursuivi : « Le cerveau n'est qu'un endroit où l'on emmagasine des informations. Il peut être saturé, corrodé, grillé. Mais on peut communiquer sans son intervention par le biais de ces ondes électromagnétiques.

– D'accord, a dit ma mère.

– Vous y parvenez ? ai-je demandé à l'actrice.

– Mon cerveau ne s'est pas encore hissé à ce niveau-là. »

Lucretia a continué de discourir et j'ai laissé vagabonder mes pensées. À un moment, elle m'a parlé du channeling et m'a cité le nom de certaines personnes qui croyaient fermement en la réincarnation : Mark Twain, Walt Whitman, Pearl Buck, Henry Ford, Robert Frost, Rilke.

« C'est grotesque, est intervenue ma mère. Nous n'avons qu'une vie, un point c'est tout. » Avant d'ajouter : « Et c'est encore plus grotesque quand on y réfléchit.

– Vous ne croyez pas qu'on vit tous des choses qu'on ne peut pas s'expliquer ? a demandé Yoko, qui nous avait rejoints. Quand on fait la connaissance d'une personne, il arrive qu'on ait l'impression d'être en lien karmique avec elle, de la connaître déjà alors qu'on ne l'a jamais rencontrée.

– J'imagine que oui, ai-je répondu, parce que j'avais déjà ressenti ça.

– Tu as l'impression d'avoir encore des choses à régler avec elle. »

J'avais entendu dire que les Lennon demandaient conseil à des numérologues et à des cartomanciens avant de prendre une décision financière ; c'était d'ailleurs l'un d'eux qui leur avait recommandé d'acheter cette exploitation laitière située dans le nord de l'État de New York, où Kip, Alex et moi leur avions un jour rendu visite.

« Le monde des esprits nous entoure, m'a dit Lucretia en indiquant d'un geste toute la pièce et au-delà. Notre conscience est trop opaque pour que nous puissions le voir mais il existe bel et bien. D'ailleurs, on peut le sentir, non ? Prends ton père. D'après toi, d'où lui viennent toutes ces idées géniales ? Tu n'as pas l'impression qu'il est, comme nous tous, guidé par une force invisible ?

– Pas vraiment.

– Alors, comment expliques-tu les enfants prodiges ? Comment expliques-tu Mozart, Chopin ou Liszt ?

– Ou Michael Jackson, intervint mon frère qui s'approchait d'un pas nonchalant.

– Exactement. Ils jouent de la musique à la perfection parce qu'ils ont déjà appris à jouer et s'en souviennent. »

Rowan, qui portait un costume à carreaux aux couleurs criardes et fait sur mesure, a passé la soirée à étreindre ses convives, à remplir des verres et à faire les présentations. Alors que la ville était en difficulté, ses affaires prospéraient et tout le monde voulait être invité à ses soirées. Il venait d'une famille de cinéastes, mais il ne vivait que pour ses restaurants et, affirmait-il volontiers, pour rendre les gens heureux, même s'il lui arrivait d'en irriter certains, de dire trop souvent ce qu'il pensait sans se préoccuper des conséquences, ce qui est l'apanage des très riches. Il était proche de John, et affable avec Buddy.

« J'ai une proposition à te faire, m'a-t-il dit. Tu peux être commis de salle au Tavern si tu veux. Mais je ne peux pas encore t'embaucher comme serveur, sinon je me ferais pendre haut et court par l'équipe. Tu auras droit à une partie des pourboires et tu pourras te faire une centaine de dollars par jour.

– Ça me plairait beaucoup.

– Certaines serveuses sont sacrément sexy. Tu vas adorer. En plus de ta paie, tu pourras baiser. »

Ça me semblait prometteur. Baiser un peu ne me ferait pas de mal, même si je doutais d'avoir de la chance de ce côté-là.

Nous avons regardé Buddy pérorer puis écouter son interlocuteur – apparemment il s'amusait bien. Ma mère s'est approchée et lui a pris la main.

« Il faut que je te pose une question, Anton, a repris Rowan.

– Je vous écoute. »

Il m'a entraîné dans une pièce adjacente qui ressemblait à une bibliothèque, avec des livres du sol au plafond et une échelle coulissante pareille à celle que nous envisagions d'acheter.

Il a légèrement baissé la voix.

« Il est fou ?

– Quoi ? Non, pas du tout.

– Tu sais que j'aime beaucoup ton père.

– Il n'est pas fou, ai-je insisté, sans doute suffisamment fort pour que certaines personnes m'entendent.

– Ça ne me gêne pas s'il l'est. Je le suis, nom de Dieu, demande à n'importe qui ici.

– Buddy est au mieux de sa forme.

– Alors pourquoi ne pas essayer de l'aider à revenir à l'antenne ?

– Ce serait super !

– Tu imagines bien que je connais du monde. Je vais voir ce que je peux faire. »

Que Rowan se décrive comme ayant plus de relations que nous dans l'univers des médias m'a déconcerté mais, étant donné tout ce qui s'était passé, ce n'était pas aberrant.

« Je pense qu'on va s'en sortir.

– Si j'entends parler de quelque chose, je te tiens au courant.

– Très bien.

– Maintenant, va boire et manger. Tu as goûté aux croquettes de morue ? C'est un régal. »

En 1971, John et Yoko avaient été invités au *Buddy Winter Show*. La moitié du pays avait regardé l'émission. Mon père avait été avenant et légèrement tendu, et ma mère dira plus tard qu'il aurait dû être un peu moins accommodant avec eux. J'avais quatorze ans à l'époque. Ils avaient parlé du coup de sang de Jerry Rubin, l'un des fondateurs du mouvement hippie, dans l'émission de David Frost, de la séparation des Beatles et du rôle de Yoko dans cette rupture.

Yoko portait une tenue extraordinaire : mini-short et top décolleté d'une même couleur pêche orange. John était en forme, il portait une chemise bien ajustée, type militaire, et ses cheveux, rasés un mois plus tôt, n'avaient pas encore vraiment repoussé. J'ai beau avoir regardé cette émission une douzaine de fois, je trouve toujours qu'il est particulièrement drôle et plein d'entrain et que Buddy s'en sort très bien avec lui – il est fasciné sans pour autant être intimidé. Tous deux passent de la pommade à Yoko, et John fait la promo des réalisations de sa compagne : *Fly*, un court-métrage, un recueil de poèmes intitulé *Pamplemousse*, l'exposition « This Is Not Here » à Syracuse. Il s'adresse directement à la caméra, comme s'il vendait des couteaux ou des encyclopédies, et Yoko semble ravie de le voir ainsi attirer l'attention sur elle. Puis on baisse la lumière pour projeter son film, dans lequel une mouche parcourt le corps nu d'une femme, et je crois reconnaître dans la voix qui se rapproche du bourdonnement de l'insecte celle de Yoko.

Que ce soit singulièrement brillant était hors de propos. Mon père aimerait inconditionnellement. Une certaine affinité s'était créée entre les deux hommes car Buddy achetait la version de John et Yoko que ceux-ci voulaient bien lui vendre. Ils pouvaient dire ce qu'ils voulaient, il le goberait et son public aussi.

11

Mon grand-père, Roland Winter, m'avait appris à faire de la voile au large des côtes du Maine et pendant des années, en juin, nous avons navigué jusqu'à la baie de Penobscot, la ville de Bar Harbor ou encore Campobello Island, où Franklin Roosevelt séjournait l'été quand il était enfant. Nous avons eu un Cutlass à quille longue puis un sloop gréé en tête qui s'appelait *Happy Hours*. J'aimais tout particulièrement les nouvelles que mon grand-père nous lisait le soir, la veille d'une sortie en mer, celles de Melville, de Poe, et ma préférée, *La Sirène* de Ray Bradbury sur le monstre du Loch Ness, le vieux loup de mer, McDunn, s'identifiant à lui quand il disparaît. « Il est retourné dans les Profondeurs. Il a appris qu'on ne peut pas trop aimer dans ce monde. »

Je me suis rappelé combien ces récits nous paraissaient irréels le soir où Kip et moi sommes allés voir *Fog* de John Carpenter, le mec qui a réalisé *Halloween. La nuit des masques*. L'affiche du film, floue et obsédante, représentait de vagues silhouettes avançant dans le brouillard, les yeux réduits à deux points rouges, et elle recouvrait les murs du métro et les arrêts de bus avec l'accroche : IL FAIT NUIT. IL FAIT FROID. IL ARRIVE.

Dans la scène d'ouverture, des enfants, le visage éclairé par une lumière orangée, sont assis autour d'un feu de camp ; ils écoutent John Houseman, casquette de capitaine vissée sur la tête et barbe blanche hirsute, leur raconter l'histoire d'un clipper qui, un siècle plus tôt, naviguait dans le brouillard et, guidé par une lumière en provenance du rivage, finissait par s'écraser contre les rochers ; aucun passager n'avait survécu. Les habitants du village de pêcheurs avaient sciemment provoqué ce naufrage afin de voler l'or contenu dans le bateau.

Un siècle plus tard, le brouillard revient et, avec lui, une tribu de noyés vindicatifs, fantômes en colère munis de crochets et de pointes de fer. Le film, magnifiquement tourné dans le nord de la Californie, est terrifiant. Kip a fermé les yeux pendant les scènes les plus sanglantes et, sur le chemin du retour, il m'a demandé de les lui décrire en détail mais, dès que je m'exécutais, il grimaçait comme si l'action était en train de se dérouler devant lui.

Mon frère et moi nous sommes ensuite demandé quel était le film qui nous avait fait le plus peur. Kip a choisi *L'Exorciste*, qu'il avait vu pendant mon séjour en Afrique. Et moi *La colline a des yeux.* Le titre à lui seul me faisait flipper. De même que les noyés de *Fog* m'épouvantaient.

« Qu'est-ce qu'ils ont fait ces cent dernières années ? ai-je demandé.

– Les fantômes ?

– Oui. Avant de revenir.

– Ils sont restés allongés au fond de l'océan.

– Ils ont entretenu leurs rancunes.

– Ils ont fait ce que font les morts. »

Je songeais à tous ceux qui, au huitième étage du Dakota, entraient dans leur chambre de bonne ou en sortaient très discrètement, et que personne ne remarquait jamais.

« Tu crois toujours aux fantômes, Kip ?

– Pas à ceux qui ont des crochets et des pointes mais sinon oui, je pense que ça existe.

– Pourquoi ?

– J'ai entendu dire qu'il se serait passé certains trucs dans l'immeuble, pas toi ?

– Pas vraiment. »

Bon nombre de nos voisins, dont les Lennon, juraient avoir vu des fantômes ou senti leur présence. Après avoir emménagé dans l'appartement de la vieille Jessie Ryan, John et Yoko avaient organisé une séance de spiritisme afin d'entrer en contact avec elle et de convaincre son esprit de partir. Nos parents étaient en désaccord sur le sujet, ma mère n'y croyait pas du tout alors que Buddy nous remplissait la tête d'histoires de fantômes qui hantaient les couloirs, certaines inventées, d'autres transmises d'un occupant du Dakota à un autre, un concierge qui avait vu une pelle voler, des ascenseurs qui fonctionnaient de leur propre initiative, une fillette qui, aux dires de plusieurs personnes, jouait seule à la balle au beau milieu de la nuit (alors qu'aucune fillette correspondant à sa description n'existait parmi les habitants de l'immeuble).

Et puis il y a eu *Rosemary's Baby*, qui a fait pour le Dakota ce que *Les Dents de la mer* feraient pour l'océan. Les vieux voisins aimables sont devenus d'un coup des satanistes prêts à vous féconder avec la semence du diable.

J'avais l'impression de vivre dans un château hanté, ce qui n'était pas pour me déplaire car ça tenait à distance les bégueules et les craintifs.

Il avait neigé pendant que nous étions au cinéma et des gamins faisaient une bataille géante de boules de neige dans la rue. Kip en lança une et toucha un garçon à l'épaule.

« Hé ! » hurla-t-il en nous bombardant.

Mon frère cria : « Notre arme principale est la surprise. La surprise et la peur ! La peur et la surprise ! Nos deux armes sont la peur et la surprise ! »

L'une des nombreuses tirades des Monty Python dont nous étions friands.

« Et une redoutable efficacité, ai-je enchaîné.

– Nos trois armes sont la peur, la surprise et une redoutable efficacité.

– Et un dévouement presque forcené au pape », ai-je conclu.

Kip s'est mis à lancer des boules de neige le plus haut possible au-dessus de la rue pour qu'elles retombent sur les véhicules qui passaient.

« Putain, c'est vraiment malin, ai-je dit.

– Essaie. »

J'ai secoué la tête.

« Je sais que tu en as envie. Choisis une voiture, mauviette.

– Qui est-ce que tu traites de mauviette ? »

Quand j'ai vu arriver une limousine, je suis passé à l'action et ma boule de neige est retombée lourdement sur le toit en faisant un bruit sourd. La voiture s'est arrêtée et le chauffeur, véritable armoire à glace, en est sorti.

« Hé, connard ! » a-t-il vociféré.

Mon frère a catapulté une autre boule de neige, l'atteignant à l'épaule.

Et on a décampé.

« On est mal, on est mal, on est mal, ai-je lâché.

– Ce n'est que de la neige. C'est pas comme si on lui avait jeté des pierres ou même des glaçons. »

Kip avait un côté vandale. L'automne précédent, il avait été surpris en train de dessiner des graffiti sur le mur de la cour de son école, ce qui lui avait valu d'être suspendu une journée. Il aimait me parler de ses tagueurs préférés, comme s'il s'agissait de groupes musicaux que j'aurais dû connaître : Quik, Bil Rock et Zephyr, et, sur un terrain vague d'Amsterdam Avenue, il m'avait montré un dessin humoristique représentant l'Oncle Sam fumant un joint à côté d'un squelette en smoking et haut-de-forme, sous le message : « Que celui qui n'a jamais fumé lui jette la première pierre. »

« Tu viens assister à mon match samedi ? » m'a demandé mon frère alors que nous descendions Broadway.

Kip avait des tournois de tennis quasiment tous les week-ends, il en avait tellement que mes parents n'allaient plus le voir jouer, sauf événement exceptionnel. Ils avaient lieu loin de chez nous, dans le nord de Long Island ou dans le sud du New Jersey. Celui-ci aurait lieu à Long Island, a-t-il précisé.

« Bien sûr.

– Je ne vais pas gagner.

– Avec cette attitude, c'est évident.

– Je t'assure. Tu verras. Mon adversaire frappe à deux mille kilomètres à l'heure.

– Raison de plus pour que je ne rate pas ça !

– Ce ne sera pas beau à voir. Il pourrait littéralement me tuer.

– On choisit ton cercueil demain ? Cerisier ou acajou ?

– Cerisier, mais ne faites pas de folies.

– Rachel nous en empêcherait. »

Nous sommes arrivés devant le Dakota vers vingt-trois heures, et il y avait encore une douzaine de fans des Beatles (que Rachel surnommait les « zombies ») qui traînaient là dans l'espoir d'apercevoir John, avec une chance sur cent que ça se produise.

« Il est parti faire du ski, ai-je dit à une jolie petite blonde qui portait une doudoune bleue.

– Oh, mon Dieu, où ça ? À Hunter Mountain ? » m'a-t-elle demandé comme si elle était prête à sauter dans un car pour s'y rendre. Elle avait un grain de beauté sur la joue droite et des paillettes bleu-vert sur les paupières.

« Il ne skie pas, rétorqua une autre jeune fille. Les Beatles ne skient pas !

– Et pourquoi John ne skierait-il pas ?

– Ils skient dans *Help !*, intervint un adolescent maigrichon qui portait un tee-shirt à l'effigie des quatre garçons de Liverpool par-dessus un sweat rouge.

– Oui, dans la scène où ils chantent "Ticket to Ride".

– Il est sorti dîner, affirma un mec muni de trois appareils photo.

– Où ça ? demanda une cinquième personne.

– Au Mamma Leone, peut-être.

– J'ai vu Mick Jagger la semaine dernière qui entrait dans l'immeuble, il était invité à une soirée, dit l'une des filles qui avaient argumenté sur cette histoire de ski.

– N'importe quoi, rétorqua le type aux trois appareils photo. Je peux vous assurer qu'il est en France en ce moment. »

Dans l'ascenseur, Kip m'a demandé : « Ils ne se lassent jamais ?

– Étonnant, non ?

– Que se passe-t-il s'ils le voient ? Ils peuvent dire qu'ils ont vu John Lennon ?

– C'est comme les gens qui se rendent au Vatican ou à La Mecque. Ils se sentent plus près de Dieu.

– C'est ce que dit Buddy ?

– Non, c'est moi qui le dis, ai-je rétorqué, offensé.

– D'accord. »

J'ai secoué la tête.

« Tu aimes beaucoup le citer, m'a expliqué mon frère.

– J'essaierai de le faire moins souvent. »

On a gardé le silence un moment.

« Je n'ai pas dit que c'était mal », a-t-il ajouté.

En vérité, il m'arrivait de ne plus très bien savoir où finissaient les pensées de mon père et où commençaient les miennes. Pendant des années, j'avais été incapable de dire si j'aimais un film, un livre ou une nouvelle du *New Yorker* sans l'avoir préalablement consulté. Ensuite, je me suis mis à m'opposer à lui pour le principe, sans réaliser que j'étais toujours sous son emprise. Des années plus tard, j'ai appris, dans le cadre de son émission, à écrire le texte de ses monologues en faisant entendre sa voix, et à imaginer les questions qu'il serait susceptible de poser au cours de ses interviews. Un jour, il m'a déclaré que j'étais devenu sa moitié ; ce qui, dans sa bouche, avait valeur de compliment mais ça m'a vraiment mis mal à l'aise, car c'était comme si son âme avait englouti la mienne. J'avais quitté New York et je m'étais engagé dans le Peace Corps parce que je désirais, entre autres, faire taire sa voix en moi.

Kip et moi avons fouillé dans le congélateur et mangé des sandwichs à la crème glacée, attablés dans la cuisine. Il a léché les bords avant de mordre dedans, comme à son habitude.

Dans le cabinet de travail, ma mère était occupée à trier des factures. La semaine précédente, j'avais entendu des discussions entre mes parents sur le montant de leur découvert et de nos dépenses à Lake Placid.

« Le film vous a plu ?

– C'était hyper flippant. Tu aurais aimé.

– Je vous accompagnerai la prochaine fois.

– Tout va bien ?

– À peu près.

– Des factures.

– Elles s'accumulent. Il va peut-être falloir que l'on sorte un peu moins.

– Je ne vais plus sortir du tout, ai-je promis.

– Uniquement jusqu'à la fin du mois prochain », a-t-elle nuancé en souriant avec lassitude.

12

« Rappelle-moi où il est parti… Faire une retraite pour naturistes ? me demanda Harry Abrams.

– Non, un stage de quatre jours de méditation à Nyack, dans le nord de l'État.

– Qu'est-ce que tu fais dans ce genre de truc ? Tu restes assis toute la journée à rêvasser ?

– Plus ou moins. D'abord, c'est une retraite silencieuse. Il faut se lever tous les jours à quatre heures et demie. Il n'y a ni radio, ni télé, ni livres. Buddy explique que ça l'aide à être plus attentif. Que se concentrer sur le moindre de ses mouvements et sur la plus secrète de ses pensées augmente sa conscience et le rend plus perspicace.

– Mon Dieu, Anton. Ne me dis pas en plus qu'il psalmodie.

– Ça se pourrait bien. Mais ce n'est pas une secte si c'est ce que tu veux savoir. »

Harry et moi nous trouvions dans le bar de l'hôtel Algonquin, avec ses bergères à oreillettes en velours et ses lampadaires en bronze, là où les membres de la célèbre Table ronde[1] se réunissaient. Harry avait commandé un Tanqueray and tonic pour lui et un Gin Rickey pour moi, la boisson préférée de F. Scott Fitzgerald, m'avait-il dit.

« Quelle était celle d'Hemingway ?

– Facile. Un mojito.

– De Dorothy Parker ?

– Demandons à la serveuse. »

Quand elle est revenue, elle nous a dit : « Un whisky sour. »

Harry m'a mis au courant de ses démarches, dont des rencontres avec les chaînes nationales, PBS, deux stations locales, et avec quelques personnes bien placées. Tout le monde avait manifesté de l'enthousiasme, avant de poser des questions sur la santé de Buddy et sur son état d'esprit.

« C'est dingue, non ? Soudain, ce qu'ils aimaient chez toi te disqualifie. Dans le cas de ton père, c'est son "imprévisibilité."

– Il a une devise : "Vous avez du génie tant que vous ne craquez pas."

– À en croire la soirée que nous avons passée ensemble, il a encore du génie. Il semblait vraiment à l'aise, comme le Buddy que nous aimons tous, mais tu es mieux placé que moi pour le dire. »

Les deux hommes avaient enterré la hache de guerre lors d'une soirée alcoolisée dans leur bar préféré, le Lion's Head sur Christopher Street. Buddy m'avait appelé d'une

1. Institution intellectuelle et mondaine, composée de journalistes, d'écrivains et d'acteurs, qui régna sur la vie artistique et médiatique new-yorkaise de 1919 à 1929.

cabine à une heure du matin pour me dire, d'une voix forte et enivrée : « Fin de la guerre froide ! J'ai retrouvé mon meilleur ami ! »

Harry voulait avant tout que mon père fasse son retour à la télévision en donnant l'impression de n'en être jamais parti.

« "On veut le Buddy Winter des années soixante-dix", m'a dit un dirigeant.

– Il s'est peut-être amélioré sur certains points.

– Je suis d'accord. Il est plus provocant, plus cool. Mais toujours bougrement drôle. Si bien que je pense qu'on doit changer d'approche.

– C'est-à-dire ?

– Quand on est sortis l'autre soir, je me suis dit que c'est en parlant de son cheminement, après qu'il a pété les plombs, que ton père serait le plus touchant, le plus vivant. Se retrouver seul dans une chambre de motel, conduire une voiture de location au milieu de nulle part, tomber en panne d'essence, faire de l'auto-stop et se retrouver dans un pick-up avec un type complètement dingue et son chien colérique, et finir par séjourner chez ce mec.

– Dans le mobile home du frère de ce mec, je crois.

– Et puis discuter religion jusqu'au bout de la nuit. C'est de l'or en barre.

– C'est curieux. »

Je n'avais jamais apprécié l'authenticité dont Buddy faisait preuve, depuis des années, vis-à-vis d'inconnus, le fait qu'il puisse raconter quelque chose sur lui que nous ignorions à une personne qu'il venait juste de rencontrer. Son fonds de commerce était le partage sans discernement.

« Ce que je veux dire c'est qu'on devrait utiliser ce qui s'est passé au lieu de le fuir. Tu as regardé les Jeux olympiques. Tu connais les petits sujets qu'ils font sur le passé des athlètes.

– Oui, sur leur parcours. C'est ce qu'on préfère.

– Et de quoi parlent-ils, d'un chemin sans embûches jusqu'au podium ? Qui s'y intéresserait ? Ils parlent d'épreuves et de périodes de doute. Et c'est tout ce qu'ont traversé ces sportifs qui fait qu'on les soutient. Nos combats nous rendent humains.

– Et donc…

– Donc après avoir prouvé qu'il reviendra avec tout son professionnalisme…

– Et qu'il ne quittera plus jamais le plateau…

– Exactement. Après ça, on utilisera à notre avantage le fait que Buddy a connu des hauts et des bas. Que son cheminement ressemble à celui du héros du *Fil du rasoir* de Somerset Maugham. Qu'il a touché le fond et atteint des sommets et, contrairement aux autres présentateurs, rien de ce qu'il dira ne sera enjolivé ni préalablement approuvé.

– Et comment faire passer ce message ?

– On cherche le bon endroit et le bon moment. Le message, c'est que ce qui est arrivé à ton père arrive à beaucoup de gens dont la vie est en apparence très enviable. Ce qui compte, c'est qu'il ne soit pas épuisé.

– Mais il l'est !

– Ça l'a mis K.-O. mais il est prêt à remonter sur le ring.

– Avec l'œil et la lèvre en sang, et aussi un sacré mal de bide.

– Mais le pied léger.

– Il a juste besoin d'avoir des sels à portée de la main.

– Tout à fait. Par ailleurs, où en est-il financièrement ? »

Je me suis demandé si Buddy lui avait parlé de sa situation.

« Ça ne va pas fort. Il n'a pas touché de salaire depuis un bon bout de temps.

– Et il continue à dépenser comme une star de la télé.

– Oui.

– Il a toujours aimé mener grand train.

– Et il a liquidé une partie de nos bons d'épargne.

– Ce n'est pas génial.

– Tu as des idées ?

– Je pourrais lui trouver une publicité pour une marque bas de gamme mais, pour une ancienne gloire, ça risque de sentir l'énergie du désespoir à plein nez. Mieux : je vais pouvoir lui proposer, dans les semaines qui viennent, deux ou trois créneaux pour un numéro de stand-up à Atlantic City. Mille dollars chacun, mais je suis sûr qu'il refusera.

– Pourquoi ?

– Il pense que c'est le genre d'endroit qui attire le public des night-clubs de Las Vegas.

– Et il a raison ?

– J'espère ! Ça paie bien, et je suis sûr qu'il sera formidable.

– Il écrit beaucoup, il cherche son personnage. Certaines de ses nouvelles blagues sont vraiment bonnes. »

Harry a fait glisser son doigt sur le rebord de son verre.

« Ce qui m'inquiète…, lâcha-t-il, puis il se tut.

– Continue.

– D'accord. Il va avoir cinquante ans, il est hors jeu depuis un moment, et il n'a rien du petit nouveau. Le marché a changé. » Il tapa sur la table avec la paume de sa main. « Mais s'il y a quelqu'un dans ce grand et bel univers qui peut le faire…

– Je bois à ça, dis-je en vidant mon second cocktail.
– Comment va ton adorable mère ?
– À vrai dire, elle est stressée. Elle songe à retravailler.
– Tiens, tiens. Dans quel domaine ? Film, pièce de théâtre, spot publicitaire ?
– N'importe quoi.
– Je peux lui donner un coup de main.
– J'espérais te l'entendre dire. Je lui ferai part de ta proposition. »

J'ai alors mentionné le cocktail qu'elle organisait dans un somptueux appartement de Park Avenue pour lever des fonds en faveur de la campagne de Ted Kennedy.

« La presse sera présente ?
– Le *New York Times*, le *News* et le *Post*.
– Parfait. Plus les gens verront ton père s'amuser, mieux ce sera. »

Pour que Buddy puisse à nouveau être sous le feu des projecteurs, il fallait qu'il soit vu dans les bonnes soirées, rencontres ou manifestations sportives, qu'il s'habille avec goût, qu'il dépense l'argent qui nous faisait de plus en plus défaut, qu'il assiste aux matchs de basket des Knicks. Il fallait que ses chemises soient repassées, que ses vestes soient faites sur mesure car, comme disait Harry, « il ne devait commettre aucun impair ». Il fallait que mon père se montre sympathique et charmant, comme il l'avait toujours été, et qu'il ne donne pas l'impression d'être en danger, ou désespérément prêt à tout – qu'il dispose de tout ce dont une star de la télé, adorée de son public, aurait au sommet de sa carrière, tout cela en public, tandis qu'en privé nous prenions l'eau et revoyions nos plaisirs à la baisse, comme disait ma mère. Moins de pièces de théâtre, d'opéras, de ballets ; moins d'achats impulsifs comme les beaux livres, les fleurs ou les fameux cheesecakes de Miss Grimble. Mes parents limitèrent à dix dollars le prix des cadeaux d'anniversaire qu'ils s'offriraient, et ils évoquèrent la possibilité de résilier notre adhésion à certains clubs et de vendre notre vieille Mercedes, ce qui se comprenait mais me peinait.

Il était admis que votre adresse, en tant qu'indicateur de statut social, passait avant votre profession, votre salaire, les associations dont vous faisiez partie, les vêtements que vous portiez et la voiture que vous conduisiez. Tant que nous vivions dans un appartement du Dakota, nous n'aurions pas de problèmes, du moins en apparence. Harry maintenait que la chance allait nous sourire. Mais il promit que, dans le pire des cas, nous pourrions tous nous installer chez lui, et cette offre apparemment sincère me donna le vertige.

En rentrant chez moi, je me suis arrêté au Park Tavern et j'ai trouvé Rowan Rose dans son bureau, qui s'apprêtait à partir.

« Anton, mon garçon. Entre ! Entre ! »

Nous avons parlé du cocktail organisé par ma mère, auquel il espérait pouvoir assister, puis, avec un large sourire aux lèvres, il m'a demandé ce qui m'amenait.

« Je suis prêt à travailler, si l'offre tient toujours.

– Bien sûr qu'elle tient toujours. On parle d'un poste de commis de salle, pas de serveur, tu as bien compris ?

– Commis de salle », ai-je répété.

Oh, quelle chute pour les Winter.

« Viens lundi en huit à seize heures. Glenn te montrera les ficelles du métier. C'est un boulot ingrat mais tu vas adorer.

– Vous n'aurez pas affaire à un ingrat, ai-je bêtement répondu.

– Vos recherches avancent ?

– Pour une nouvelle émission ?

– Non, pour retrouver Gina Lollobrigida. Bien sûr que je parle d'une nouvelle émission !

– Nous touchons presque au but, ai-je menti.

– J'ai hâte. Préviens-moi quand vous trouverez le filon. On organisera une petite fête. »

13

Comme Buddy n'était pas rentré de son stage de méditation, Kip et moi avons pris la ligne de train Oyster Bay jusqu'à Glen Cove en vue du huitième de finale que mon frère allait disputer contre la tête de série numéro six, Eric Steiner. Pendant le trajet, nous avons écouté, avec mon baladeur, des groupes qu'on aimait tous les deux : les Talking Heads, Madness et les Jam. Kip portait un haut de survêtement Adidas bleu foncé et un jean.

Il avait emporté un poche à la couverture bleue, *Traité du zen et de l'entretien des motocyclettes*, qu'il étudiait en classe. Il a désigné mon livre, *Le Chant du bourreau*, que j'avais pris dans la chambre de nos parents.

« C'est sur le type qui a été exécuté ?

– Oui.

– C'est bien ?

– C'est assez incroyable.

– Papa dit que Norman Mailer a tiré sur sa femme.

– Il l'a poignardée.

– Et il n'est pas allé en prison ?

– Je crois qu'il a été mis en liberté conditionnelle. Elle n'a jamais porté plainte.

– Et pourquoi il a fait ça ? »

Je connaissais la réponse à cette question. « Les Mailer avaient organisé une fête chez eux, il avait bu et fumé, il est soi-disant sorti dans la rue, où il aurait battu des gens, des inconnus, à coups de poing. Quand il est rentré chez lui, sa femme l'a traité de tapette, lui a dit que sa maîtresse était laide, et il l'a poignardée avec un petit canif.

– Mais pourquoi, bordel ?

– Il a perdu la tête.

– Papa aussi a perdu la tête et il n'a poignardé personne.

– Ce sont deux hommes très différents. Et papa a juste déconné à un moment donné.

– À l'école, certains élèves pensent qu'il est fou.

– Qui ça ?

– Leonard a raconté à tout le monde que papa était à l'asile. Ce qui, d'ailleurs, m'a attiré certaines marques de compassion. Une enseignante m'a pris à part pour me dire qu'elle était fière de la façon dont je réagissais, “vu l'horreur de la situation”.

– Qu'est-ce que tu lui as répondu ?

– Que je ne voyais pas de quoi elle parlait. Alors elle m'a dit : “Tu es un jeune homme vraiment courageux.” »

Kip a ouvert le roman de Mailer et lu la première page.

« Tu me le passeras quand tu l'auras fini ?

– Bien sûr. »

J'ai songé au fait que Mailer avait commis l'indéfendable en 1960, avant de devenir très célèbre. Ça ne l'avait pas tué professionnellement. John Lennon, lui, avait pété un câble dans une boîte de nuit de Hollywood, il avait frappé un garde du corps en hurlant des paroles incohérentes, ça faisait partie de sa légende et il n'en resterait pas là.

« Il est comment, le type contre qui tu vas jouer ?

– Il frappe comme un malade. Soit il m'éjecte du court, soit je le bats en trois sets.

– En faisant quoi ?

– Il est cinglé, moi pas.

– Tu es calme et serein.

– Exactement. »

Je n'avais pas vu mon frère disputer un match depuis qu'il avait atteint un très bon niveau, et il était surprenant de constater combien sa façon de frapper la balle, son jeu de jambes et son comportement avaient changé. J'ai même entendu l'un des arbitres murmurer à l'oreille d'un autre, au moment où Kip se dirigeait vers le court : « Ça devrait être intéressant. » Eric Steiner avait apporté cinq raquettes, et ses cheveux châtain foncé, qui lui arrivaient aux épaules, étaient retenus par un bandeau à rayures rouges et blanches. Il possédait un service très puissant et un coup droit dévastateur, et il a gagné le premier set 6-1 en une quinzaine de minutes. Puis mon frère a pris son service pour commencer la deuxième manche, ce qui a paru choquer son adversaire, et il a été encore plus choqué lorsque Kip a défendu sa mise en jeu, l'a de nouveau breaké et a gagné le deuxième set 6-2.

Des joueurs et des membres de leurs familles s'étaient regroupés derrière l'une des fenêtres du foyer qui surplombait le court pour assister au spectacle. La mère de Steiner, bronzée et vêtue d'un jean de marque, répétait : « Il n'a jamais raté ce type de coup », ou « Allez, Eric, tu vaux mieux que ça ! »

Steiner était hors de lui dès qu'il perdait un point, c'était comme si Kip lui piquait une bouchée de ce dessert qu'il ne destinait qu'à lui-même. « On arrête là ! » a-t-il éructé quand mon frère l'a transpercé d'un passing-shot, mais ça n'allait pas s'arrêter là.

L'autoflagellation fortifie la confiance de votre rival. Plus Steiner se blâmait, plus Kip s'enhardissait. Alors que son adversaire menait 3-1 dans le troisième set, mon frère a exécuté un lob d'une perfection insensée pour lui prendre son service. En réaction, Steiner a fracassé sur la terre battue une raquette Wilson dédicacée par Jack Kramer, puis une autre, et une troisième qui a fini par ressembler à un filet à papillons sérieusement amoché.

Kip a jeté un coup d'œil dans ma direction, et j'ai articulé : « Tu vas y arriver ! » Il a calmement fini le match. Pour ses deux derniers revers, Steiner, indigné par son propre jeu, a frappé violemment sur la balle et l'a envoyée au-delà de la ligne de fond, derrière Kip, dans le grillage. « Tu es vraiment nul, a-t-il hurlé. Je n'ai jamais joué avec un mec aussi nul ! »

Le maître zen qui travaillait avec Kip et Buddy parlait de ces deux *moi* que nous avons tous en nous, et de la nécessité de faire taire le jumeau maléfique qui ne cesse de nous balancer à la figure : *Tu es un incapable !* ou *Bouge tes pieds !*, ou *Comment peux-tu perdre face à ce raté ?* Imaginez, disait-il, que vous tombiez sur ce type dans votre cuisine un matin. *Tu ne sais même pas faire cuire des œufs ! Ce n'est pas un pancake, c'est un truc infect à base de farine !* Vous le jetteriez dehors avant même de vous lancer dans quoi que ce soit, non ?

Steiner, expliquait le coach, était attaqué par son jumeau maléfique, le même qui l'avait félicité pour ses victoires et son classement, pour les raquettes offertes par l'équipementier Wilson ainsi que pour les filles qui s'étaient laissé peloter lors de soirées lycéennes. L'ego voit dans chaque compliment la semence d'une insulte. « On se dit : *S'il aime un coup, il n'aimera pas le suivant.* » Tout juger en bien ou en mal entraîne une baisse de la concentration et une interférence de l'ego.

Les compliments sont des critiques travesties, affirmait le professeur. « Arrêter de juger n'ajoute ni ne retire rien aux faits. Vous voyez les choses telles qu'elles sont. »

« Alors comment expliquer John McEnroe ? » avais-je un jour demandé à Buddy. « Observe-le, m'avait-il répondu. Je veux dire quand il joue, pas quand il se plaint. Il n'est qu'instinct, il n'a aucun ego. C'est comme s'il était né avec un bras très long au bout duquel il y aurait une tête de raquette et des cordes. Quand il joue, il n'y a aucune petite voix intérieure pour le critiquer. Sinon il améliorerait ses coups qui sont plutôt fantaisistes. »

Je l'ai appelé sur le lieu de sa retraite pour lui apprendre que Kip avait battu le sixième de série.

« Comment a-t-il fait ?

– Un coup après l'autre, comme tu lui as appris.

– Et l'autre gamin est devenu fou.

– Il a bousillé trois raquettes.

– Quand a lieu le prochain match ?

– Dans une heure.

– C'est bien que tu sois là. Tu lui as tellement manqué. »

Deux petites heures plus tard, Kip affronta en quart de finale un certain Jamie Wallace qui avait le visage couvert de taches de rousseur et qui ne ratait jamais un coup. Mon frère fut battu 6-3, 6-4, lors du match phare de l'après-midi. Je trouvais ça un peu injuste qu'il doive en disputer deux le même jour alors que son rival s'était qualifié pour les quarts la veille au soir. Mais Kip ne s'est jamais plaint et il a joué sans ménager ses forces. Wallace était tout simplement meilleur que lui.

Pour couronner le tout, il était adorable, et il félicitait Kip dès qu'il réalisait un point gagnant. « Trop bien ! » hurlait-il. Il était aussi zen que mon frère, et il finirait par remporter le tournoi. Ce jour-là, Wallace gagna tous les points importants et ne fut jamais secoué comme Steiner l'avait été.

« Quel match ! l'ai-je entendu dire à son père. J'ai eu de la chance, voilà tout. »

Je pensais que Kip serait épuisé, mais il m'a demandé si on pouvait s'entraîner un moment et prendre un train plus tard.

« Tu peux mettre mon survêtement.

– Mais ça fait cinq heures que tu joues.

– S'il te plaît. Juste une demi-heure. S'ils ont un court libre. »

Je me suis changé et je l'ai entraîné en utilisant une de ses raquettes Dunlop Maxply. J'ai fait de mon mieux pour l'anéantir, l'obligeant à balayer le court sur la largeur et d'avant en arrière. Plus jeune, j'avais moi aussi pris part au circuit junior. J'avais connu des victoires honnêtes et des défaites embarrassantes. Je me souviens qu'un coach m'avait lancé : *Il faut que tu en veuilles plus que n'importe qui.*

Mais je n'avais jamais fait preuve de suffisamment de détermination. En regardant Kip suer sang et eau pour sauver une balle vicieuse dans le fond puis sprinter vers le couloir opposé, je me suis dit que je devrais essayer de trouver dans ma vie quelque chose qui me soit vital comme tout l'était pour lui.

Une fois que je l'ai eu poussé aussi loin que ses jambes pouvaient le porter, mon frère a été pris d'une crampe.

« Je suis crevé. Allez, on rentre. »

Sur le trajet du retour, j'ai pensé à ce que Rachel m'avait dit : c'est le fait d'avoir été abandonné qui expliquait la détermination de Kip. Buddy était parti, moi aussi, et ma sœur et ma mère avaient d'autres préoccupations ; personne n'avait veillé sur lui, alors il avait travaillé comme un malade pour se distinguer.

Dans le train, il a lu son livre et moi le mien.

« Tu m'as sacrément impressionné sur le court, ai-je fini par lui dire. Tu as dû prendre dix points au classement.

– Ça m'étonnerait. »

Je lui ai raconté que j'avais eu Buddy au téléphone et qu'il était très fier. Puis on s'est tous les deux mis à rêvasser et on a regardé le monde défiler de l'autre côté de la vitre.

À un moment, Kip m'a demandé : « Tu savais que John Lennon a un fils de mon âge qu'il ne voit jamais ?

– Oui. Julian.

– Tu l'as déjà rencontré ?

– Non.

– Pourquoi il n'habite pas ici ?

– Il vit avec sa mère en Angleterre.

– Tout le temps ? Je croyais que les enfants se partageaient entre les parents.

– Pas lui, apparemment.

– C'est bizarre. C'est comme s'il n'existait pas.

– Effectivement.

– Je détesterais ça.

– J'ai entendu dire qu'ils ont passé une semaine ensemble à Palm Beach l'année dernière.

– Si un jour il rend visite à son père, j'aimerais bien le rencontrer. »

Nous avions eu une femme de ménage, Jenny, qui avait grandi dans la banlieue de Liverpool et qui nous racontait ce qu'elle avait entendu dire sur John. Son propre père était parti quand il avait deux ans. Quand il en a eu six, il l'a kidnappé pour l'emmener à Blackpool, une station balnéaire où ils sont restés trois semaines sans se quitter une seule seconde. John a assisté à des spectacles, fait des tours de manège, mangé des bonbons, et a sans doute écouté son père lui raconter sa vie de marin, ce qu'il ne pouvait qu'imaginer quand celui-ci était absent.

C'est Kip qui avait été le plus secoué par la disparition de Buddy, mais je ne l'ai pas entendu se plaindre une seule fois. Il voulait juste savoir quand son père allait rentrer. Désormais, il me demandait une fois par semaine si je le trouvais en meilleure forme. Et je lui répondais qu'il était un meilleur père que lorsqu'il passait son temps à travailler.

Un jour, après mon retour, Buddy m'avait expliqué que c'était Kip qui lui avait donné l'occasion « de faire enfin bien les choses », ce que j'avais trouvé étrange car c'était comme si, avec Rachel et moi, il les avait mal faites.

Kip m'a reparlé de Steiner, le gamin qui avait craqué de manière épique. Il avait entendu dire que ses parents divorçaient et que son père s'était enfui avec sa secrétaire, ce qui expliquait pourquoi sa mère s'habillait comme une adolescente.

« Je parie qu'il pensait à son père quand il a bousillé toutes ses raquettes », a-t-il conclu.

Kip avait souvent séché les cours l'année où Buddy avait disparu, il lui était même arrivé de ne pas mettre les pieds au collège de la journée ; il a finalement dû intégrer un établissement spécialisé, la Calhoun School sur West End Avenue, où le programme, plus souple, s'articulait autour de thèmes particuliers. Tous les élèves avaient, comme lui, rencontré des difficultés avec l'enseignement classique. Kip s'y est épanoui.

Il allait aussi voir un psy régulièrement, un homme qui ressemblait à s'y méprendre à Peter Falk dans *Columbo*. Il nous est arrivé d'y aller en famille et, lors de ces séances, Rachel et moi nous en prenions violemment à notre père tandis que Kip et Buddy restaient le plus souvent silencieux. Un jour, suite à une question du thérapeute, Kip a déclaré qu'il n'avait aucun souvenir de la présence de notre père à la maison. L'homme a insisté et Kip a fini par évoquer l'émission imaginaire que Buddy animait après le dîner, nous étions ses invités et il nous interviewait, ce que j'avais complètement oublié et qui était vraiment sympa.

« Ce devait être quelque chose », a dit le psy.

Alors Buddy lui a raconté ces soirées en détail et c'était désopilant, Kip et ma mère étaient pliés en quatre, le thérapeute était captivé, et je me souviens de Rachel disant plus tard sa colère car, au lieu de braver l'orage, notre père avait réussi une fois de plus à rallier un public à sa cause.

14

Harry organisa des déjeuners et des rendez-vous informels avec des gens de la télé qui le voulaient bien, essentiellement des subalternes qui en rendraient compte ensuite à leurs supérieurs. Au cours de ces discussions, s'exprimaient tout à la fois un véritable enthousiasme à l'idée de voir Buddy « entrer de nouveau dans le jeu », et un doute bien compréhensible puisqu'il s'agissait de construire une nouvelle émission autour d'un homme qui avait saccagé la sienne en public. Alors qu'on lui servait une salade de cœurs de palmier, un jeune cadre nous dit qu'il avait toujours regardé l'émission, et qu'il n'hésiterait pas une seconde si la décision lui appartenait. Mais si mon père voulait se voir confier un nouveau programme, il allait devoir se montrer fiable, en bonne santé et à nouveau au sommet de son art.

« Ça peut aller vite. Réussir un passage dans une émission pourrait ouvrir des portes. Pourquoi ne pas être le joker d'un animateur ? De Mike Douglas ou de David Susskind, par exemple ?

– Ou de Johnny Carson dans le *Tonight Show* ? suggéra Harry.

– Oui, mais est-ce envisageable ? demanda le jeune homme.

– Il l'a déjà fait. »

Avant d'avoir son propre talk-show, Buddy avait remplacé Johnny Carson à deux reprises, et ce dernier lui avait offert de revenir mais sans jamais lui proposer de dates précises. « Sa vie privée lui donne suffisamment de fil à retordre », m'expliqua mon père le jour où je lui avais demandé s'il avait des nouvelles de l'animateur.

Un autre subalterne proposa une infiltration journalistique, à l'instar de George Plimpton qui avait joué au football dans l'équipe des Lions de Détroit et combattu le boxeur Archie Moore. Buddy avait une intelligence tellement fluide qu'il aurait pu être chef d'orchestre, batteur dans un groupe punk ou encore policier en patrouille.

Lors d'un déjeuner au Four Seasons, alors qu'une serveuse nous apportait nos plats, un de nos interlocuteurs lui suggéra de jouer le rôle principal d'un téléfilm, celui d'un homme dépressif.

« Vous pourriez puiser dans votre expérience. Ce serait extrêmement efficace. »

Mon père fit la grimace.

« Quel boulot aurait-il ? demanda Harry.

– Il animerait une émission de télévision. »

Buddy haussa les sourcils.

« Ce ne serait pas vous. Pas vraiment vous, mais un type qui aurait votre humour pince-sans-rire.

– Je pense à quelque chose de légèrement différent, intervint son collègue qui, apparemment, s'était fait faire des mèches blondes. Il pourrait être journaliste sportif et péter les plombs au beau milieu d'un match.

– Ou quand il interviewe un athlète, dit l'autre.

– Parfait. L'athlète lui tape sur les nerfs et notre homme se barre. »

L'échange s'est poursuivi un temps, et Buddy et Harry se sont laissé prendre au jeu pour voir jusqu'où leurs interlocuteurs pousseraient le ridicule.

« Il tire sur le quarterback ! s'exclama Buddy.

– Oui, et ensuite il montre ses fesses au public », renchérit Harry.

Personne n'a compris la plaisanterie.

« C'est peut-être excessif, dit l'homme aux mèches blondes.

– Putain, vraiment ? persifla mon père.

– Vous n'avez pas à être grossier.

– Si. C'est là que tu te trompes, fiston.

– C'était peut-être une mauvaise idée. »

J'ai donné un coup de genou à mon père et posé un doigt sur mes lèvres.

« Écoutez, dit Harry. Je crois que nous avons là de quoi travailler.

– Tout à fait d'accord », réagit le blond en reprenant contenance.

Alors que nous sortions du restaurant, Harry nous a pris à part.

« Ils sont complètement dépassés. Mais Buddy, tu ne peux pas te comporter de la sorte et en même temps me demander de te dénicher un boulot. »

Lorsque nous sommes rentrés de ce déjeuner déprimant, mon père était tellement abattu que je craignais qu'il ne replonge.

« Je ne suis pas habitué à devoir dire ce qu'il convient à des petits crétins qui ont quinze ans de moins que moi, qui ne savent rien de ma vie ni de la télé, et qui ne jurent que par l'audimat. C'est plus que flippant.

– Tu t'en es bien sorti, sauf à la fin.

– Je suis comme un groupe habitué à jouer dans un stade et qui doit se contenter de donner des concerts dans des foires de comté.

– Tu es les Three Dog Night, dis-je, et il sourit.

– C'est peut-être irrationnel, mais comme je me sentais mieux et que j'avais retrouvé la forme, je croyais que tout se mettrait rapidement en place.

– Ça va venir. Tu vas pouvoir à nouveau tenter ta chance.

– Avec le jeu *Hollywood Squares* ?

– Pourquoi pas. Ou l'émission de téléréalité *C'est incroyable !* Ou le feuilleton *L'Île fantastique*. Ce qui nous permettra de prendre des vacances au bord de la mer.

– Je serai le prochain Robert Goulet.

– C'est qui ?

– C'est bien ce que je dis. »

Nous sommes passés devant le Paris Theater où ils projetaient *La Nuit américaine* et *Les Quatre Cents Coups*.

« Quand les temps sont durs, commença mon père.

– Les durs vont tuer le temps au cinéma », complétai-je.

C'est ce que disait Buddy quand l'horizon s'assombrissait.

On s'est pris un grand seau de pop-corn et deux Coca, on s'est enfoncés dans nos sièges et on a attendu que le film commence. En cet instant précis, j'ai revu mon père prendre le métro avec moi pour m'emmener au Shea Stadium assister au match de base-ball qui opposait les Mets de New York, trois ans après leur début, et les Pirates de Pittsburgh. Il portait un chapeau de paille et des Ray-Ban, moi un tee-shirt des Mets, un short bleu et des Keds. Quand on s'est assis, mon père a sorti de la poche de sa veste l'album annuel des Mets et m'a parlé des joueurs. Il lisait une ligne de leur biographie puis il inventait des aventures fantastiques à chacun de ces types qui jouaient dans la pire équipe qui ait jamais existé. Les spectateurs assis autour de nous jetaient des coups d'œil dans notre direction et tendaient l'oreille pour entendre parler de coude en bois, de mère acrobate, et d'une balle coupée qui avait tellement dévié que le batteur avait dû porter des attelles. Quand ça tournait vraiment au ridicule, mon père levait les sourcils comme pour dire à son public que c'était la vérité vraie.

« J'avais une envie folle de jeter mon verre à la figure de ce connard, me dit-il dans la salle de cinéma.

– Je suis bien content que tu t'en sois abstenu.

– Tu sais quoi, je ne vais pas y arriver tout seul.

– Heureusement pour toi, la question ne se pose pas. »

Et puis on s'est plongés dans le film. À la fin des *Quatre Cents Coups*, l'adolescent, joué par Jean-Pierre Léaud, s'enfuit du centre de détention pour mineurs et court vers la mer. Puis il se tourne vers nous, la caméra s'immobilise brusquement, gros plan sur son visage qui est bientôt barré du mot « Fin ».

« Tu sais ce qui lui arrive après ? me demanda Buddy.

– Il va en prison ?

– Non, me répondit-il avec un sourire chagrin. Il devient animateur télé. »

Le soir même, alors qu'on se souhaitait une bonne nuit, mon père m'a annoncé qu'il était temps que je sois payé, comme je l'étais autrefois, pour tout le mal que je me donnais pour lui.

« On va considérer ça comme un vrai boulot. Tu fais vingt heures par semaine et je te paie trois cents dollars. Si tu travailles plus, ou si tu dois m'accompagner en déplacement, tu auras un bonus. Je sais que tu devrais toucher davantage mais je peux t'assurer que ce sera le cas lorsqu'on aura une émission. »

J'ai été pris de panique, comme si je me retrouvais devant un film que j'avais vu plusieurs fois, et qu'il était trop tard pour échanger mon billet.

« Ça ne veut pas dire que tu devras travailler sur la nouvelle émission, ajouta mon père, qui avait dû lire dans mes pensées. Ce sera à toi de voir. Je ne suis pas ton geôlier.

– Alors j'accepte.

– J'en suis ravi. J'ai fait une liste de points à examiner. Je veux qu'on respecte un calendrier. Harry travaillera avec nous. Une partie de ton boulot consistera à l'appeler tous les jours avec des questions, des idées, et tu en profiteras pour essayer de savoir ce qu'il mijote. C'est toi qui seras en lien avec lui et tu pourras assister à certains rendez-vous. Et si quelque chose d'autre se présente à toi, tu pourras partir, je ne discuterai pas.

– Ça me paraît bien.

– Tant mieux. »

Mon père avait choisi le moment opportun pour me faire cette proposition car, à l'époque, je me sentais enchaîné à sa recherche de travail. C'était lié à ces déjeuners dont nous sortions abattus mais aussi à sa force de persuasion, à son aptitude à vous convaincre que lier votre destin au sien était la cause la plus honorable que vous puissiez embrasser. Harry ressentait la même chose, je le sais, et ma mère aussi depuis le jour où elle l'avait rencontré. Il me revenait donc de ne pas disparaître à nouveau sous son étoile.

15

La semaine suivante, j'ai débuté mon illustre carrière de commis de salle au Park Tavern. Glenn, le maître d'hôtel, un homme de haute taille aux cheveux brun roux, originaire du Tennessee, m'a présenté l'équipe, les plongeurs et les chefs de partie qui, précisa-t-il, n'étaient pas aussi terrifiants qu'ils en avaient l'air. Il m'a fait faire le tour des salles à thème, et m'a indiqué quelle était la meilleure façon d'inspirer le respect et d'éviter de tomber en disgrâce.

« De temps en temps, demande à ton serveur ou à ta serveuse s'ils ont besoin de toi, mais n'exagère pas. Ne fais pas de la lèche. On a beaucoup de travail. Lis dans nos yeux. Quand on aura besoin de toi, on te le fera savoir. »

Il m'a expliqué quand et comment parler au chef et à son second, ou aux clients qui essaient de passer commande au commis au lieu de s'adresser au serveur, comment réagir devant un verre cassé ou face à une personne qui s'étrangle, ou qui a renversé du vin sur son assiette ou ses genoux. Comment aider les plongeurs, reconstituer les stocks de serviettes et de couverts, tenir les verres à eau et à vin (« Par la tige, pas de doigts sales dedans »). Enfin, il m'a spécifié qu'il ne fallait jamais – sous peine d'être condamné à mort – débarrasser une ou deux assiettes avant que tous les convives d'une même table aient fini de manger.

Janet, une serveuse aux mèches blondes, l'avait écouté et elle ajouta : « Quand ça arrive, ils baissent généralement leur pourboire de trente pour cent.

– Qui seront à ta charge », précisa Glenn. À la fin de la soirée, chaque serveur décidait du pourboire accordé à son commis.

« Tu veux t'attirer le respect des autres ?

– Bien sûr.

– Alors ne rechigne pas à la besogne, me conseilla la jeune femme. Emporte les bacs de vaisselle sale à la cuisine et vide-les, ça aidera les plongeurs. Ils t'adoreront. Et apprends à exceller dans le ramassage des miettes. »

J'ai hoché la tête.

« Enfin, passe du temps avec nous pour mieux nous connaître. Ne sois pas pressé de rentrer chez toi à la fin de ton service.

– D'accord », ai-je répondu, et j'ai eu le sentiment que ce boulot pourrait bien me plaire.

Les deux premiers soirs, j'ai fait des erreurs de débutant. J'ai, entre autres, renversé du vin et débarrassé trop vite, et Janet, qui m'avait adopté comme commis, a réagi en me lançant un regard furieux et en déclarant que, la prochaine fois, elle me donnerait une fessée, et il n'y avait là rien de gentil ni d'aguichant.

Pour le reste, je ressemblais à n'importe quel commis sorti d'une université de l'Ivy League. Je me disais que c'était un peu comme sur le plateau d'un talk-show. Le serveur tient le rôle du décorateur, les accessoires sont posés sur la table, et c'est la personne qui dîne qui écrit l'histoire et non le commis, qui doit rester invisible, à l'instar des machinistes qui, entre deux invités ou deux sketchs, viennent discrètement déplacer les meubles et faire disparaître les preuves de ce qui s'est passé.

Le deuxième soir, une ancienne camarade de lycée est entrée dans le restaurant en compagnie d'un homme qui devait avoir une bonne vingtaine d'années de plus qu'elle. Sa table n'était pas sous ma responsabilité, ce qui fut certainement un soulagement pour nous deux.

Janet a attiré mon attention et articulé : « Table cinq. Débarrasse-la et prépare-la pour le dessert. »

Je me suis exécuté.

« Pourriez-vous faire savoir au chef que le poulet à la Kiev était délicieux », me dit l'une des deux clientes, qui portait des faux cils particulièrement longs et des pendants d'oreilles qui étincelaient. L'autre a scruté mon visage. « Votre tête me dit quelque chose. Vous êtes déjà passé à la télévision ?

– Pas récemment.

– Vous ressemblez à quelqu'un.

– Tu as raison, renchérit l'autre. Qui ça peut bien être ? »

Elles ont voulu connaître mon identité.

« Je ne suis pas celui que vous croyez », ai-je déclaré, mais ma voix leur a peut-être laissé entendre que je mentais.

« Ça ne prend pas avec nous », rétorqua la femme aux boucles d'oreilles, avec une légère moue de dégoût.

Elena, mon ancienne camarade de classe (père suisse, je crois), et son copain se tenaient la main. Il lui a dit quelque chose, elle a baissé timidement la tête puis l'a regardé droit dans les yeux.

Janet se tenait près de moi. « Tu les connais ?

– J'étais au lycée avec la fille.

– Moi j'ai eu une aventure d'un soir avec lui il y a quelque temps.

– Ah bon ?

– Oui. Il travaille à Wall Street. Je parie qu'il ne se souvient même pas de moi.

– Vous vous êtes rencontrés où ?

– Ici.

– Je suis sûr qu'il n'a pas oublié.

– C'est une ville pleine de tentations pour un mec comme lui.

– Il s'est comporté comment ? ai-je alors demandé à Janet sans raison particulière.

– Il m'a beaucoup flattée. Avant d'essayer de m'enfoncer son doigt dans le cul.

– C'est aller vite en besogne.

– Je trouve aussi. Table six. Remplis les verres à eau et débarrasse les assiettes de hors-d'œuvre », me dit-elle, et on s'est séparés pour vaquer à nos occupations.

Je me suis fait soixante-douze dollars ce soir-là. Buddy allait m'en donner trois cents. À ce train-là, je pourrais peut-être gagner plus de cinq cents dollars par semaine, ce qui était un bon début et faisait de moi, dans l'immédiat, le principal soutien de famille.

Je suis tombé sur Elena alors qu'elle s'apprêtait à partir.

« Salut, Anton. »

Elle m'a présenté à son compagnon et, en lui serrant la main, je me suis efforcé de ne pas penser aux différents endroits dans lesquels son doigt avait pu s'introduire.

« Tu es serveur.

– Commis. Il fallait bien que ma formation dans une université de l'Ivy League me serve à quelque chose

– Je croyais que tu travaillais pour la télé.

– Pas en ce moment. »

Elena s'est alors tournée vers son ami.

« Buddy Winter est le père d'Anton.

– Ça alors. J'adorais son émission. »

L'homme m'a aussitôt plu. C'était aussi simple que ça de gagner ma confiance. Puis il m'a tendu sa carte de visite.

« Appelle-moi le jour où tu voudras élargir ton horizon. »

J'ai examiné la carte. Il croyait que ce boulot était mon horizon.

« Un jour, je dirigerai ce restaurant », ai-je lancé. Les mots étaient sortis tout seuls.

L'homme m'a dévisagé d'un air interrogateur. « Eh bien bravo. » Et le couple a disparu dans la nuit.

Ce soir-là, j'ai retrouvé Alex au Dublin House sur Broadway. Je suis tombé sur la fille qui traînait tout le temps devant le Dakota, avec sa doudoune bleu clair et des paillettes bleu-vert sur les paupières ; elle m'avait dit s'appeler Katrina.

« Toi, je te connais, déclara-t-elle.

– Et réciproquement », répondis-je, alors que nous étions des inconnus l'un pour l'autre. Elle était avec des amis, elle s'amusait bien, et j'ai été un peu surpris de constater qu'une personne qui passait autant de temps à poireauter devant chez nous puisse avoir une vie au-delà de notre pâté de maisons.

« John est parti, déclara-t-elle.

– Première nouvelle », dis-je.

En fait, la veille, John et Buddy avaient passé une heure côte à côte, chacun allongé à l'intérieur d'un caisson d'isolation sensorielle, dans un institut du Village. J'y étais allé une fois avec mon père. À l'intérieur de la cabine, l'eau est à la température du corps. Sa salinité est équivalente à celle de la mer Morte si bien qu'on flotte, on a des bouchons dans les oreilles, on ne voit rien, on n'entend rien, on a l'impression de flotter dans de l'éther ou, comme je l'imaginais, au milieu d'un immense océan, et on se vide de toutes ses préoccupations. En tout cas, c'est l'effet que ça m'avait fait. Rachel trouve que ce n'est pas très hygiénique, mais c'est uniquement si l'on pense à tous les gens qui nous ont précédés dans le caisson, ce que je m'étais refusé à faire.

« Un jour, je t'ai vu sortir de l'immeuble avec lui, me dit Katrina.

– On est voisins.

– Je ne suis pas comme les autres, tu sais.

– C'est-à-dire ?

– Tu ne vas pas rire ?

– Je ne peux rien te promettre.

– Il va tomber amoureux de moi. »

Je m'attendis à voir un sourire flotter sur ses lèvres, en vain.

« Tu sais qu'il a déjà quelqu'un ? ai-je finalement relancé.

– Oui, mais il avait aussi quelqu'un lorsqu'il a rencontré Yoko. Et elle a réussi son coup parce qu'elle ne lui a jamais foutu la paix. John est dans une limousine avec sa femme, et cette artiste complètement givrée, ce véritable dragon, monte dans la voiture. Et il va finir par quitter sa femme pour elle.

– Donc tu penses que ça va recommencer.

– La troisième fois, c'est le charme qui opérera.

– Avec toi.

– Regarde. » Elle baissa les yeux et se jaugea. « Je suis une véritable bombe. Et, contrairement à Yoko, je sais tout de lui, de son enfance, de sa demi-sœur. Je sais que sa mère lui manque. Yoko est devenue sa mère. Entre ces deux-là, c'est une histoire de mère. J'ai entendu dire qu'il l'appelait maman.

– Je pense quand même que c'est mission impossible.

– On peut dire ça des plus belles histoires d'amour. Tony et Maria, Roméo et Juliette. »

Ce qui me frappait, c'est que Katrina pouvait se comporter tout à fait normalement puis se mettre soudain à délirer. Il arrivait bien sûr qu'une fille qui faisait une fixation sur un homme connu finisse par coucher avec lui. Elle devait alors avoir l'impression de traverser l'écran.

« Toutes ces histoires ont mal fini, ai-je fait remarquer.

– Ce ne sera pas le cas de la nôtre. Il faut juste que je réfléchisse à ce que je vais dire à John quand je le rencontrerai. Je n'aurai sans doute qu'une quinzaine de secondes pour le convaincre.

– C'est beaucoup de pression.

– Si ça doit se faire, ça se fera. »

Alex m'a rejoint au moment où Katrina partait retrouver ses amis.

« C'était qui ? »

Je lui ai rapporté notre conversation.

« Ça devient dangereux, putain ! Je ne parle pas de cette fille en particulier mais de tous ces gens qui attendent John devant le Dakota.

– Je ne fais même plus attention.

– Mais ils sont là tout le temps, non ? D'ailleurs, il n'est pas arrivé que certains d'entre eux réussissent à entrer dans l'immeuble ?

– Si, un type que John a fini par embaucher comme coursier, je crois.

– Tu vois, c'est comme donner à manger aux pigeons. Tous ses copains vont rappliquer. »

J'ai haussé les épaules.

« Je me suis fait agresser la nuit dernière, m'apprit Alex.

– Merde ! Où ça ?

– À une centaine de mètres de chez moi. Je rentrais de cette soirée où je voulais t'emmener. Soit dit en passant, c'était nul. Il était tard, trois mecs se sont approchés de moi et m'ont demandé s'ils pouvaient m'emprunter cinq dollars. Et comme je leur ai répondu qu'ils ne pouvaient pas "m'emprunter" cinq dollars, l'un d'eux m'a frappé au visage.

– Fait chier. »

Alex m'a montré le bleu qu'il avait sur la pommette droite.

« Un autre avait un couteau. Pas très gros, et je ne l'imaginais pas s'en servir, mais j'ai préféré leur donner mon portefeuille. Dont ils se sont débarrassés après avoir pris l'argent et les cartes de crédit. Le troisième type m'a donné un coup de poing dans le ventre pour faire bonne mesure.

– Ils auraient pu te tuer.

– Sans doute. Il va falloir porter une arme.

– Comme Charles Bronson.

– Je suis pratiquement sûr que c'était des toxicos.

– Tu sais ce qui est arrivé à Chris Frankel ? » Il était deux classes au-dessus de nous au lycée, et il avait été tué en voulant aider une femme qui se faisait agresser devant une épicerie, sur la 4e Rue Ouest.

Un homme qui se tenait derrière nos tabourets de bar déclara : « Depuis le début de l'année, huit personnes ont été poussées sur les rails du métro par des inconnus.

– "*I love New York*", chanta Alex, comme dans la publicité.

– Quelles sont les chances pour qu'un type comme le Travis Bickle de *Taxi Driver* tente d'abattre Kennedy ce week-end ? » reprit l'indiscret.

J'avais regardé un débat sur les campagnes des autres Kennedy dans l'émission de David Susskind. Bobby, et c'était de la folie, traversait les villes au ralenti, à bord d'une décapotable, et il laissait les gens le toucher et même le tirer hors du véhicule, alors que personne ne les avait fouillés au préalable. Un journaliste a raconté que lorsqu'il avait un jour annoncé à ses collègues qu'il préférait dormir un peu plutôt que d'assister à une réception où le candidat passerait la soirée à serrer des mains, ceux-ci l'avaient mis en garde en lui disant qu'il risquait « de passer à côté de quelque chose », faisant allusion à un possible assassinat.

« Il me semble que ta mère organise un truc avec Joan, non ?

– Elles passent la journée ensemble.

– Dis-lui d'être prudente. »

Il y avait une bagarre devant le bar quand nous sommes sortis. Un type essayait de s'échapper, un autre l'a rattrapé, l'a frappé dans le dos et au visage, et il a dû lui casser le nez car j'ai perçu des craquements, puis ils ont échangé des coups de poing. La police est arrivée et on est rentrés chez nous. Bien peu de soirées ressemblaient à celle-là. Et pourtant, on avait parfois l'impression de vivre la fin du monde.

16

« Je n'avais jamais mené une campagne aussi intense depuis la première de Teddy pour les sénatoriales », nous dit Joan Kennedy lorsqu'on la rejoignit à l'arrière d'une berline Lincoln noire avec chauffeur. Ma mère nous a expliqué que nous nous rendions sur un chantier de Harlem où des femmes au passé criminel, à qui l'on apprenait les métiers du bâtiment, rénovaient une *brownstone* de trois étages.

« C'est un projet incroyable ! s'exclama Joan.

– Et ce qui est génial, c'est qu'après elles vivront dedans », précisa ma mère.

Ce matin-là, au cours du petit-déjeuner, elle avait déploré que ce soit Teddy et non pas son épouse qui se présente aux élections. Personne ne s'était attendu à ce que Joan se comporte aussi bien pendant la campagne – elle était la star des meetings, elle charmait la presse et savait rester sobre ; mais comme le fit remarquer un chroniqueur, plus elle était appréciée des électeurs, pire c'était pour Ted, qui l'avait poussée à boire.

« Vous les connaissiez ? » demanda Joan.

Dans les pages du *Daily News* s'étalait l'histoire de Jean Harris. Cette directrice d'une école de jeunes filles avait abattu son compagnon de longue date, le docteur Herman Tarnower, père du régime Scarsdale, car il l'avait remplacée par son assistante âgée de vingt-neuf ans.

« On a fait la connaissance de Jean quand on cherchait un pensionnat pour Rachel, expliqua ma mère.

– Le vieil Herman n'est pas un apollon, dit Joan. Mais c'est peut-être une bête de sexe.

– Plus maintenant. »

Joan était réputée pour être la plus ravissante et la plus humaine de toutes les épouses Kennedy ; on la surnommait « la Bombe ». Mais il lui arrivait de mettre les pieds dans le plat, de dire ce qu'il ne fallait pas, de raconter à un journaliste, par exemple, qu'elle avait un jour emprunté l'une des perruques de Jackie (« Quoi ? La première dame met des perruques ? »), ou porté une minijupe à l'occasion d'une soirée organisée à la Maison Blanche, attirant ainsi le regard de Patricia Nixon (« Mais qui c'est celle-là ? Oh, bien sûr, c'est Joan Kennedy »).

Elle était modeste et spontanée, affirmait ma mère, ce qui expliquait leur longue amitié.

« Qu'avez-vous pensé de Jean Harris quand vous l'avez rencontrée ?

– Agréable et professionnelle. Ellc nous a fait savoir qu'elle regardait l'émission de Buddy sans préciser si elle l'appréciait.

– C'est ce que les gens n'arrêtent pas de dire à propos des discours de Ted. “J'ai *regardé* le discours de Ted.” Et je suis censée leur demander ce qu'ils en ont pensé mais je n'ai aucune envie de connaître la réponse, sauf s'ils ont adoré, parce que je ne peux absolument rien faire pour eux si Ted les a déçus. Je ne vais quand même pas leur dire qu'il lui arrive de me décevoir.

– Où vous êtes-vous rencontrés tous les deux ?

– Tu connais déjà l'histoire, non ? J'étais étudiante à Manhattanville College, à une vingtaine de minutes d'ici, raconta Joan, et ce souvenir la fit sourire. C'est Jean, la sœur de Teddy, qui avait arrangé le coup. »

Ma mère avait le don d'extirper ses amies d'un abîme de tristesse pour les faire parler de sujets plus gais.

« Il m'a téléphoné un bon nombre de fois avant qu'on sorte ensemble. Il voulait apprendre à me connaître, disait-il.

– Sans être distrait par ta beauté.

– Et tester mon intelligence.

– Tu sais, je serais incapable de faire pour Buddy ou pour quiconque ce que tu fais depuis si longtemps pour ton mari. Je ne tiendrais pas plus de dix minutes.

– Vivre sous les projecteurs.

– Exactement.

– Tu as lu ce qu'on a écrit sur moi dans le *Herald* ?

– J'en ai entendu parler. »

Un article à la une du *Boston Herald*, accompagné de photos censées représenter son visage avant et après, laissait entendre que Joan Kennedy s'était fait faire un lifting.

« Ils ne pouvaient pas se contenter de dire que j'étais jolie.

– Non, ça n'aurait pas boosté les ventes.

– C'est déprimant. J'ai parfois l'impression qu'ils nous détestent. »

Elle respira profondément et pinça les lèvres.

« Ne pensez-vous pas que les sentiments forts, les sentiments vraiment passionnés que les gens éprouvent pour les hommes et les femmes publics sont factices ? » ai-je demandé.

Cela faisait un moment que je réfléchissais à cette question.

« Qu'est-ce que tu veux dire ?

– Si l'on n'a jamais rencontré une célébrité, qu'est-ce qu'on aime chez elle ? Le rôle qu'elle a joué dans un film ou sur les planches. Quand on la déteste, c'est la même chose. Il y a toujours eu quelqu'un pour haïr les grands hommes, et la plupart des salauds ont inspiré de la dévotion. Certaines femmes ont sacrifié leur vie pour Hitler.

– Et il y a des gens qui détestaient tellement Jack et Bobby qu'ils les ont tués.

– Parfaitement. »

Ma mère m'a lancé un regard désapprobateur car j'avais détourné la conversation.

Nous sommes passés devant l'université Columbia, où j'avais étudié. J'ai aperçu un de mes anciens enseignants qui s'approchait du bâtiment en mangeant un bagel.

« Parfois, reprit Joan, je suis soulagée que la campagne de Teddy ne ressemble en rien à celle de Bobby. Personne ne saute dans sa voiture pour toucher ses cheveux ou attraper sa manche, il n'y a pas autant de contacts physiques. Ça me terrifiait, même avant le drame. »

Un jour, Buddy m'avait fait remarquer qu'il pouvait être dangereux d'avoir du charisme. Teddy serait peut-être sauvé du fait qu'il n'en avait pas, ai-je songé.

Une fois arrivés sur place, nous avons assisté à une présentation du projet New Life et fait le tour du chantier, où résonnaient scies et marteaux et où ça débordait d'énergie. C'était édifiant. Ça m'a donné envie de construire quelque chose, de me servir de mes mains comme je l'avais fait au sein du Peace Corps. La chef de chantier a précisé les crimes commis par chacune de ces femmes et certains étaient vraiment atroces.

« Celle qui installe la douche, là-bas, c'est Mara. Elle agressait les personnes âgées pour leur voler de l'argent et s'acheter de la drogue. Maintenant, regardez-la. Je l'embaucherais demain si je pouvais.

– Pourquoi ne le faites-vous pas ? demanda Joan.

– C'est une question délicate. Aucune n'a adhéré au syndicat.

– C'est dur d'y adhérer ?

– Très dur, mais nous essayons de faire évoluer les choses. »

Quand j'ai demandé à la directrice du projet, une petite femme aux cheveux frisés qui s'appelait Gail, si ces anciennes criminelles allaient effectivement pouvoir habiter la maison, elle m'a répondu qu'une association de voisins, des familles de la classe moyenne, s'y opposait à cause de leur passé.

« C'est une réaction mesquine et plutôt cruelle, remarqua ma mère.

– Teddy devrait vraiment venir voir ça, renchérit Joan.

– Le sénateur sera toujours le bienvenu, dit Gail. Mais il se peut qu'on le fasse travailler.

– Pas avec son dos », réagit Joan. Puis elle se tourna vers ma mère : « Je ferais mieux de me taire.

– Pourquoi n'aurais-tu pas le droit de parler de son mal de dos ?

– Je l'ai fait une fois, et il a été furieux contre moi.

– Ah bon ?

– Oui. Il m'a déclaré que ça le faisait passer pour un faible.

– Il a mal depuis l'accident d'avion qui a failli lui coûter la vie, c'est ça ?

– Oui.

– Alors c'est le cacher qui le ferait passer pour un faible.

– Tu as raison. Je vais lui faire part de ta réflexion. »

J'ai regardé mon effrontée de mère en levant les sourcils, et elle a hoché la tête comme pour dire : *Je sais, je sais.*

Elles sont retournées à l'hôtel où Joan était descendue pour travailler sur son « discours sur les femmes ». Quant à moi, je suis allé à Central Park et j'ai couru sans trop me fouler en écoutant *Damaged Goods* des Gang of Four sur mon baladeur, puis je suis rentré à la maison prendre une douche. Harry avait laissé un message sur le répondeur, m'annonçant que Phil Donahue voulait inviter Buddy dans son émission pour une interview d'une heure. Il lui rendrait hommage et l'interrogerait sur ses voyages intérieurs et extérieurs.

J'ai rappelé Harry à son bureau.

« Ça me plaît, Anton. Ça me plaît beaucoup. Et ils tournent cette semaine à New York, alors on n'a pas à se déplacer. »

Je me suis imaginé l'air compatissant et les yeux pleins de larmes des femmes présentes dans le public.

« Ça peut tourner au désastre, ai-je fait remarquer.

– Comme n'importe quel pari avec un gain important à la clé. »

Mes parents se trouvaient tout au fond de la salle Acorn du Park Tavern, parmi les retardataires. Les deux cents sièges étaient occupés par des sympathisants. Sur des pancartes, on pouvait lire : LES FEMMES POUR TEDDY et TEDDY S'INTÉRESSE À NOUS.

Après une vibrante présentation par la présidente de la League of Women Voters, Joan, vêtue d'une élégante robe orange, ses cheveux blonds flottant sur ses épaules, est montée sur l'estrade. (« Elle adore l'orange », a murmuré ma mère.) Elle a tapoté deux ou trois fois le micro avant de lancer : « Vous m'entendez bien ? »

Elle a d'abord fait l'éloge de ce qu'elle admirait chez Teddy en tant qu'homme et en tant que père, puis elle a expliqué ce que sa candidature signifiait pour le pays. J'ai pensé à ce que ma mère aurait pu dire au sujet de Buddy. Son discours aurait certainement été imprégné de cet humour mordant que Don Rickles réservait aux célébrités présentes sur le plateau du *Tonight Show* (« Quand il déclarait : "Soyons imprévisibles", je n'imaginais pas que ça signifierait qu'il nous laisserait un jour en plan. Mais soyons sérieux, Buddy a beaucoup à offrir. À ceux qu'il connaît à peine. »), puis elle finirait en envoyant un baiser en direction de mon père, ils se regarderaient avec beaucoup d'affection, et ma sœur s'exclamerait : « Putain, quelle catastrophe ! », mais avec tendresse. Joan a parlé de tous les efforts qu'elle avait consacrés à faire campagne, et des gens qu'elle avait rencontrés dans l'Iowa, le Wisconsin, la Floride, et « ici même, à New York ! ».

Puis elle a posé les yeux sur le texte qu'elle avait peaufiné toute la semaine.

« J'aimerais dire un mot sur le mouvement des femmes que je trouve formidable, même si je ne le connais pas encore très bien. Tout ce que mon mari a mis en place pour soutenir notre cause fait de lui le meilleur défenseur des Américaines.

– Bien sûr. Vous en savez quelque chose, lança un individu au regard fou, qui portait un tee-shirt Star Wars.

– Chut, fit ma mère.

– Nom de Dieu ! Il a sauté la moitié des nanas de l'État de New York et de la Nouvelle-Angleterre ! »

Joan a marqué une courte pause puis elle a repris : « Je rêve que notre lutte aboutisse à une participation pleine et entière des femmes à la vie américaine, à égalité avec les hommes. Mais nous ne nous arrêterons pas là. Nous transformerons ce monde masculin centré sur le pouvoir, le travail et la compétition en un monde meilleur et plus humain.

– Dans lequel un homme influent peut laisser une jeune fille se noyer, et attendre douze heures avant de prévenir qui que ce soit, cria le perturbateur.

– Vous pouvez la fermer ? » lui lança ma mère. Il se trouvait à trois mètres de nous.

« On est en démocratie, non ?

– Je me demande vraiment ce que vous faites là.

– J'écoute l'épouse du candidat, comme tout le monde.

– Alors écoutez comme tout le monde, intervint Buddy, le visage crispé.

– Vous cherchez la bagarre ? »

Mon père était prêt à se battre, perspective plus qu'inquiétante.

« Pas du tout, dis-je. Allez, papa.

– Je vous connais, non ? demanda l'individu à Buddy.

– C'est peu probable », répondis-je en m'interposant entre les deux hommes.

Joan a saisi le micro, elle est descendue de l'estrade et s'est avancée vers le public, telle une rock star ou une télévangéliste.

« Abordons le sujet qui fâche, a-t-elle dit, sa voix retentissant dans toute la salle. Comme beaucoup d'entre vous le savent, j'ai souffert d'une addiction à l'alcool, une maladie qui a eu des répercussions sur ma famille, ma santé et mon amour-propre. »

Le silence régnait. Le public était conquis.

« Vous êtes tous des alcoolos. Tous », a éructé le fauteur de troubles, et deux agents de sécurité ont surgi près de lui.

« Nous allons devoir vous demander de partir, lui dit l'un d'eux, un moustachu baraqué.

– C'est moi qui vais devoir vous demander de partir », a riposté l'homme.

Joan a plissé les yeux. « Pour nous railler de la sorte, il faut vraiment que vous ayez une vie parfaite.

– J'aimais vos beaux-frères.

– Allez, venez, ont insisté les agents de sécurité.

– Moi aussi je les aimais ! s'est exclamée Joan. Et s'ils étaient en vie, ils seraient ici ce soir, et ils diraient à quel point leur frère est admirable. Ted Kennedy est l'homme le plus à même de s'attaquer aux maux de ce pays. »

Le silence s'est fait, bientôt suivi de timides applaudissements. Joan s'animait, elle avait des choses à ajouter. Pendant dix minutes, elle évoqua certains actes de bonté accomplis par son mari – des actes dignes d'éloges –, puis elle disparut sous un tonnerre d'applaudissements révérencieux.

Je suis rentré chez moi à pied en pensant à ce fauteur de troubles, à Buddy qui l'avait traité comme un fanfaron dans une réunion de quartier alors qu'il aurait très bien pu s'agir d'un cinglé, avec un Glock attaché à la jambe, j'ai pensé à Alex qui s'était fait agresser et aux voyageurs poussés sur les rails du métro, deux de plus récemment. Qu'est-ce qui vous incite à mettre fin à la vie d'un inconnu ? Planifiez-vous ce crime ou êtes-vous pris d'un besoin irrépressible, comme celui de rayer la carrosserie d'une voiture ? Une semaine plus tôt, au moment où mon frère, de retour de l'entraînement, émergeait de la bouche du métro, une espèce de monstre aux dents en or lui avait arraché ses raquettes de tennis et les avait jetées tout en bas de l'escalier, juste parce qu'il en avait envie. Il avait même souri et lâché : « Ben quoi ? », comme si Kip n'avait pas le droit de protester.

Il y avait de plus en plus de méchanceté dans l'air.

Alors que je remontais la partie non éclairée de Central Park Ouest, j'ai senti mon cœur battre plus fort sous l'effet de la peur. Ce n'est rien, me suis-je dit – la soirée avait été une réussite pour Joan, et j'avais évité que mon père fasse des bêtises. Pourtant, j'ai tressailli quand un bus est passé avec l'accroche du film *Fog* : « Il fait nuit. Il fait froid. Il arrive. »

17

Et pourtant… à peine cinq jours plus tard, Ted Kennedy gagnait haut la main les primaires de l'État de New York. Il avait trente points de retard le soir du discours de Joan, mais il a remporté la victoire avec vingt points de plus que Carter, il a aussi réussi à le battre dans le Connecticut et, deux jours durant, sa campagne fut triomphante. Loyale, ma mère, accompagnée de son mari et de son fils aîné, s'est rendue au Halloran House Hotel, à l'angle de Lexington et de la 49e Rue, pour célébrer en beauté ce succès. Six cents supporters étaient entassés dans la salle de bal du premier étage, où une musique frénétique retentissait et où l'alcool coulait à flots. Manquant de réalisme, Teddy affirma qu'il était désormais le favori.

Une de ses sympathisantes, qui portait une robe bleue scintillante et un canotier rouge, blanc, bleu, m'a embrassé avec fougue sur la bouche. Elle était pompette et, dans l'obscurité de la salle, il était évident qu'elle m'avait pris pour un autre. Au bout de quelques secondes, elle a lâché : « Je suis désolée. Je croyais… » Avant de se reprendre : « Et puis merde, on s'en fout », et elle a recommencé à m'embrasser.

Elle m'a demandé de l'attendre le temps d'aller récupérer son manteau, et elle a suggéré qu'on partage le même taxi mais, sur le chemin du vestiaire, elle est tombée sur le mec à qui le baiser était destiné, un homme vêtu d'une chemise oxford blanche semblable à la mienne, qui avait à peu près ma taille mais dix ans de plus que moi, et qui était plus musclé. La femme m'a fait un signe de la main en haussant les épaules, comme si elle aurait préféré être avec moi un être atypique en cette soirée atypique.

Mes parents faisaient la fête à l'autre bout de la pièce. Ma mère portait un chapeau aux couleurs du Parti démocrate et mon père donnait la sérénade en agitant une crécelle rouge et argent. Ils ont levé leur flûte de champagne. Enfin une belle surprise après une période de découragement.

« Rappelez les charognards ! » a lancé Buddy.

Mon père a remporté sa propre victoire et il a pu, lui aussi, renaître de ses cendres une semaine plus tard dans le *Phil Donahue Show*. Surtout parce qu'il s'est montré sincère et a mis son cœur à nu au cours de l'interview, mais également parce que les réalisateurs de l'émission ont intégré les moments clés de sa carrière avant chaque coupure publicitaire. Le soir où Nixon avait démissionné, et le soir où Norman Mailer et Jimmy Breslin avaient lancé leur campagne pour que New York devienne le cinquante et unième État du pays, mais il y avait eu aussi le joueur Joe Namath, reçu une semaine après que son équipe eut remporté le Super Bowl, puis Joan Didion et

Pete Hamill, invités après les bombardements du Cambodge, ou encore Jim Bouton, l'ex-lanceur de l'équipe de base-ball des Yankees, qui avait singé son ancien coéquipier, Mickey Mantle, en train de jouer alors qu'il avait la gueule de bois.

Cette semaine-là, Donahue avait prévu de tourner non pas à Chicago, comme il en avait l'habitude, mais à New York dans un studio situé à l'angle de la 52e Rue Ouest et de Broadway. Buddy et lui avaient pris un petit-déjeuner au Café des Artistes pour renouer.

L'animateur était fou de joie à l'idée d'épouser l'actrice Marlo Thomas, qu'il avait rencontrée sur son plateau.

« Cette interview avec elle, ça a dû être quelque chose, remarqua Buddy entre deux bouchées d'omelette.

– Effectivement.

– Ça a failli m'arriver, déclara mon père avec sérieux.

– De tomber amoureux pendant votre émission ?

– Oui. De Groucho Marx, mais ma mère n'a pas vu ça d'un bon œil.

– Pourquoi ?

– Elle le trouvait un peu bizarre. »

Dans son introduction flatteuse, Donahue a assimilé la dépression nerveuse de Buddy à la crise de la cinquantaine, et a laissé entendre qu'il s'agissait là d'une étape de la vie que nous traversions tous, ou que nous devrions tous traverser, que c'était un devoir sacré de sortir des sentiers battus pour explorer le vaste monde avec, dans ses bagages, du peyotl et *Le Voyage à Ixtlan* de Carlos Castaneda. Il a comparé à plusieurs reprises la pérégrination de mon père à celle du héros du *Fil du rasoir*, et il a passé de courts extraits du film, avec Tyrone Power crapahutant dans l'Himalaya.

« Quand vous avez brusquement quitté le plateau, pensiez-vous que c'était juste un coup de tête ? Que vous reviendriez le lendemain ?

– Je savais que ce n'était pas anodin.

– Mais vous n'aviez rien planifié.

– Non. Rien du tout. J'avais l'impression d'être assis au premier rang, dans le public, et de m'observer. Je me rappelle m'être dit : “Mais qu'est-ce que tu fous, bordel ?” Une fois dehors, j'ai sauté dans un taxi. Combien de fois une chose pareille vous arrive ? J'ai demandé au chauffeur de quitter la ville et il s'est engagé sur la West Side Highway.

– Vous aviez de l'argent ?

– Oui, cent dollars. J'étais passé à la banque dans la journée et c'est la somme que j'avais retirée. J'avais aussi mes cartes de crédit.

– Pas de vêtements ?

– Uniquement ceux que je portais.

– Et où avez-vous atterri ?

– À Poughkeepsie. Je suis descendu dans un motel. Il y avait le tableau d'un cygne dans ma chambre.

– La mémoire est un drôle de truc.

– Je me souviens qu'il y avait deux bibles. Et un édredon violet.

– Vous avez regardé les infos ? On parlait de vous ce soir-là.

– Alors j'ai bien fait de m'abstenir.

– Vous avez appelé votre famille ?

– Oui, pour dire à ma femme que j'allais bien. Et puis que je n'allais pas bien et que je ne rentrerais pas avant un bout de temps.

– Comment a-t-elle réagi ?

– Mal, comme vous pouvez l'imaginer.

– Ensuite, vous avez pris la direction de l'ouest, et hier vous m'avez expliqué que vous étiez sorti de votre voiture sur une route du Wyoming, qu'il y avait des bouses de bison, des buissons de sauge agités par le vent et des traces de neige, mais pas une voiture ni un être humain à des kilomètres à la ronde.

– Je me croyais dans un épisode de *La Quatrième Dimension*. C'est la fin du monde et personne ne vous a prévenu. Je ne m'étais jamais senti aussi isolé, et pourtant j'avais l'impression d'être davantage relié à qui j'étais et à ce qui comptait pour moi que je ne l'avais été depuis des mois. »

Le public était captivé.

« Et puis le soleil s'est couché, le ciel a rougi, et un troupeau de wapitis est passé au loin. Je suis sorti de mon corps et je me suis enveloppé du bruit du vent et de cette lumière déchirante.

– On dirait que vous parlez de la mort.

– Ou de la vie. »

Je pensais que mon père faisait marcher tout le monde, qu'il allait s'arrêter là et sourire. Mais il s'est mis à raconter une histoire que je ne connaissais pas.

« Ce soir-là, je suis allé dans un bar et j'ai rencontré un cow-boy, un mètre quatre-vingt-dix, vrai chapeau de cow-boy, moustache, et on s'est mis à discuter. Il était né juif, à Brooklyn, dans le quartier de Crown Heights, il était venu s'installer dans l'Ouest dix ans plus tôt, avait trouvé du travail sur un ranch puis s'était converti au bouddhisme. Il m'a dit : "Je parie que c'est la première fois que tu rencontres un cow-boy juif et bouddhiste." Je lui ai répondu que oui, surtout un cow-boy avec l'accent new-yorkais. Il m'a payé une bière. » La meilleure du monde, a-t-il précisé. La Miller High Life.

» Puis il m'a dit : "Si tu veux commencer à vivre, arrête de vivre dans le futur. Arrête de faire des projets. Les gens qui vivent dans le présent n'ont pas besoin d'en faire. Ceux qui ne cessent d'en faire ne profitent de rien car, une fois qu'ils ont réalisé un projet, ils en font d'autres, comme un chien qui courrait après un os pendu à un bâton en perpétuel mouvement." Le type s'est presque collé contre moi. Je pouvais compter les poils de sa moustache. Et il a poursuivi : "Tu n'es jamais ici. Tu n'arrives jamais là-bas. Tu es toujours en train de penser à l'avenir, au moment où tu vivras autre chose, et s'il ne se passe rien, si aujourd'hui ressemble à la semaine dernière, ou à l'année dernière, alors tu veux avoir plus de temps, *plus de temps, s'il vous plaît !* Mais ce qui te fait vraiment peur, c'est la mort, et pourquoi ? Parce qu'avec la mort, il n'y a plus d'avenir."

– Alors, quelle est la solution ? demanda Donahue.

– Je lui ai posé la question et il m'a répondu : "Vivre ici et maintenant."

– Et… ?

– Et c'est tout. Et puis, dans le bar, ils ont passé la chanson "Mammas, Don't Let Your Babies Grow Up to Be Cowboys[1]". Et mon ami, le cow-boy juif et bouddhiste s'est écrié : "Mince, il est bien trop tard pour moi !"

1. Littéralement : « Mamans, ne laissez pas vos petits devenir des cow-boys. »

– Mais il n'a pas vraiment dit "mince".

– C'est exact, il a utilisé un mot plus vulgaire. Mais vivre l'instant présent n'a jamais été un problème pour moi. J'ai juste parfois du mal à comprendre la signification de tous ces instants mis bout à bout. Et à un moment, j'ai réalisé que je n'abordais pas les grandes questions de la vie comme il le fallait.

– C'est-à-dire ?

– Il faut apprendre à écouter, et pas uniquement ce qui est dit.

– Apprendre à écouter la vérité sous-jacente.

– Oui », répondit Buddy, qui se délectait dans son rôle de sage.

Avant la coupure publicitaire, ils ont montré un autre extrait du *Fil du rasoir*, avec un Tyrone Power en smoking, la larme à l'œil, qui cette fois expliquait à une Gene Tierney inquiète qu'il était agité car il avait vu un soldat mort pendant la guerre. « Le regard mort est tellement mort quand ils sont morts. »

L'émission a repris. « Donc maintenant vous êtes en paix.

– Ce qui pose bien d'autres problèmes.

– Comment ça ?

– Vous prenez conscience que la paix, la sérénité et même la compréhension des grandes questions de la vie ne sont pas compatibles avec l'ambition qui, elle, se nourrit de la rage et de l'insatisfaction que vous éprouvez non seulement vis-à-vis du monde mais aussi de vous-même. C'est votre carburant. Une fois que vous connaissez le bonheur et la paix, vous souhaitez uniquement vous assoupir dans un fauteuil, aller vous promener ou nager, et tout cela est bon pour votre âme, mais peut-être pas pour votre carrière. On cherche à combler un vide en soi, mais une fois qu'il est comblé, sur quoi peut-on écrire ? »

Donahue a hoché la tête, l'air songeur.

Puis les deux hommes ont évoqué Jack Paar, l'animateur du *Tonight Show*, qui lui aussi avait quitté le plateau, ce que son public avait apprécié. La veille de l'incident, NBC avait censuré l'une de ses blagues, pourtant inoffensive, et l'avait remplacée par cinq minutes d'actualités. Paar était parti en fulminant et, selon ses propres termes, il avait fait un long voyage et s'était retrouvé à Hong Kong.

« Il est revenu au bout de trois semaines et il a pu récupérer son émission, nota Buddy.

– Et puis il a démissionné deux ans plus tard. Et un certain Johnny Carson lui a succédé. »

L'émission avait un effet cathartique, le public en redemandait. À la fin, la caméra s'est posée sur le visage bienveillant de l'animateur.

« Voilà plusieurs semaines, j'ai soudain compris pourquoi tant d'entre nous nous sentions perdus en cette période agitée. L'explication est peut-être la suivante : le soir où Buddy Winter est parti, on a perdu notre guide ; à la fin d'une folle journée, on retrouvait toujours notre équilibre psychique en regardant votre émission. » Donahue s'est tourné vers mon père. « Revenez, Buddy, s'il vous plaît. Quelle que soit la chaîne ou l'émission, on vous regardera et vous nous aiderez, une fois encore, à déchiffrer ce monde sens dessus dessous tout en nous faisant rire et réfléchir. »

Après l'enregistrement, j'ai attendu mon père en compagnie d'Harry Abrams.

« N'oublie pas ce que je t'ai dit sur le parcours des athlètes olympiques, m'a lancé ce dernier.

– Alors ça y est ?

– Oui, maintenant on va chercher la médaille d'or. »

18

Moi aussi, un jour, j'ai disparu.

Je m'en suis souvenu au moment où nous avons quitté le studio. J'avais dix ans, et Alex et moi avions décidé, contrairement à notre habitude, de ne pas rentrer directement chez nous après l'école. Il nous arrivait d'aller chez l'un ou chez l'autre mais on prévenait toujours. Ce jour-là, sans en parler à qui que ce soit, nous sommes partis au Loew's, sur la 83e Rue, voir deux films, et puis nous avons bêtement décidé de revoir le premier. Pendant ce temps-là, nos mères s'étaient contactées, avaient contacté d'autres mères puis l'école et enfin la police.

Je crois que nous n'avions pas téléphoné car on savait qu'elles seraient furax, qu'on serait punis et que l'aventure s'arrêterait là. Nous avions préféré aller au cinéma puis dîner dans une pizzeria mais, quand nous en sommes sortis, des policiers en patrouille nous ont repérés, ils ont fait retentir la sirène et nous ont embarqués.

Nous avions disparu pendant sept heures, ce qui était un truc dégueulasse à faire subir à ma mère. J'ai pensé au jour où Buddy n'avait pas donné signe de vie pendant quinze heures, et aussi à l'époque où il avait choisi de vivre des semaines loin de nous. Une fois qu'on avait eu de ses nouvelles, j'avais ressenti davantage de colère que d'inquiétude car je ne comprenais pas pourquoi il ne rentrait pas. Sa dépression nerveuse était liée au fait que son cerveau ressemblait à une antenne radio réglée sur les meilleures stations puis sur un bien trop grand nombre d'entre elles et enfin sur aucune. Mon père n'était pas le personnage de Larry Darrel dans *Le Fil du rasoir*, comme Donohue l'avait laissé entendre. Ni la guerre ni les expériences qu'il n'avait jamais vécues ne pouvaient expliquer ses démons. Il avait fait un bon mariage, il avait choisi un boulot qui le satisfaisait, il avait des enfants qui le satisfaisaient, du moins c'est ce qu'il affirmait. Il avait désormais des choses à dire sur le cerveau et l'esprit humain, des choses durement acquises, ce qui pouvait donner naissance à une émission qui se laisserait regarder, mais une part de moi craignait que son retour à l'antenne ne se résume désormais à organiser des séances publiques de pseudo-psychanalyse, à mettre des pansements de « sens » sur ses coups de cafard et sur les obsessions qui l'empêchaient de dormir, (« *Commença alors une période sombre dans la vie de Buddy...* »), ce que je préférais ne pas voir. Pas sur le petit écran. Pas face à ces personnalités de la télé qu'étaient la mièvre Barbara Walters, l'odieux Tom Snyder ou ce suffisant David Frost. Je voulais passer à autre chose.

Mais la décision ne m'appartenait pas. Mon père avait participé au *Phil Donahue Show* et, curieusement, il s'était bien amusé. Le public avait applaudi et Harry était aux anges. Et, tout bien considéré, je l'étais aussi.

À ces confessions, j'aimerais ajouter que j'avais trouvé quatre carnets intimes qu'il avait remplis pendant son périple puis qu'il avait planqués. J'en ai ouvert un, j'ai lu une page et puis j'ai laissé tomber, par respect pour sa vie privée et par peur de ce que je pourrais découvrir.

Comme je n'arrivais pas à tenir en place après l'enregistrement de l'émission et ma soirée de travail au Park Tavern, je ne suis pas rentré chez moi, préférant aller à Central Park avec Ricky, un barman, Manuel, un cuisinier chargé des plats froids, et Bronwen et Janet, deux serveuses.

On a bu de la Guinness, piquée au bar du restaurant, sur des bancs autour de la fontaine Bethesda où traînaient une douzaine de personnes, dont un homme qui interprétait des chansons d'Arlo Guthrie à la guitare, assis sur une couverture, à côté d'un gamin aux cheveux longs qui jouait du bongo et d'un couple en veste et short dorés qui dansait du disco sur des patins à roulettes.

Ricky a évoqué la fête d'anniversaire organisée l'automne précédent par Yoko Ono pour John et Sean, nés le même jour, dans l'atrium vitré du Park Tavern, une fête à laquelle mes parents avaient assisté, ce que je me suis abstenu de mentionner. J'avais vu des photos sur les murs du restaurant, John vêtu de noir, des lunettes de soleil en plastique jaune sur le nez, et les invités qui portaient un tee-shirt sur lequel Yoko avait fait imprimer les deux prénoms, surmontés d'un énorme cœur rouge.

« Il est vraiment mignon, ce gamin. Et gentil, dit Janet.

– Il a une longue vie devant lui, hein ? intervint Bronwen.

– "*Boy, you're gonna carry that weight, carry that weight a long time*[1]", chanta Ricky.

– Vous vous souvenez de la lettre que les Lennon avaient publiée ? »

John et Yoko s'étaient payé une pleine page dans le *New York Times* pour expliquer que les années passées loin du feu des projecteurs ne signifiaient pas qu'ils n'aimaient pas leur public – ils avaient juste besoin de rester à distance respectueuse. Ce qui avait déplu à certains.

« Vous savez ce que Yoko a dit un jour ? demanda Janet. Elle a dit que si elle avait été une jeune fille juive au temps de l'Holocauste, elle se serait débrouillée pour devenir la petite amie d'Hitler, et qu'après avoir couché avec elle pendant dix jours, il aurait été gagné à ses idées à elle.

– Hitler jouit et périt », dis-je.

Ce qui fit rire Janet. Quelle frimeuse, cette Yoko, mais je la croyais, elle était certainement convaincue que la sexualité lui permettait de prendre de l'ascendant sur les hommes célèbres.

« J'aime bien l'idée qu'ils baisent pendant dix jours, pas vous ? demanda Ricky.

– J'adorerais coucher avec John Lennon, dit Bronwen.

– Comme tout le monde, rétorqua Manuel.

– Toi aussi ?

– Bien sûr.

1. Littéralement : « Mon garçon, tu vas devoir porter ce poids, tu vas devoir longtemps porter ce poids », tiré de la chanson *Carry That Weight* des Beatles.

– Je croyais que tu préférais les jeunes mecs, s'étonna Ricky.

– Tu as raison, mais pour un Beatles, je ferais une exception.

– Je ne suis pas sûr qu'il ait ce penchant.

– J'ai entendu dire qu'il avait eu plusieurs expériences homos. Pas toi, Anton ?

– Non.

– On te met mal à l'aise ? On met tout le monde mal à l'aise. »

J'ai tiré longuement sur le joint qui circulait. J'avais l'impression qu'ils étaient en représentation, comme pour me dire : Tu ne trouves pas qu'on est fous ? Tu vas savoir t'y prendre avec nous ?

« Tu planes ? me demanda Bronwen.

– Ça vient. »

Elle a aspiré une énorme quantité de fumée.

« Approche-toi, Anton. Et ouvre la bouche. »

J'ai obéi et elle a soufflé entre mes lèvres.

« C'est une allumeuse, mec, dit Ricky.

– Je suis plus que ça. Mais je ne mélange pas le travail et le plaisir. Contrairement à Ricky.

– Il a couché avec une des responsables, déclara Manuel.

– Laquelle ?

– D'après toi ? Becca.

– Tu te fous de moi », dis-je. Becca ressemblait à Stevie Nicks, la chanteuse des Fleetwood Mac, et elle avait soi-disant laissé tomber ses études à Barnard College. Rowan et son père étaient amis.

« Une seule fois.

– Et… ?

– C'est une véritable catastrophe, mon pote. Une vraie bête de sexe mais un être humain infiniment complexe. Ne t'embarque pas là-dedans, crois-moi.
– Qui a déjà couché avec un client ? demanda Manuel.
– Moi, répondit Janet. On est sortis ensemble.
– Et il te plaisait.
– Oui. Ça a duré trois mois. »
Ce n'était pas le copain d'Elena, me dis-je.
« Et qui a rompu ? demanda Ricky.
– Ça ne te regarde pas.
– C'est lui, affirma Bronwen.
– Non, c'est moi.
– Tu l'as trompé.
– Effectivement. Mais avec quelqu'un avec qui j'étais déjà sortie. Ce n'est pas comme si j'avais entamé une nouvelle relation.
– Il vous a surpris ? insista Ricky.
– On peut changer de sujet ?
– Merde alors, j'ai raison.
– Et toi, Anton, crache le morceau, me dit Bronwen.
– Garçons ou filles ? demanda Manuel en tirant sur le joint.
– Ce sont mes seules options ?
– Tu es célibataire, j'imagine, reprit Bronwen.
– Oui, absolument.
– C'est bien. Mais ça ne durera pas. Pas dans cette ville et pas en travaillant le soir. C'est la folie ici », dit Ricky.
Manuel a soufflé la fumée. « Oh que oui, mon salaud », confirma-t-il.

Bronwen et moi sommes partis ensemble et j'en ai appris davantage sur elle. La jeune femme chantait dans des cabarets mais, dans l'immédiat, elle passait des essais pour des jingles. Elle avait obtenu deux petits spots à la radio, et avait failli être prise pour la publicité des collants L'Eggs, diffusée sur une chaîne nationale. « C'est partout pareil, constata-t-elle. Environ vingt-cinq personnes chantent quatre-vingt-dix pour cent des jingles, alors si tu fais partie de ces heureux élus, tu gagnes bien ta vie.

– Que recherche-t-on chez un chanteur de jingles ?

– Une bonne diction, une bonne oreille, et il faut aussi être capable de rendre convaincantes les paroles les plus ridicules qui soient.

– Tu m'en chantes un ?

– Bière ou compagnie aérienne ?

– Compagnie aérienne. »

Bronwen ferma les yeux. « "Avec Pan Am, on voyage vraiment bien." » On aurait dit Lena Horne en train de chanter « Stormy Weather ».

« Putain, c'est génial !

– Merci.

– Celui de la bière, s'il te plaît.

– "Elle est rafraîchissante sans être sucrée, c'est le délice extra-dry, pourquoi ne pas tenter la Rheingold extra-dry ?"

– Je t'écouterais chanter le bottin. »

Nous avons marché jusqu'à sa station de métro située à l'angle de la 72e Rue et de Broadway et, en chemin, nous nous sommes arrêtés au Papaya King pour acheter des hot-dogs.

« En plus des jingles, tu devrais chanter dans une comédie musicale à Broadway.

– C'est un monde difficile à pénétrer. Les choses les plus intéressantes se font à l'intérieur de cercles fermés. Mais toi, avec toutes les relations que tu as, pourquoi tu es commis de salle ?

– Et pourquoi pas ? Ce boulot en vaut bien un autre. Et puis Rowan et moi, on est voisins et il me l'a proposé.

– Il va rapidement te nommer serveur et bientôt tu prendras ma place. Il y a beaucoup d'employés qui me cherchent des noises. »

Je me suis demandé si je représentais pour elle ce à quoi elle était confrontée. Il y avait les gens comme elle qui avaient du talent, les gens comme moi qui avaient des relations et, en cas de conflit, c'était généralement mes semblables qui gagnaient, ce qui était injuste, mais ainsi allait le monde. Je voulais trouver un truc à moi qui n'avait rien à voir avec Buddy et que je ne devrais qu'à moi-même.

« Je ne te piquerai jamais ton poste, ai-je promis.

– C'est sympa de le croire », a répondu Bronwen avant de m'embrasser sur la joue et de disparaître dans la bouche de métro.

19

J'ai trouvé le premier chèque de mon père le lendemain dans la boîte aux lettres de Fielding, trois cents dollars avec comme objet « Projet Renaissance ». Je devais noter mes heures chaque semaine, y compris les heures supplémentaires, ce que je ne ferais pas car nous connaissions une véritable « hémorragie d'argent », comme disait Rachel. Ma mère affirmait que nous pourrions tenir jusqu'à l'été puisque nous avions gardé une poire pour la soif, et elle m'assurait qu'il n'y avait pas d'inquiétude à avoir, ce qui m'inquiétait encore plus.

Buddy passait son temps dans son bureau, il écrivait des blagues et notait ses réflexions sur les pages jaunes d'un bloc. Il commençait par décrire ce qu'il ressentait globalement puis il procédait par association d'idées jusqu'à trouver une chute drôle. C'était stupéfiant à observer quand il était au mieux de sa forme. Harry m'avait dit un jour que ça le rendait fou. En une dizaine de minutes, mon père pouvait rédiger une dissertation, écrire des blagues ou un sketch, et le résultat était absolument parfait. « Ce qui prendrait deux heures à n'importe qui », avait-il conclu.

Sur son bloc-notes, j'ai lu :

Pas de vérités éculées.

L'humour corrosif requiert de nouvelles façons de voir.

Pars à la découverte de ce que tu as à dire.

À faire : écrire chaque jour un nouveau monologue, pas d'échappatoire possible.

Quand on ne travaillait pas, on se prenait pour des touristes français ou allemands. On allait à la Frick Collection, au musée d'Histoire naturelle, au planétarium, au Museum of Broadcasting et, début avril, par une chaude journée, nous nous sommes rendus dans l'un de nos endroits préférés, le Club des explorateurs, pour écouter une conférence sur l'expédition de 1947 du *Kon-Tiki* donnée par deux des membres de l'équipage. Composée de cinq Norvégiens et d'un Suédois, dont le célèbre ethnologue et chef d'expédition Thor Heyerdahl, l'équipée avait eu pour but de rallier, en radeau de balsa, l'Amérique du Sud à la Polynésie.

« On va y retrouver quelqu'un, m'apprit mon père. C'est une surprise.

– Qui ça ?

– Ce ne serait plus une surprise si je te le disais. »

Les transports en commun étaient en grève, ce qui signifiait qu'il n'y avait ni bus ni métro. La ville était métamorphosée. Les gens se déplaçaient à vélo, en patins ou skateboard, ou bien ils parcouraient de longues distances à pied, chaussés de baskets. Il y avait quelque chose de fédérateur dans ce genre de situation – comme en cas de tempête de neige, de canicule ou de panne d'électricité –, c'est-à-dire qu'on avait tous l'impression de vivre dans la même petite ville merveilleuse et imparfaite.

« Tout le monde a le sourire aujourd'hui, mais attendons de voir ce qui se passe si ça dure trois semaines. »

Le pire élément unificateur était, de loin, la grève des éboueurs. La ville devenait un paysage onirique envahi d'ordures avec, chaque jour, quatre tonnes et demie de nourriture en état de putréfaction, de bouteilles, de canettes, d'emballages de fast-food, de fruits moisis et talés dans des sacs en papier pleins à craquer, avec des rats partout et pas vraiment d'endroits dégagés sur le trottoir pour nous permettre d'avancer. Les chaussées elles-mêmes étaient recouvertes de déchets et les voitures roulaient dans un bruit de verre brisé. Le jour où ils déblayaient tout, c'était comme si un miracle se produisait, et je revois ma mère s'arrêter dans la rue pour serrer un éboueur dans ses bras.

Tandis que nous flânions en regardant des photos de l'expédition, surgit un homme qui portait des lunettes de soleil et une casquette de base-ball.

« Vous êtes venus en skateboard ? » nous a-t-il demandé.

Face à John, avec ses cheveux attachés et son nez tombant, j'avais parfois l'impression, l'espace d'un instant, d'avoir affaire à l'une de ces nombreuses personnes qui cherchaient à lui ressembler.

« Non, en patins à roulettes, répondit Buddy. On a fait la course et j'ai humilié mon fils. Je crois que c'est le paludisme.

– Empêche tes enfants de guérir si tu veux rester au top. »

Jusqu'à très récemment, le Club des explorateurs s'était trouvé à proximité du Dakota.

« L'histoire de cette traversée est ma préférée, dit John. Partir en mer sur un radeau de balsa avec cinq hommes et un perroquet. Manger les poissons volants qui retombent sur l'embarcation et faire coucou aux requins. J'en ai ras le bol d'être une rock star. »

Nous avons fait le tour de l'exposition.

Sur certaines photos, les membres de l'équipage abattaient des arbres dans la jungle équatorienne pour récupérer du bois de balsa, ou attachaient des rondins avec de la corde de chanvre.

« Les clous, et le métal en général, étaient interdits », précisa l'ex-Beatles.

J'ai été attiré par une photo les représentant sur les flots, voile gonflée, deux d'entre eux prenant la pose au sommet du mât.

« Regarde ! s'exclama John. Ça pourrait être toi et moi, Buddy Boy… »

Sur d'autres instantanés, ils naviguaient en haute mer. Ils pouvaient parcourir jusqu'à soixante-dix milles marins en une journée, avec une moyenne supérieure à quarante.

« C'est ça, la vie. Être à la merci du vent sur cinq mille milles marins. »

Sur le même mur, il y avait une superbe photo de Thor Heyerdahl tenant la godille avec, derrière lui, une vague grossissante. Une autre de Torstein Raaby brandissant un escolier serpent de quatre-vingt-dix centimètres, qui avait sauté sur le bateau et réussi à se faufiler dans son sac de couchage.

« Ce n'est pas le genre de visiteur nocturne que tu recherches quand tu es seul en mer, la nuit, remarqua mon père.

– Trop maigrichon, renchérit John. Donnez-moi un dauphin femelle bien roulé et ça fera mon bonheur. »

Dans la pièce suivante, il y avait des photos des membres de l'équipage dans la cabine de bambou, au toit fait de tiges tressées et de feuilles de bananier, où ils avaient l'impression d'être en pleine forêt vierge, avait noté Heyerdahl en légende ; sur d'autres, on les voyait préparer les repas. Il y avait aussi des photos des poissons qu'ils attrapaient et qui auraient pu, comme l'écrivait Heyerdahl, nourrir toute une flottille.

On s'est assis pour écouter la conférence. Thor avait essayé de vendre son projet au *National Geographic*, mais le magazine n'avait pas donné suite, déclarant qu'il s'agissait d'une mission suicide, qu'ils ne manqueraient pas de se noyer.

« C'est ce que je ferai dans ma prochaine vie, affirma John.

– Le tour du monde à la voile ?

– Non, pas une telle distance, mais je veux naviguer. Je suis en quête d'un voilier.

– Effectivement, tu nous en avais parlé.

– Quel type de voilier ? ai-je demandé.

– Je ne sais pas. Un Sunfish, je pense. Un petit bateau.

– N'en prenez pas un trop petit. Un Sunfish, c'est un jouet. Vous serez trempé toute la journée. Choisissez au moins un Mercury ou un Bullseye. Et prévoyez une petite trappe à l'avant pour ranger un sac de couchage au cas où vous voudriez dormir à bord.

– Il s'y connaît, constata John.

– Je te présente ton gourou en matière de navigation, dit Buddy.

– J'en ai bien besoin.

– Avec lui, en une semaine, tu sauras naviguer.

– Dans ce cas-là, viens à la maison et on commencera les cours. Je veux être prêt en juin au plus tard.

– C'est faisable.

– Mais je ne suis pas disponible la semaine prochaine. Yoko m'a inscrit à une retraite avec vœu de silence.

– Tu plaisantes ?

– Dix jours. Comme les moines tibétains. Télé, livres, journaux et revues sont proscrits.

– À quoi ça sert ?

– À se purifier.

– Je l'ai fait pendant quatre jours. Au-delà, je deviendrais fou, dit Buddy.

– Mais non. Tu es assis, sans bouger, et tu te retires en toi-même. Et, à un certain moment, tu commences à prendre conscience des différentes parties qui te constituent. Comme des esprits qui traverseraient un temple, et le temple, c'est toi. »

Mon père hocha la tête. « C'est là que tu deviens fou.

– Peut-être. On verra. Je n'y vais pas pour un an. Juste pour dix jours. »

J'avais entendu dire que Yoko avait envoyé John faire le tour du monde en vue d'un réalignement spirituel.

« Yoko explique qu'il faut y aller doucement. On est en pleine période de rétrogradation de Mercure.

– Je connais un peu le sujet, intervint Buddy. Ça signifie… qu'est-ce que ça signifie ?

– Que ce n'est pas le moment de prendre des décisions ou de s'engager dans une quelconque entreprise. »

Mercure préside à la lecture, l'édition, la recherche et la négociation. En période de rétrogradation, elle est censée se reposer et ne peut donc pas superviser les tâches qu'elle est la plus à même de contrôler. C'est comme laisser des enfants seuls dans la maison. Pendant que Mercure fait la sieste, aucune planète performante ne peut la remplacer.

« Vénus et Mars sont aussi en rétrogradation, précisa John, ce qui signifie que ce n'est vraiment pas le moment de subir une opération de chirurgie esthétique. Vénus préside à la beauté et Mars à la chirurgie.

– Je vais tout de suite annuler mon opération des seins », ironisa Buddy.

Dans un café situé dans la rue du Club des explorateurs, John lui a demandé où en était son projet d'émission, et mon père lui a raconté les humiliations qu'il avait subies au cours du fameux déjeuner.

« Ils cherchent à savoir si je suis fou. J'ai dû faire attention à ne pas avoir de la soupe qui coule sur mon menton et à ne pas crier après le commis de salle. Un de nos interlocuteurs a dit qu'il voulait juste vérifier que j'étais "frais et dispos".

– Qu'ils aillent se faire foutre. Ils n'arrêtent pas de te titiller, de t'aiguillonner pour s'assurer que tu n'es ni bête ni complètement défoncé, que tu n'agis pas sous le joug d'une vamp japonaise, ou encore que le maharishi et son LSD tantrique ne t'ont pas envoûté.

– J'étais effectivement sous acide pendant ce déjeuner. C'était une erreur ?

– Pas avec ces connards.
– Ils me croient capable d'un nouveau pétage de plombs.
– Tu vas peut-être devoir suivre une thérapie primale.
– J'y ai pensé.
– C'est très puissant.
– Ça a marché pour toi, John ?
– Peut-être. Tu te confrontes vraiment à des trucs très sombres. Quel genre de trucs ? Mon père s'est barré et plus tard ma mère est morte, renversée par la voiture d'un policier qui conduisait en état d'ivresse.
– J'ai eu une enfance trop normale pour qu'elle puisse expliquer mes problèmes.
– Tu n'as pas assez creusé. Ils t'enfermeront dans une pièce et fouilleront le moindre de tes recoins émotionnels jusqu'à ce que tu pousses le fameux cri. Ils te diront alors de lâcher prise, ce qui te permettra de procéder à un alignement cosmique, mental et physique.
– Et tu en retires quelque chose.
– C'est le but. Mais c'est surtout l'occasion de lever le couvercle sur tout ce que tu ne veux pas voir.
– C'est ce qui s'est passé pour toi ?
– Plus ou moins. Yoko pense que je considérais Arthur Janov, l'inventeur de cette thérapie, comme un père, que je souffre d'un complexe paternel, et que je n'arrête pas de rechercher le mien.
– C'est le cas ?
– Bien sûr. D'une certaine façon, Janov était une figure paternelle, tout comme le maharishi. Il y a beaucoup de pères à la ronde. Mais ils se révèlent tous décevants, non ? »

Le chanteur me regardait.

« Ne lui réponds pas, Anton.

– Ils le sont, décevants, insista John. Et tu en fais partie, Buddy, parce que tu n'as pas été le putain de modèle de bonté et d'intelligence que les téléspectateurs attendaient de toi. Tu as craqué, leur père est mort, mais tu n'étais pas leur putain de père, et je ne le suis pas non plus. Tu es celui d'Anton, et moi celui de Sean et de Julian malgré toutes les erreurs que j'aie pu commettre.

– J'ai été un père nul à chier, lâcha Buddy.

– Tu ne l'es plus, ai-je réagi.

– Il n'y a pas meilleur père au monde que toi, pour autant que je puisse en juger, affirma John. Ce que vous faites tous les deux est incroyable. Vous travaillez ensemble, nom de Dieu. J'aurais aimé être ton fils, Buddy.

– Et si je t'adoptais ?

– Il est trop tard. Je ne mets plus de couches. »

Nous sommes rentrés à pied en traversant le zoo de Central Park, que mon père compara à un camp de concentration pour animaux.

« Seuls les phoques sont un tantinet vivants. »

La cage des ours polaires était la plus triste. Ces animaux magnifiques et imposants avaient le nez collé contre les barreaux.

« En tant qu'ex-stars, nous sommes comme eux. Les gens nous privent d'espace, nous traquent, alors un jour on cherche à s'échapper, on se risque à sortir la tête dehors et du coup, ils nous dévisagent, nous aiguillonnent, nous jugent. Mais bordel, qui sont-ils pour nous juger ? Est-ce qu'ils ont réussi une seule chose dans leur vie ?

– Non, répondit Buddy.

– Et pourquoi cherchent-ils à nous rencontrer ? Ils ne veulent même pas nous écouter, ils veulent un autographe, une signature, une photo, ou encore un vêtement, la lie de notre vin. Ils veulent notre âme. »

John se tourna de nouveau vers les ours polaires.

« Je sais ce que tu es en train de penser, mon grand, dit-il à l'un d'eux. Tu veux deux beaux Winterburgers bien juteux. »

L'animal grogna puis se mit à arpenter sa cage.

« Il dit qu'il préfère la rock star, traduisit Buddy.

– Il n'est pas question que je me laisse faire », répliqua John.

« Sa mère s'est fait renverser par une voiture ? ai-je demandé à mon père lorsque nous sommes rentrés chez nous.

– Oui, quand il avait dix-sept ans et qu'il fréquentait une école d'art. C'est horrible. Elle était allée rendre visite à sa sœur, Mimi.

– C'est arrivé comment ?

– Eh bien, sa mère a avancé entre deux haies, puis elle a voulu traverser la rue, mais elle a été renversée par un policier qui n'était pas en service et qui conduisait en état d'ivresse.

– Comment John l'a-t-il appris ?

– Il me semble qu'il était chez sa mère avec ce type qu'elle voyait à l'époque et qu'il n'aimait pas. Un flic est venu leur annoncer la nouvelle.

– Et que sait-on de son père, Alfred ?

– Tu ne t'en souviens pas ? J'en avais parlé pendant l'émission.

– Il a travaillé sur un bateau de croisière, non ?

– C'était un sacré numéro. Et il l'a été jusqu'à sa mort, d'après ce que j'ai cru comprendre. Il a travaillé comme steward sur des navires marchands pendant la guerre. Il jouait des sketchs et il chantait.

– Quel âge avait John quand son père est parti ?

– Trois ans, je crois. Et il avait été souvent absent avant. Il est parti pendant environ un an et demi. Lorsqu'il était en permission, il travaillait chez Macy's à New York. Il a aussi fait de la prison pendant une quinzaine de jours pour désertion, et plus tard pour avoir volé une bouteille de whisky. John disait qu'ils ne savaient jamais s'il était mort ou vivant.

– Quand l'a-t-il emmené à Blackpool ?

– C'est un épisode assez trouble. Sa mère sortait avec un certain Bobby Dykens que tout le monde détestait. Après s'être battu avec lui sur la véranda de la maison, Alf a décidé d'enlever son fils. Il a fait croire à Mimi qu'il allait lui acheter des vêtements, et ils ont pris un tram pour Blackpool.

– Mais la mère de John s'est pointée trois semaines plus tard.

– Cette scène est vraiment poignante. On a demandé à ce gamin de cinq ans de choisir, entre ses deux parents imparfaits, celui avec lequel il voulait vivre, sachant qu'il ne reverrait peut-être jamais l'autre.

– Et il n'a jamais revu son père.

– Il t'en parlera si tu lui poses la question. Alf est réapparu à un concert des Beatles. Il est venu écouter John en compagnie d'une jeune fille de dix-neuf ans qui deviendrait sa femme.

– La belle-mère de John.

– Tout ça pour dire qu'il avait de quoi crier. »

Je me suis senti chanceux d'avoir eu une enfance relativement ordinaire, bien qu'extraordinaire. Je n'avais pas été enlevé par un de mes parents, et aucun des deux ne s'était fait renverser par un flic ivre, du moins pas encore.

Notre période d'infortune, c'est maintenant que nous la traversions.

20

« Tu t'es assis sur le bord du lit, heiiin ? dit Alex. Tu as glissé tes doigts entre tes orteils et tu t'es tripoté les pieds, heiiin ?

– Géniale, ton imitation de Doyle ! s'exclama Randy.

– Alex est acteur », précisa Rachel.

C'était la soirée des Oscars, ma mère avait commandé dix grandes pizzas, Buddy préparait des cocktails, et nous avions invité Harry Abrams et sa femme Judith, une bonne dizaine de voisins, Alex, ainsi que Randy, le nouveau petit ami de ma sœur.

On échangeait sur notre personnage de flic préféré au cinéma et, pour Alex, c'était Popeye Doyle dans *French Connection*.

Randy a choisi celui qu'interprétait Steve McQueen dans *Bullitt*.

« Écoute, occupe-toi de ton bout de trottoir et je m'occuperai du mien, déclara Alex en plissant les yeux comme le faisait l'acteur.

– Ça n'est pas aussi bien, commenta Rachel.

– Il habite dans l'immeuble, dis-je.

– Steve McQueen ? demanda Randy.

– Non, Peter Yates, le réalisateur de *Bullitt*. Il est pressenti pour recevoir un oscar ce soir.

– Pour quel film ?

– *La Bande des quatre*, un film autour d'une passion pour la course cycliste. »

Rachel a défendu *Serpico* qu'elle avait vu quatre fois, et qui expliquait en grande partie qu'elle sorte avec Randy, dit-elle en blaguant.

« La police est-elle aussi corrompue qu'on le pense ? s'enquit Alex.

– Oui et non. Il y a des problèmes, bien sûr. Mais beaucoup de flics sont intègres. »

Randy a précisé qu'il était facile de laisser les mauvaises habitudes s'immiscer dans sa vie.

« C'est-à-dire ?

– En tant que flic, il arrive que tu ne paies pas, ni pour manger au restaurant ni pour assister à un match des Knicks, et progressivement, tu finis par fermer les yeux au lieu de verbaliser.

– Tu fais ce genre de choses ? demanda Alex.

– Non.

– Il t'est arrivé de saisir de grosses quantités de drogue ? intervint Kip.

– Je pense que cette époque est révolue, celle des grosses livraisons cachées dans le tableau de bord des voitures. Aujourd'hui, une bonne partie de l'héroïne arrive par la poste dans une enveloppe. C'est fou, non ?

– Tu plaisantes, dit Alex.

– Des dealers à vélo déposent la marchandise dans des boîtes aux lettres dispersées çà et là pour brouiller les pistes. Par ailleurs, l'héroïne ne vient plus de Marseille.

Les laboratoires de raffinage ont été fermés. Elle vient de Birmanie, de Thaïlande et du Laos. Du Triangle d'or.

– Et ils utilisent des mules. Tu sais ce que c'est, Anton ? me demanda Rachel.

– Oui, ma chère sœur, je sais ce qu'est une mule.

– Des familles de la classe moyenne, dont les enfants sont scolarisés dans un pensionnat privé comme Choate ou Exeter, paient leurs trois semaines de vacances en Thaïlande avec l'argent de la drogue.

– Ce sont vos amis et vos voisins, ajouta Randy.

– Je vous admire tellement », dit Geoffrey Knudsen, un avocat fiscaliste qui habitait au troisième étage du Dakota et qui, ce soir-là, portait une lavallière d'un bleu brillant et une chemise blanche amidonnée. « Vous êtes vraiment en sous-effectif, non ? »

J'étais soulagé de constater que la conversation ne tournait pas autour des tribulations de mon père. Des soirées comme celle-là étaient particulièrement douloureuses car, six ans plus tôt, il avait animé les Emmy Awards et on avait parlé de lui comme d'un possible maître de cérémonie pour les Oscars. Il le serait peut-être en ce moment même s'il n'avait pas complètement merdé, m'avait-il dit l'après-midi même, alors que nous faisions des courses en vue de la soirée. « J'en suis réduit à m'assurer que Geoffrey Knudsen a suffisamment de brie pour accompagner ses crackers. »

Rien ne s'était passé comme nous l'aurions voulu, et les répercussions positives de l'émission de Donahue se faisaient encore attendre.

« Au moins, ils portent un gilet pare-balles maintenant, nota Carol Overton, une décoratrice de plateau aux cheveux crépus, qui travaillait sur Broadway.

– Il était temps », dit Rachel.

La ville n'avait que très récemment annoncé avoir alloué des fonds pour l'achat de gilets pare-balles.

« Vous en portez un ce soir ? demanda Carol.

– Non. Je devrais ?

– Bien sûr, rétorqua Buddy. Après tout, on est dans le West Side.

– C'est l'heure du tapis rouge ! » cria ma mère.

Harry Abrams s'approcha avec une bouteille de champagne Moët & Chandon et il nous resservit.

« Il faut regarder le discours d'introduction », dit-il.

Johnny Carson animait la cérémonie pour la deuxième année consécutive.

« Vous lui avez envoyé une blague ? demanda Alex à Buddy, alors que je lui avais dit qu'il l'avait fait.

– Ça se pourrait bien.

– On devrait essayer de deviner laquelle, non ?

– Un indice, dit ma mère. Ça ne concerne pas les huit mariages de Mickey Rooney.

– Sur la liste des exilés qui regardent la cérémonie depuis de lointaines contrées, je lui ai suggéré d'inclure le Président.

– Excellent ! s'exclama Alex.

– Il ne va pas s'en servir. »

Johnny Carson était particulièrement élégant en tenue de soirée. En cet instant précis, cet univers semblait à des années-lumière de nous. J'ai revu mes parents assis dans les sièges rouges (ils avaient assisté deux fois à la cérémonie), ou bien se rendant à des soirées huppées où la liste des invités couvrait le Who's Who du monde du théâtre et de la télévision de Manhattan. Et j'ai soudain compris que tout ça était perdu pour nous, et singulièrement pour moi. J'avais toujours évolué dans cet univers et, ce soir-là, j'ai constaté qu'il pouvait très vite disparaître.

Je m'étais rendu avec Alex dans deux ou trois boîtes de nuit où j'avais l'habitude d'entrer gratis, et on m'avait ignoré. Je pensais que ça m'était égal, et voilà que je réalisais que ce n'était peut-être pas le cas. Je m'étais toujours dit que j'assisterais un jour aux Oscars. Mais la scène, ce soir-là, ressemblait au pays d'Oz et nous, nous étions perdus dans le royaume des Munchkins.

J'ai jeté un coup d'œil en direction de mon père. Il regardait son ami prononcer avec aisance son discours, comme il regardait Kip jouer au tennis en se disant : Comment, lui que je battais facilement, peut-il à ce point me dépasser ?

Carson a blagué à propos du *National Enquirer*, du mont Saint Helens qui crachait des cendres (pas l'endroit idéal pour acheter une résidence d'été), puis il a annoncé des soldes dans toutes les boutiques de Beverly Hills le lendemain.

Je me suis demandé qui avait pu écrire ces bêtises.

« Cette cérémonie est regardée en cet instant même par des gens qui vivent reclus dans des régions isolées de tout, a-t-il poursuivi. Aussi, monsieur le Président, dit-il en fixant la caméra et en nous fixant, j'espère que vous passez un bon moment.

– Ça alors ! s'exclama mon père en arborant un large sourire.

– Tu l'aurais mieux dit, fis-je remarquer.

– Tu viens de faire officiellement ton retour », conclut Harry.

« Tu étais au courant, non ? lui dis-je quand nous nous sommes retrouvés dans la cuisine.

– Oui, fit Harry.

– Buddy avait l'air content.

– Et il se peut qu'il le soit bientôt encore plus.

– Comment ça ?

– J'ai eu un coup de fil ce matin. Le mois prochain, Johnny Carson part une quinzaine de jours en Europe pour se reposer. Londres, Saint-Tropez. Et Monte-Carlo pour une course automobile.

– Et…

– Devine qui est sur la liste des possibles jokers ?

– Sans déconner.

– Ne dis rien parce que ça n'est pas encore tranché.

– Motus et bouche cousue.

– Présenter le *Tonight Show* quatre soirs. Ce sera Buddy ou David Brenner. Restez à l'écoute.

– Que David Brenner aille se faire foutre !

– Si ça pouvait faire bouger les choses… »

J'avais l'impression de jouer au Monopoly, de n'avoir pratiquement plus d'argent et de tomber sur « Parking gratuit ». Mon cœur s'est gonflé de joie. Après des mois d'un ciel nuageux, un éclat de bleu.

Autour du téléviseur, on a parlé de *Kramer contre Kramer* qui avait raflé l'oscar du meilleur film, du meilleur réalisateur et du meilleur acteur ; de Dustin Hoffman qui avait, peut-être ou peut-être pas, embrassé Jack Lemmon sur la bouche avant de monter sur scène ; d'*Apocalypse Now* qui repartait quasiment bredouille ; et de ma mère, qui avait gagné la cagnotte des paris.

« Le divorce l'emporte sur la guerre cette année », déclara-t-elle.

Elle s'est approchée du bol rempli d'argent et elle a voluptueusement ramassé les billets.

« Arrête de jubiler », lui a lancé Buddy.

Ce à quoi elle a répondu : « J'aime l'odeur du napalm le soir. »

Nous avons tous veillé, fini le champagne et joué aux charades. (Randy fut la révélation de la soirée.) J'avais la tête ailleurs, je pensais aux studios de Burbank où était tourné le *Tonight Show*. C'était l'occasion rêvée, et j'étais convaincu que Buddy était prêt, ou qu'il le serait le moment venu.

Les choses se feraient, même s'il me fallait briser les jambes de David Brenner.

Comme un bonheur n'arrive jamais seul, on avait glissé une enveloppe sous ma porte ce soir-là. C'était un message de Fred, l'assistant de John. On m'attendait à Cold Spring Harbor le jeudi suivant, en fin de matinée, et je serais hébergé dans une des chambres d'amis jusqu'à la fin du week-end. On viendrait me chercher à la gare de Huntington. John me demandait d'apporter des récits de voyage en mer à lire au coin du feu, et une tenue adaptée en vue des longues journées que nous passerions dans le détroit de Long Island.

J'ai essayé de faire comme si c'était normal, rien d'extraordinaire là-dedans, juste un court séjour dans la résidence secondaire d'un voisin.

Mais je n'arrêtais pas de penser à Charlie Bucket et au ticket d'or.

J'étais en possession d'un ticket d'or qui allait me donner accès à la maison de John Lennon.

Je me suis installé dans un fauteuil près de la fenêtre, je n'ai allumé qu'une lampe et j'ai lu *Early Man and the Ocean*, de Thor Heyerdahl, dont le chanteur avait parlé avec beaucoup d'enthousiasme au Club des explorateurs. Puis j'ai reposé le livre, je me suis glissé dans mon lit, et des tas d'images ont défilé dans ma tête, des images des Beatles sur un voilier, de Buddy entrant sur le plateau du *Tonight Show*. C'était un tournant du destin.

Respire, me suis-je dit.

21

« La voile, c'est comme les ailes d'un avion », dis-je, répétant le premier des enseignements que mon grand-père m'avait inculqués quand j'avais dix ans et que je naviguais au large de Campobello. « Elle est là pour optimiser la portance et réduire la résistance. Il faut la choquer – John s'exécuta – et la reprendre lentement, voilà, c'est parfait, vous la bordez maintenant.

– Putain, c'est vrai, ce n'est pas le moment d'avoir une voile bedonnante. »

Je cherchais à l'épater. J'étais un jeune loup de mer et j'apprenais à mon élève les ficelles du métier, *rappelez-moi votre nom ?* Je lui enseignais comment empêcher le safran de l'*Isis*, son nouveau bateau, de pivoter, et je lui conseillais de se mouiller la nuque pour sentir comme une brise légère au portant.

Désireux de montrer ce que je valais, je le saturais d'informations.

« C'est trop ?

– Donnez-moi tout, mon bon capitaine. »

Après une première heure délicate, John a trouvé son rythme. Nous avons contourné le phare de Fort Hill en direction d'eaux plus agitées, et il a arboré un large sourire.

« Vous y êtes arrivé !

– Putain, tu as raison ! »

Les embruns laissaient des traînées sur ses lunettes de soleil.

« Si vous voyez la voile faseyer, c'est-à-dire claquer, il faut de nouveau la border », lui ai-je expliqué.

John s'est exécuté comme s'il avait grandi sur un bateau, aussi calme et satisfait que le type dans le bain moussant du clip de « A Hard Day's Night ».

Une vague a fouetté la coque, nous envoyant au visage des gerbes d'eau.

« Un doublon d'or au premier qui apercevra Moby Dick ! » a hurlé John.

Je n'étais arrivé que quelques heures plus tôt dans la maison de campagne des Lennon, une bâtisse en pierre de deux étages, vieille d'un siècle, située à Cold Spring Harbor, sur la côte nord de Long Island, et dotée d'une piscine ombragée de chênes et d'une petite plage avec une jetée en planches qui craquait. Ils avaient pris soin de ne pas communiquer leur adresse, pas même à leurs amis, afin d'avoir la paix. D'ailleurs, Fred m'a dit en plaisantant qu'ils avaient envisagé de me bander les yeux sur le trajet entre la gare et la maison. C'était l'occasion, pour John, de vivre au bord de la mer comme pendant son enfance, mais sans les rats et les dockers bourrés. Quinze jours plus tôt, il avait acheté un nouveau voilier de quarante pieds, ce qui expliquait ma présence.

« J'en veux encore ! » s'est-il exclamé quand nous avons fait demi-tour, alors je lui ai parlé de voiles creuses et de voiles plates, et de la façon dont on utilisait les unes en cas de forte houle et les autres en cas de mer calme. « La première vitesse à vélo, c'est l'équivalent d'une voile creuse. La cinquième, d'une voile plate. »

Encore une image que je tenais de mon grand-père. John a tout assimilé, y compris les réglages de la voile selon les différentes allures qu'il s'était donné beaucoup de mal à mémoriser ces derniers soirs.

Je lui ai montré comment passer du largue au vent arrière, les deux voiles choquées, et je lui ai dit que, lorsqu'on naviguait au près et que le bateau se mettait à gîter, c'était en fait très amusant et ça ne signifiait pas qu'il allait dessaler. Ensuite je lui ai expliqué ce qu'il fallait faire s'il nous arrivait de vraiment dessaler.

J'ai fini par me lasser d'entendre ma propre voix mais John me bombardait de questions.

Je lui ai donc appris à virer de bord puis à régler de nouveau la voile, à attendre que le bateau lofe, et à la border jusqu'à ce qu'elle ne faseye plus.

Je l'ai entendu chantonner : « *All you need is lof, dadadadada* ».

Quand nous sommes arrivés à la maison, John et moi avions le visage rougi par le soleil et le vent, et les yeux fatigués par la luminosité. Et je jure que j'ai vu une lumière nouvelle briller en lui.

Dans la soirée, nous avons pris le Mercedes break turbo des Lennon et sommes allés dîner à Huntington, dans un restaurant de poissons. Sur le trajet, John a insisté pour que

Fred me raconte l'histoire du millier de gardénias offerts à Yoko à l'occasion de son anniversaire.

« Je pensais que c'était sa fleur préférée, précisa-t-il.

– Et ce n'était pas le cas ?

– Il se trouve que c'est la fleur du deuil. La fleur de la mort.

– Comment aurait-on pu le savoir ? » intervint Fred, qui conduisait.

On nous a installés dans une salle située au fond de l'établissement. John portait toujours la barbe, ses longs cheveux étaient attachés dans le dos, et il était coiffé d'un panama.

Nous avons commandé un homard d'un kilo, des beignets à la farine de maïs et des épis de maïs au beurre. La serveuse a marqué un temps d'arrêt, puis elle s'est efforcée de faire comme si de rien n'était. Elle a voulu savoir si nous étions du coin et j'ai répondu par l'affirmative.

« D'où vient votre accent ? a-t-elle demandé à John.

– D'Espagne.

– Je me disais bien que vous deviez venir d'Europe.

– Certains trouvent que j'ai l'accent anglais, mais c'est parce que j'ai passé un été en Angleterre. Drôles de gens que ces Angliches. Ils ont une curieuse façon de prononcer les mots. »

La famille installée à la table voisine était clairement en train de parler de nous. John les a salués de la main puis s'est intéressé à ce qu'il avait dans son verre.

« Restez où vous êtes, restez où vous êtes », marmonna-t-il, le nez dans le menu.

Le père a quand même fait quelques pas vers nous mais Fred a levé la main pour l'arrêter, sans que John le remarque, et l'homme est retourné s'asseoir à sa place.

« C'est comme si Jésus venait manger ici, me dit Fred.

– Vous connaissez l'histoire du dentiste de George ? nous demanda John.

– Non.

– Faites-moi penser à vous la raconter. » Il a jeté un coup d'œil en direction de Sean, qui dessinait au crayon de couleur dans un cahier que Fred avait apporté. Il était de notoriété publique que le dentiste de George Harrison avait mis des morceaux de sucre imbibés de LSD dans le café des Beatles lorsqu'il les avait invités.

Dans le restaurant, ils ont passé certaines de leurs chansons. D'après moi, ce n'était pas délibéré, et on a eu droit à « My Generation » des Who, « If You Leave Me Now » de Chicago et « It's Only Love » des Beatles.

« Ça fait bizarre de s'entendre chanter dans un endroit pareil ? ai-je demandé.

– C'est horrible, a répondu John.

– C'est bien vous qui avez écrit cette chanson ?

– Oui. C'est une de celles que j'aime le moins.

– Pourquoi ?

– Parce qu'elle ne veut rien dire.

– La mélodie est fantastique.

– C'est de la musique de fond aseptisée pour amateurs de homard. »

Il y a ensuite eu une chanson des Stones et John nous a parlé un moment de Mick, puis est venu « Don't Be Cruel » et son visage s'est éclairé.

« On a rencontré Elvis une fois. Dans sa maison de Bel Air.

– Ça me dit quelque chose. Comment ça s'est passé ? ai-je demandé.

– Tu sais, quand on était ados, on était obsédés par lui. On n'arrêtait pas de l'écouter. On s'habillait comme lui et on se mettait de la brillantine dans les cheveux. Nos managers respectifs, Brian et le Colonel, ont organisé cette visite dans son palais californien. Quand on est arrivés, Elvis était dans son salon huppé, il portait une chemise rouge et un pantalon noir moulant, et il accompagnait "Mohair Sam" de Charlie Rich avec sa basse. Il a bien voulu que Paul et moi lui empruntions une guitare et on a joué un moment avec lui.

– Vous vous êtes enregistrés ?

– Si seulement. *Elvis et ses fidèles Beatles*. Il avait une table de blackjack et une roulette. Je crois que Ringo a joué à la roulette avec le Colonel, et George a fumé avec des types de la "mafia de Memphis". On s'est éclatés. Mais on avait un peu l'impression de rendre visite à un détenu.

– Comment ça ?

– Il était comme pris au piège. Il tournait un film, un de ces trucs qui se passe sur une plage d'Hawaï, et quand on lui a demandé de nous en parler, il a répondu : "C'est toujours les mêmes conneries. Je tabasse les méchants, la fille se donne à moi, et je chante dix chansons complètement nulles." Le Colonel lui faisait tourner trois films par an. Ça l'a détruit. Tout comme l'armée.

– Il a fait son service militaire ?

– Oui, le pauvre. Il a été affecté en Allemagne. Et dès son retour, le Colonel lui a de nouveau imposé un rythme infernal, comme si Elvis lui appartenait.

– Il l'a rendu riche, remarqua Fred.

– La plupart des riches que je connais sont suicidaires.

– C'est vrai ?

– Oui, parce qu'ils ont vendu leur âme. Les gens ne savent pas qu'Elvis avait un cerveau bien fait. Il était, comme nous, en quête de quelque chose. Il avait plein de livres de philosophie et de psychologie chez lui, et d'autres sur les grands mystiques. Il a commencé à méditer avant nous. C'était aussi un acteur talentueux. Allez voir *Le Rock du bagne*, putain ! De grands réalisateurs voulaient travailler avec lui mais le Colonel refusait qu'ils l'approchent.

– Vous ne vous êtes jamais dit que vous pourriez finir comme lui ?

– Bien sûr que si ! Il n'était pas question que je ressemble à l'Elvis obèse de Las Vegas, qui se bourrait de cachets pour pouvoir se lever le matin, qui avait des visions d'anges et de soucoupes volantes, et qui se mettait debout sur son canapé pour prononcer un sermon à l'intention de ses gardes du corps.

– Vous avez des gardes du corps ?

– Chut. Ils sont installés à la table voisine. » John m'a indiqué du doigt un homme et une femme d'un certain âge qui se débattaient avec leurs pinces de homard et qui portaient le même bavoir.

Il a poursuivi : « La différence, c'est que nous, on a toujours été là les uns pour les autres. On a grandi ensemble. On discutait de ce qui nous arrivait. Elvis a toujours été seul. »

Comme vous maintenant, ai-je songé, mais je n'ai rien dit.

Sean et moi avons commandé une glace que John a assimilée à du cyanure. « Autrefois, une crème glacée était un aliment sain. Aujourd'hui, on y met des émulsifiants, des bactéricides, des "agents" et Dieu sait quoi. C'est hyper toxique. En ce moment même, vous avez du diluant pour peinture et de l'antigel qui s'affrontent dans votre gros intestin. Je ne plaisante pas. »

Depuis mon arrivée, John m'éclairait sur les horreurs que nous ingurgitions quand nous mangions du poulet (« c'est bourré d'antibiotiques, d'additifs et de médicaments, dont des calmants pour empêcher les bêtes de gratter leur cage »), des fruits et légumes vendus en magasin (« ils sont couverts de pesticides »), ou quand on buvait le genre de soda que j'avais acheté à la gare (« l'aluminium de la canette se retrouve dans la boisson »).

J'ai pris une autre cuillerée de glace.

« Si tu meurs ce soir, il nous restera peut-être quelques gardénias pour ton enterrement », plaisanta-t-il.

Autour du feu ce soir-là, nous avons lu à haute voix certains des récits que j'avais apportés à la demande de John. Il nous a lu « Le passage du Cap Horn » de Melville, avec Mad Jack qui décide de naviguer face au vent debout, d'ariser les voiles alors que la grêle, poussée en oblique par l'ouragan, déchire le grand hunier. L'écriture est tellement fiévreuse qu'on sentait les flots déchaînés autour de nous, jusqu'à ce que le vent mollisse et que la mer se calme. (« Grisons, grâce à Dieu, vous l'avez passé[1]. »)

Fred a lu « L'Homme à la ceinture d'or » de Stevenson, un récit qui n'était pas aussi palpitant, et j'ai pris la relève

1. Traduction « La Pléiade », Éditions Gallimard.

avec un livre de Michael Scott qui contenait de nombreux récits de tempête et de naufrage, et qui commençait par une traversée jusqu'aux Bermudes sur une mer agitée et blanche d'écume.

Enfin, John a interprété « Blue Suede Shoes » et « Love Me Tender » en hommage à Elvis. J'en ai eu des frissons et ça m'a rappelé ces rêves auxquels je ne voulais pas m'arracher, pas encore, pas avant très longtemps.

Le lendemain matin, pendant que John tenait habilement la barre, j'ai décrit à Sean les rituels quotidiens de l'équipage du *Kon-Tiki*, dont celui consistant à rassembler les poissons volants qui avaient atterri sur le radeau et à les faire frire avec un peu de sel et de poivre pour le petit-déjeuner.

« Ensuite, s'il n'y avait pas de requins en vue, les hommes sautaient dans la mer et se baignaient. »

« L'embarcation était faite de rondins couverts d'algues et de bernacles, et elle ressemblait à un dieu de la mer barbu qui chancelait sur les vagues », ai-je enchaîné.

« Et ils se faisaient des salades d'algues et de la soupe de crustacés », intervint John.

J'ai continué sur ma lancée : « La nuit, la mer était éclairée par des créatures phosphorescentes, de minuscules crevettes qui émettaient des petits signaux de lumière verte, et il arrivait aussi que Thor, entendant l'eau clapoter, rampe jusqu'au bord du radeau et découvre deux grands yeux ronds et brillants qui le fixaient.

– C'était quoi ? demanda Sean.

– Un énorme calamar, comme celui que ton père et toi avez dû voir au musée d'Histoire naturelle.

– On ne peut pas dire qu'il était géant, corrigea John.

– Un presque géant, alors. Mais ce n'était pas un prédateur. C'était un joyeux calamar dont les yeux verts et diaboliques brillaient dans le noir.

– On a des chances d'en voir un ? demanda Sean.

– Peut-être », ai-je répondu en haussant les sourcils.

John a alors passé son bras, pareil à un tentacule, autour de la jambe de son fils, qui a sursauté.

En les regardant, j'ai repensé à l'époque où Buddy nous apprenait à nager en appliquant ce qu'il appelait « la méthode du Lancer et des Bulles ». Il s'avançait dans l'eau en portant à bout de bras l'un de nous, terrifié, puis il nous lançait le plus loin possible. On avait ordre de revenir à la nage en faisant des bulles avec le nez. C'était éprouvant, le petit garçon de quatre ans que j'étais avait de l'eau salée dans les poumons et devait agiter les bras et les jambes. Mais ce fut efficace, et nous sommes tous devenus d'excellents nageurs.

C'est ce que tu ressens lors de tes premières représentations de stand-up, me dirait mon père, des années plus tard. On te jette sur la scène en te demandant de faire des bulles et, si tu ne coules pas, c'est que le public est conquis.

Sur le chemin du retour, nous sommes passés devant d'impressionnantes maisons, dont le manoir de Billy Joel. L'homme était célèbre pour les soirées qu'il organisait, on le comparait à Gatsby le Magnifique, avait-on raconté à John. « On s'invite ?

– Je suis sûr qu'il serait ravi, dis-je.

– Il nous jetterait peut-être certains de ses disques d'or à la figure.

– Vous vous sentez en concurrence avec lui ?

– Il n'y a que Paul qui puisse me faire ressentir ça. »

Plus tôt dans la journée, nous avions écouté la chanson « Coming Up » de McCartney pour la dixième fois depuis mon arrivée.

« Salut, Billy ! hurla John.

– J'ai l'impression qu'il n'y a personne.

– Peut-être, ou alors Billy et ses invités sont en train de commettre des crimes à l'intérieur.

– Il sait que vous habitez dans le coin ?

– Il l'a peut-être appris. Par la rumeur. Il a essayé d'acheter un appartement dans le Dakota.

– Ils ne l'ont pas accepté ?

– Non. Ils ne voulaient pas d'une deuxième rock star. »

John avait encore en lui un peu de l'étudiant en art qui avait laissé tomber ses études. Je le sentais capable d'entrer par effraction chez Billy Joel et de passer l'après-midi dans sa maison. Une fois celle-ci hors de vue, il a crié : « Biiiilllly ! On t'aime. On est tes plus grands fans et on a envie de toi ! »

Ce soir-là, nous avons regardé *Les Révoltés du Bounty*, la version Clark Gable/Charles Laughton, que j'avais peut-être déjà vue six fois au fil des ans. J'avais suggéré à Fred de trouver le film sur cassette vidéo, et John l'avait regardé deux fois depuis son arrivée.

J'aimais la scène d'ouverture quand Fletcher Christian fait irruption dans une taverne et enrôle des hommes de force pour servir à bord du *Bounty*. Ou celle où le père de

Byam répond à son fils qui lui a demandé de lui décrire le capitaine Bligh : « Sur mer, c'est un dangereux tyran. Ses cheveux ressemblent à des fils de caret. Et ses dents à des épissoirs. »

Petit, John aurait adoré voyager clandestinement sur le bateau de son père, et quand un navire accostait, il se demandait toujours si celui-ci était à bord.

Sur le *Bounty*, les actes de cruauté se multiplient. Ils flagellent un mort. Poursuivent Byam jusqu'à la tête de mât et l'obligent à rester là pendant que la tempête fait rage. Le jeune homme, fouetté par le vent et la pluie, en réchappe de justesse et on finit par le redescendre et le mettre à l'abri.

« C'est comme Liddy pendant ce putain d'orage », remarqua John après cette scène, et il alla chercher dans sa chambre l'autobiographie publiée quatre ans plus tôt par G. Gordon Liddy, l'un des organisateurs du cambriolage du Parti démocrate en juin 1972, point de départ du scandale du Watergate. « Il faut que tu lises ça.

– D'accord. »

Puis nous avons continué à regarder le film.

Plus tard, quand la cruauté du capitaine Bligh atteint son apogée, John a dit : « Mon Dieu, tu sais qui est Bligh, Fred ?

– Non.

– C'est Paul. Il est ivre de pouvoir et il n'arrête pas de nous malmener.

– Et vous, vous êtes Fletcher Christian.

– Exactement, et j'ai une femme étrangère. George est Byam. Il est son propre maître et ne prend pas parti. »

Quand le *Bounty* arriva à Tahiti, John s'est frotté les mains. « C'est mon passage préféré. Les membres de l'équipage sont récompensés. De jolies et plantureuses Tahitiennes font la queue pour les saluer. Combien de jeunes Tahitiennes bien dodues aimerais-tu avoir, jeune Winter ?

– Juste une, répondis-je.

– Alors on laissera les cinq autres qui te reviennent à Fred. »

Le livre de Liddy, que j'avais eu l'imprudence d'ingurgiter avant d'aller me coucher, se lisait comme des mémoires qui auraient été écrits par l'enfant démoniaque du film *La Malédiction*. À cinq ans, le jeune Gordon avait trouvé le fusil de son oncle dans une valise, il avait réussi à armer le chien et à déverrouiller la sûreté avant d'aller au salon dire bonjour aux adultes.

À six ans, il écoutait les discours d'Hitler avec la gouvernante allemande de la famille, gouvernante qui vénérait en secret le Führer. À neuf ans, pour se préparer à entrer plus tard dans l'armée, il tuait des écureuils et décapitait des poulets (« jusqu'à ce que je ne ressente plus rien et que je puisse tuer sans même y penser »), et plus tard il réussit à vaincre le vertige en sautant de toit en toit.

Ce qui fascinait John, c'est le passage où Liddy racontait dans les moindres détails que, pour surmonter sa peur de la foudre, il s'était attaché à un arbre pendant un orage, à environ deux mètres du sol, à l'aide d'une corde à linge, d'un anneau en forme de D et d'un mousqueton. Au début, il fermait les yeux pour ne pas voir les éclairs bleus ; mais très vite il s'est obligé à les ouvrir, et il est resté là des heures malgré la nausée, son cœur qui a failli s'arrêter, et ses oreilles qui bourdonnaient dès que le tonnerre grondait.

Le lendemain, nous avons saupoudré nos dialogues de répliques du film. C'est moi qui ai commencé, et John et Fred m'ont imité.

« Ce n'est pas la taille du bateau qui compte, jeune homme. C'est le cran de celui qui le gouverne. »

Il y avait aussi la question que le médecin du bord, qui picole beaucoup, n'arrête pas de poser : « Vous ai-je déjà raconté comment je me suis retrouvé avec une jambe de bois ? »

J'ai appelé à la maison tard dans la soirée, et j'ai parlé à Buddy de nos sorties en mer, je lui ai dit que je m'amusais beaucoup et que j'avais reçu un accueil chaleureux.

« John t'aime bien. En partie parce que tu n'attends rien de lui, et parce que tu maîtrises l'art de faire en sorte que les gens se sentent normaux.

– Comme toi.

– Oui, comme moi. »

De son côté, mon père m'a raconté les exploits de Kip en tennis, et un dîner au cours duquel Rachel, qui comme ma mère avait bu trop de vin, s'était lancée dans un de ses discours sur le caractère insidieux de l'embourgeoisement.

« D'autres nouvelles ?

– Euh… d'autres nouvelles. Oh, oui. J'ai oublié de te dire que je vais animer le *Tonight Show* quatre soirs à partir de lundi en huit.

– Sans déconner !

– C'est exactement la réaction que j'ai eue.
– J'en suis !
– Tu n'as pas un boulot au Park Tavern ?
– Je pense que je peux réussir à me libérer.
– Alors c'est d'accord. Burbank, nous voilà ! »

22

Johnny Carson a envoyé un télégramme inattendu que Hattie, la standardiste du Dakota, a réceptionné la veille de notre départ, dans la soirée. On pouvait lire : « Tu vas assurer, fiston. » Et puis il s'est envolé pour l'Europe en nous confiant le *Tonight Show*, comme un père confierait son enfant à une baby-sitter. Le lendemain matin, nous avons pris place dans un avion de la TWA, en première classe, sièges spacieux, espace très confortable pour les jambes, et prévenance des grandes et gracieuses hôtesses de l'air, qui avaient la liste des noms des passagers et nous appelaient tous deux Mr. Winter. Buddy a parcouru une demi-douzaine de journaux et de magazines en quête de sujets d'actualité, et il s'est arrêté sur un article de dix pages du *Manhattan*, consacré au meurtre du père du régime Scarsdale. Tout le monde continuait à se demander comment Tarnower, un chauve au nez crochu, qui devait fêter ses soixante-dix ans une semaine plus tard, avait pu inspirer une passion meurtrière à une femme aussi collet monté et élégante que Jean Harris. Ou comment Harris, en tailleur noir très classe comme pour aller à une soirée (et trempée jusqu'aux os car il pleuvait à verse), avait pu tirer quatre fois sur le médecin avec son revolver calibre 32.

« Bon, tu es prêt ? » m'a demandé Buddy en reposant le magazine.

J'ai hoché la tête et refermé *Le Jour du fléau* de Nathanael West, un roman extraordinaire qu'il m'avait acheté en vue de ce vol à destination de Los Angeles. Il pensait que les livres devaient être comme des compagnons lorsqu'on voyageait.

« Ils ne vivaient pas dans la même ville : ils devaient se téléphoner le soir, avant de s'endormir.

– C'est un fait, dis-je.

– La directrice d'école appelle le bon docteur à minuit, poursuivit mon père d'une voix digne d'un roman érotique.

– Lancez la musique, un peu de Barry White.

– Tarnower est assis sur son lit, il porte un pyjama écossais bleu et regarde *Columbo* en buvant du sherry. Quand le téléphone sonne, il coupe le son et, après quelques échanges de civilités, Jean Harris lui demande de lui dire des mots coquins et, comme toujours, le médecin satisfait sa requête. "*Nage de homard aux asperges...*", dit-il d'une voix pleine de désir. "*Hmm ! Oui*, roucoule-t-elle. *Vous, le vilain crustacé.*" »

Les deux hommes devant nous et le couple assis dans notre rangée ont interrompu leurs conversations pour nous écouter.

« "*Une tasse de chair de crabe cuite*, murmure Tarnower, *une demi-tasse de bouillon de poule porté à ébullition auquel vous ajoutez un quart de tasse de persil haché, mélangé à une cuillerée à soupe d'aneth séché...*" La directrice se met à gémir de plaisir, le médecin passe donc à la garniture.

“Accommodez vos asperges avec du jus de citron à la place du beurre, ça fera trois cents calories en moins”, dit-il, et Jean, ça la rend folle, elle respire de plus en plus fort. “*Pas d’olives ?*” gémit-elle, et il répond : “*Tant que vous n’en prenez pas plus de quatre petites ou trois grosses, de n’importe quelle variété, c’est oui, Oui, OUI !*” »

Les deux hommes assis devant nous étaient écroulés de rire et le couple voisin avait un sourire jusqu’aux oreilles.

Buddy a attendu ma réaction.

« Pas mal, lui ai-je dit, mais continue. Tu as trois heures avant l’atterrissage. »

Mon père aimait dire qu’écrire des blagues le faisait planer, que lorsqu’il n’y avait pas de friture sur la ligne elles affluaient de partout. C’est ce qui s’était presque toujours passé pour lui pendant des années.

Assis à côté de moi, il avait l’air complètement stone. Son stylo courait sur la page. Puis il se relisait et pouffait, avant de poursuivre. On avait une pile de dossiers contenant des articles sur les invités de la semaine et des entretiens qu’ils avaient accordés, et j’ai tout lu.

Buddy et Johnny Carson n’avaient jamais évoqué le pétage de plombs de mon père. Je pense que, d’une certaine façon, Carson, qui lui avait vraiment donné sa chance, l’avait interprété comme une trahison ; par ailleurs, je ne crois pas qu’il ait compris qu’un homme habituellement posé puisse agir aussi bizarrement.

Lors du tournage du *Tonight Show* à New York, ils s’étaient parlé tous les jours au téléphone, et ils avaient joué au tennis une fois par semaine, au Vanderbilt Club, avant d’aller manger un morceau. Le soir, il arrivait que

Buddy rejoigne la bande de Johnny au Toots Shor ou au Club 21 mais, la plupart du temps, il préférait rentrer retrouver ma mère à la maison. Carson, lui, avait des problèmes conjugaux qui faisaient les choux gras des tabloïds.

Henry, son agent, a raconté à mon père que Carson était un jour entré par effraction dans l'appartement que Joanne, sa deuxième femme, louait pour y recevoir son amant. Il avait découvert des vêtements masculins, des sous-vêtements féminins qu'il ne connaissait pas, et des photos encadrées de son épouse avec Frank Gifford, l'ancien receveur de l'équipe des Giants de New York, et présentateur de l'émission *Monday Night Football.*

« C'est violent, jugea mon père. Johnny était censé piquer la copine de la star du foot, mais c'est l'inverse qui s'est produit. »

Il dit en plaisantant qu'en acceptant sa demande en mariage, ma mère avait fait une erreur de jeunesse, pareille à un tatouage mal orthographié.

« Le lendemain matin, en voyant la bague à son doigt, elle a hurlé : “Mince alors, quelle quantité d'alcool a-t-on bien pu me faire boire hier soir ?” », avait-il raconté dans le monologue introductif d'une de ses émissions.

Ça s'était passé lors d'une soirée organisée sur une péniche amarrée au bord de l'East River, mes parents avaient bu du champagne et des Negroni et ils étaient bien éméchés. Ma mère avait quitté la piste de danse pour aller prendre l'air et Buddy l'avait suivie. Ils s'étaient retrouvés seuls, il n'y avait que la lune et les mélodies de Billy Eckstine qui leur parvenaient de la salle. Cela faisait quinze jours que mon père avait la bague sur lui, il attendait le bon moment, alors il a mis un genou à terre et, à sa plus grande surprise, ma mère l'a imité. Elle avait deviné ses intentions et s'était dit que ce serait bien qu'elle aussi lui demande sa main. Puis, émus aux larmes et béats, ils s'étaient laissé porter jusqu'au bar et avaient commandé du champagne.

Le barman, qui était observateur, leur avait demandé : « Il ne se serait pas passé quelque chose là-bas ?

– Vous êtes le premier à le savoir.

– Je peux voir la bague ? »

Ma mère la lui avait montrée.

« À vrai dire, il a un polichinelle dans le tiroir, avait-elle précisé.

– Je me suis retrouvé en cloque il y a un mois, avait soi-disant renchéri Buddy.

– J'ai pensé qu'il était temps d'en faire un honnête homme.

– La grossesse embellit un homme », avait déclaré le barman.

Et mon père avait exécuté une révérence.

La veille de la première, il a eu un sommeil agité. Il a passé en revue différents scénarios-catastrophes : il allait avoir un trou de mémoire, un spasme oculaire, ou bien il serait en nage.

Il a également rêvé qu'au moment de prendre la parole, il se mettrait à bafouiller.

« Tu parleras le martien, dis-je. Un auditoire encore inexploité.

– Ils se plaindront de mon esprit trop terre à terre. »

Il n'a pas souri et semblait plutôt convaincu qu'on allait le descendre en flammes.

« C'est ça ton boulot, lui dis-je. Tu es payé pour être toi.
– Il faut juste que j'arrive à cerner qui est cette personne. »

Putain, me suis-je dit. *Sois fort, nom de Dieu*. J'ai songé à une réplique de Rachel : Les parents sont censés être des points de repère fixes, pas des peintures abstraites.

Une semaine plus tôt, lors d'une de nos balades, Buddy m'avait expliqué que, sans moi, il ne pouvait pas être lui-même, comme si j'étais devenu le gardien de son charisme et de son esprit. En lui rappelant ce qu'il y avait de meilleur en lui, me dit-il, je pourrais lui permettre de revenir au sommet de son art. Il croyait que, pour l'aider, il me fallait être lui, et je me suis alors remémoré les raisons pour lesquelles j'avais voulu quitter New York. Raisons que j'oubliais les jours où ça allait bien et où l'on se contentait de traîner ensemble.

« Tu es Buddy Winter », ai-je lâché, irrité.

Quand vous êtes un enfant, c'est une expérience marquante de voir votre père tous les soirs à la télé, surtout s'il joue son propre rôle. J'avais toujours l'impression qu'il invitait des amis dans un second appartement et que, pour une raison que j'ignorais, le monde observait ce qui se passait. J'imaginais d'autres pièces derrière le plateau, des chambres d'amis, une salle de jeux avec une table de ping-pong, et une cuisine où les invités se retrouvaient en pleine nuit pour prendre un verre, boire un chocolat chaud ou un café, ou encore fumer.

Mon père était payé pour être mon père, ai-je songé, quelle invraisemblable aubaine, il valait mieux ça plutôt qu'être un médecin, ou un homme d'affaires qui vend un truc auquel il ne croit pas. Il y avait apparemment là des ressources inépuisables et non pas quelque chose à perdre.

« Allons-y. Dis-moi ce que tu as appris. »

Et c'est ainsi que je lui ai communiqué toutes les informations que j'avais recueillies sur les invités des quatre émissions.

Buddy s'est alors inquiété pour des riens, son apparence, les vêtements qu'il porterait. Il avait deux ans de plus, après tout. Quand son émission s'était arrêtée, il était âgé de quarante-sept ans, et voilà qu'il approchait la cinquantaine. Est-ce que ça se voyait ? me demanda-t-il.

« Tu es plus à ton avantage que le soir où tu es parti », ai-je répondu, ce qui était incontestable.

Pendant plusieurs heures avant le début des émissions, il mettait un soin maniaque à étudier mes propositions, tel un brillant élève penché sur son aide-mémoire avant un examen. J'avais tracé les grandes lignes de chaque émission et de chaque interview dans un carnet et je lui faisais ensuite part de certaines idées à prendre en considération en vue de son monologue. Il passait une heure ou deux à assimiler celui-ci puis nous travaillions sur le préambule jusqu'à ce qu'il déclare : « C'est fini. Je suis prêt. »

Nous envoyions alors le texte à la production qui le recopiait sur des panneaux aide-mémoire, les ancêtres du prompteur.

Et d'un coup, nous nous sommes retrouvés deux ans en arrière.

Buddy a revêtu le rôle d'animateur du *Tonight Show* comme il aurait revêtu un smoking adoré qui, bien que mal entretenu des années durant, lui allait encore. Il n'a trébuché que sur les deux premières blagues, a fait mouche avec les suivantes, et il a mené des interviews vivantes et décalées, ce qui était sa griffe.

Le premier soir, il a reçu l'acteur Bob Newhart et l'ethnomusicologue Alan Lomax, qui avait choisi la musique du disque envoyé dans l'espace à bord des sondes spatiales Voyager en 1977. Bob Newhart a évoqué le tournage de *Catch 22*, où il jouait Major Major, l'un de mes personnages préférés dans un film que personne n'avait vu. Sarah Sands fut la dernière invitée. Elle jouait dans la série *Sunnyside Up*, l'histoire d'un père et de ses deux filles âgées d'une vingtaine d'années, qui reprennent un snack-bar sur Venice Beach – l'une d'elles, studieuse, a étudié l'anglais à UCLA, l'autre, tête en l'air et naïve, est jouée par Sands qui avait posé pendant l'été pour *Playboy*, et qui était le genre d'invitée que Johnny Carson aimait recevoir. Il se trouve que c'était également une grande lectrice, une activiste modérée, et qu'elle était plutôt drôle. Elle imita à la perfection l'actrice Goldie Hawn, et Cher chantant « Dark Lady ».

Buddy se levait tous les jours de bonne heure pour méditer, le style bohème et la tenue débraillée, et puis il nageait une vingtaine de longueurs et on se retrouvait soit au bord de la piscine, sur une chaise longue, soit plus tard pour le petit-déjeuner, comme autrefois, et on passait en revue la liste des invités et les sujets d'actualité que nous pourrions insérer dans le monologue. La piscine me rappelait mon enfance, l'époque où mon père était la tête d'affiche d'un spectacle donné dans les stations des Catskill Mountains, et où l'on jouait à l'épervier et à Marco Polo jusque tard dans la soirée, alors que nos lèvres étaient devenues bleues et que le bout de nos doigts était fripé comme un raisin sec.

Ce qui faisait les gros titres depuis une semaine, c'était l'échec de l'opération Eagle Claw lancée par Jimmy Carter, qui visait à secourir les otages américains en Iran. Le plan qui avait été arrêté était digne d'un scénario hollywoodien. Huit hélicoptères et six avions de transport militaire C-130 devaient se poser en plein désert iranien, dans l'est du pays, pour se réapprovisionner en kérosène, puis les hélicoptères devaient embarquer les soldats de la Delta Force et les transporter jusqu'à une région montagneuse située à quelques dizaines de kilomètres de Téhéran, où des camions, conduits par des agents américains, les attendraient. La nuit suivante, le commando était censé prendre l'ambassade d'assaut, escalader les murs, libérer les otages puis les acheminer par avion jusqu'en Égypte ou en Europe de l'Ouest.

Ce serait *Raid sur Entebbe 2*, les otages rentreraient chez eux et l'Amérique aurait regagné sa fierté.

Mais ça ne s'était pas passé comme ça. Deux hélicoptères étaient tombés en panne en plein vol et un troisième lors du ravitaillement en carburant, en conséquence le Président avait annulé la mission. Et alors qu'il redécollait, un autre hélicoptère avait heurté un C-130 qui s'était immédiatement enflammé. Ce crash avait coûté la vie à huit hommes.

« Il y a trop de morts pour que l'on puisse en rire », ai-je déclaré.

Buddy a écrit : « Ne laissez pas le président Carter organiser votre mariage. »

De mon côté, j'avais défendu avec succès l'histoire du père et du fils qui furent nos invités lors de la deuxième émission. Buddy l'avait baptisée *James et la grosse pêche*, en référence au roman de Roald Dahl qu'il nous avait lu une bonne dizaine de fois quand nous étions petits. Le père, Maxie Anderson, un aéronaute passionné, et son fils Kristian, âgé de vingt-trois ans, avaient accompli le premier vol transcontinental en ballon à gaz. L'expérience s'était révélée à la fois éprouvante et palpitante. Au début, des vents violents, qui soufflaient dans les Rocheuses, les avaient poussés en direction du nord ; dans la soirée, alors qu'ils survolaient le Midwest, le gaz s'était refroidi et ils avaient dû jeter tout leur lest par-dessus bord, ainsi que des bouteilles d'oxygène vides et des batteries afin de ne pas descendre trop rapidement. Le lendemain, le soleil avait réchauffé l'hélium et ils s'étaient élevés, comme Icare, vers le ciel, dans un air tellement raréfié – quasiment l'altitude de l'Everest – qu'ils avaient dû porter un masque à oxygène et avaient été malades au point de ne rien pouvoir avaler pendant deux jours.

Ils ont pris la parole à tour de rôle, puis Kristian a évoqué l'atterrissage tant attendu de leur minuscule nacelle en tubes d'acier dans une forêt située au sud du Saint-Laurent.

« Qu'avez-vous fait tout de suite après ?

– On s'est arrosés de champagne. »

Je me suis imaginé tout là-haut avec Buddy, nous étions entourés uniquement d'oiseaux et de quelques avions. Le ciel nous appartenait, comme un bateau sur une mer vide.

Ensuite, ce fut Katharine Hepburn qui nous honora de sa présence. Mon père était particulièrement excité et inquiet. Il l'avait déjà invitée au *Buddy Winter Show* et m'avait dit qu'elle l'avait tellement fasciné qu'il avait eu du mal à suivre le fil de ses idées.

Je m'étais souvenu de la qualité de son émission autour du film *Les Désaxés*, c'est pourquoi je l'avais encouragé à la faire parler de *L'Odyssée de l'African Queen*, que nous avions vu au Thalia quelques semaines plus tôt. J'avais le sentiment qu'elle aurait une ou deux anecdotes savoureuses à nous raconter sur John Huston, et sur le défi qu'avait dû représenter un tournage sur le fleuve Congo.

Et j'avais bien fait.

Assise sur le canapé du *Tonight Show*, l'actrice portait un pull à col roulé bleu foncé sous une chemise d'un bleu plus clair ainsi qu'un pantalon en toile, comme si elle était sortie sur la véranda juste après le dîner, une tasse de thé à la main.

Ce genre d'émission donnait toute sa mesure quand vous aviez l'impression, en la regardant, que des amis plus intelligents, plus drôles et plus beaux que vous avaient décidé de passer prendre un dernier verre. Ça ne vous donnait pas l'illusion d'avoir de la compagnie. Vous en aviez vraiment.

À Stanleyville, on avait attribué à l'actrice une affreuse chambre au rez-de-chaussée de l'hôtel alors que les Bogart bénéficiaient d'une magnifique suite avec balcon, expliqua-t-elle. Elle s'était plainte auprès du directeur de l'établissement, en vain. Elle avait alors fini par faire descendre les bagages du comptable de John Huston et de sa femme dans sa chambre, et par s'installer dans leur suite, qui était voisine de celle des Bogart.

« Ce n'était pas très fair-play de votre part. Comment ont-ils réagi ? lui a demandé Buddy.

– Ils ont été tellement adorables que je me suis sentie coupable, mais pas suffisamment pour leur rendre leur suite. »

Ed McMahon, le coprésentateur de l'émission, et mon père ont ri de bon cœur.

Puis elle a décrit Stanleyville en détail, le fleuve au cours sinueux entouré de brousse et de palmiers, les barges, les remorqueurs, et les canoës faits d'un seul tronc d'arbre creusé, qui transportaient bananes, bois et briques.

« L'eau est étonnante.

– Vous parlez du fleuve ?

– Non, l'eau du robinet. On dirait du miel. Mais attention, elle n'est pas potable. Par contre, au contact de votre peau, c'est le paradis, une caresse des anges.

– Mais il ne faut pas la boire.

– Non. »

Ils ont parlé de la façon qu'avait Huston de pousser les acteurs à bout, mon père évoquant Clark Gable et les chevaux sauvages dans la chaleur du désert, Hepburn certains souvenirs personnels.

« Il est un peu sadique, non ? Vous connaissiez cette facette de sa personnalité ? »

L'actrice s'est redressée puis elle a hoché la tête.

« Il y a une scène au début du film où le frère de mon personnage, le révérend Sayer, meurt. John m'y avait préparée en me disant de faire "tout ce qui me passerait par la tête". Moi, j'ai commencé à tituber, à pleurer, je me suis mise dans la peau d'une personne endeuillée, j'ai continué à jouer bien au-delà de la durée de la scène, et au bout d'un moment je me suis demandé quand ce vieux salaud allait dire "coupez". Et puis ils se sont tous mis à rire », dit l'actrice que ce souvenir enrageait. « John avait fait une farce à cette pauvre Katie. Vous trouvez ça drôle ?

– Non, répondit Buddy. C'est comme si personne ne faisait sonner la cloche à la fin d'un round, et que les deux boxeurs continuaient à se fracasser le crâne. »

Le visage de l'actrice s'est fendu d'un large sourire.

« Sauf que moi, j'étais les deux boxeurs à la fois. »

J'ai songé aux connards de la télé auxquels nous avions eu affaire, dont deux qui travaillaient pour la NBC, et à ceux qui n'avaient même pas daigné nous rencontrer. Que s'était-il passé quand ils s'étaient installés devant l'émission et qu'ils avaient vu ça ? Ils avaient dû s'étouffer en buvant leur vodka gimlet.

Elliot m'a appelé plus tard dans la soirée.

« Tu n'es pas avec lui, j'espère ?

– Non, ils ont fait des folies, on a chacun notre chambre.

– Comment ça se passe ?

– Bien, je crois.

– C'est aussi mon avis. Ça s'est extrêmement bien déroulé. Katharine Hepburn. Tout le monde va parler de cette interview.

– C'est vrai ?

– Évoquer une chose en particulier et non pas toute une carrière, juste quelques semaines moites dans la brousse avec un génie fou. C'est ce qui est remarquable chez ton père. Et les Anderson et leur ballon à gaz ? Quelle histoire ! J'ai adoré la façon dont Buddy a réussi à obtenir d'eux des détails effrayants. J'ai bien failli croire qu'ils allaient mourir avant la fin de l'interview.

Dans *Le Jour du fléau*, de Nathanael West, Faye, une starlette sans scrupules, invente tout un éventail d'histoires, véritable paquet de cartes dans lequel elle pioche jusqu'à trouver l'identité qu'elle désire s'approprier, et c'est ainsi que le lendemain soir, alors que j'arpentais les rues de Hollywood, j'ai vu dans les âmes en peine que je croisais – les punks, les rockers et les gigolos, les Debora Harr blond platine, les Joey Ramone et leurs mines de papier mâché, les travestis à la David Bowie – des cartes négligemment tirées d'un paquet. J'étais avec Will, un copain de fac qui faisait du surf quand il était au lycée et qui désormais lisait des scénarios pour un célèbre réalisateur tout en essayant de vendre les siens.

Nous sommes allés dans les boîtes de nuit où John Lennon avait ses habitudes quand il vivait avec May Pang – le Roxy, le Whisky a Go Go et le Troubadour, où il avait pété les plombs, perturbé la représentation des Smothers Brothers et donné un coup de poing à un garde du corps.

« Ici, tout le monde veut être vu, dis-je.

– Vénéré, corrigea Will. Tu connais cette citation de Warhol : "J'aime Los Angeles. J'aime Hollywood. Les gens sont beaux. Ils sont en plastique, mais j'aime le plastique. Je veux être en plastique."

– Tu es d'accord avec ça ?

– Putain, bien sûr que non. Je déteste cet endroit. Mais c'est bien pour le boulot. Et les filles sont plus sexy.

– Je ne crois pas.

– Tu te trompes. C'est dément. Ma bite a besoin de vacances.

– Je m'en souviendrai. »

Il était dix heures du soir et il devait faire plus de vingt-cinq degrés. Un type torse nu, aux cheveux verts, avalait du feu au coin d'une rue.

« Qu'est-ce que ça te fait de voir ton père de retour à l'antenne ?

– C'est super. À certains égards, c'est comme s'il n'était jamais parti, et à d'autres, c'est comme si le *Buddy Winter Show* appartenait à un passé lointain.

– On a tout de suite eu l'impression que le *Tonight Show* était son émission, comme si Carson n'existait pas. Tu vois ce que je veux dire ? »

Au Troubadour, on s'est installés dans un box et on a bu des gin-tonics en parlant de Los Angeles et de New York. La différence, me dit Will, c'était que Los Angeles ciblait davantage les jeunes, et New York les gens riches et plus âgés. Ces derniers, à L.A., ne sortaient pas en boîte de nuit, ils restaient chez eux et baisaient la femme du voisin.

« Ton père devrait tourner sa nouvelle émission ici.

– Et pourquoi ça ?

– Parce que c'est ici que tout se passe. La scène musicale est de meilleure qualité, le monde du cinéma n'est pas loin, et les clubs où se produisent les comiques sont dingues. C'est bien mieux qu'à New York. C'est plus jeune, plus cool. Ce serait parfait pour vous. »

Tandis que nous discutions, trois filles reluquaient clairement Will, et il a fait signe à l'une d'elles d'approcher. Elle avait des yeux bleu pâle, des cheveux noirs permanentés, et un tee-shirt sur lequel on pouvait lire : MEURS JEUNE RESTE JOLIE.

« Ton visage ne m'est pas inconnu, dit-elle à Will. Qui es-tu ?

– Tu as vu *La Bande des quatre* ?

– Bien sûr.

– J'interprétais un membre de la même fraternité que celui qui perd la course cycliste à la fin.

– Trop cool ! » s'exclama-t-elle. La jeune fille s'appelait Linay, et elle vendait des costumes pour hommes dans un magasin de Beverly Hills.

« J'ai joué dans d'autres trucs, poursuivit Will.

– J'en étais sûre, dit-elle.

– Je te présente mon pote, Anton. Il a joué dans tout un tas de soaps opera.

– C'est vrai ?

– Surtout en Italie, ai-je inutilement précisé.

– Trop cool, répéta-t-elle.

– Les Italiens adorent les soaps. Leurs vies sont des soaps.

– Ça vous dit de sniffer ?

– Quelle question ! » s'exclama Will.

C'est ainsi qu'on s'est retrouvés à prendre un rail de coke dans les toilettes pour femmes, dont on avait verrouillé la porte, en compagnie de Linay, Meryl et Sabrina qui venaient toutes du quartier de Brentwood.

Au Whisky a Go Go, on a dansé en sautant partout et descendu des shots de tequila. Will a repris de la coke. On a fumé un joint. J'avais la tête qui tournait. J'ai ressenti un court instant ce mélange de calme et d'arrogance que provoque la cocaïne puis le sentiment, avec ce goût métallique persistant au fond de la gorge, que je n'avais fait que des mauvais choix dans ma vie. J'ai ensuite retrouvé mon état habituel de confusion. À la fin de la soirée, j'ai discuté avec une fille pâle, plutôt grande, qui s'appelait Nicole et qui avait abandonné ses études à l'université de Riverside pour devenir actrice et mannequin.

« C'est comment, New York ? m'a-t-elle demandé.

– C'est différent. On marche beaucoup ; dans la rue, on tombe par hasard sur des gens qu'on connaît. On s'achète à manger sur le trottoir. On ne met jamais le pied dans une voiture sauf si c'est un taxi.

– J'aimerais bien y vivre un jour.

– Je t'y incite vivement.

– Le film que je place au-dessus de tous les autres, c'est *Diamants sur canapé*. Je veux mettre le genre de vêtements que porte Audrey Hepburn.

– Et avoir Mickey Rooney comme voisin.

– C'est le seul personnage du film que je n'aime pas. Je déteste cet acteur. Il ressemble à mon père. »

Quand j'ai rejoint Will, il était ruisselant de sueur et il quittait la piste de danse en compagnie de Linay.

« Je reviens tout de suite, nous dit la jeune fille en se dirigeant vers les toilettes avec une amie.

– Tu sais, Winter, commença Will, je me suis toujours dit que tu finirais ici. Que tu écrirais ou produirais, et qu'on travaillerait ensemble. Tu te souviens de cette pièce de théâtre qu'on avait montée à la fac, c'était quoi déjà ?

– *Le Long Voyage du jour à la nuit* d'Eugene O'Neill.

– Mais avec pour décor l'Upper West Side de Manhattan. C'est toi qui en avais eu l'idée, tu avais adapté le texte et choisi les acteurs, et tu m'avais pris comme metteur en scène. »

Ça avait été l'une des expériences les plus intenses que j'avais vécues à Columbia.

« Les autres refusaient de le faire, lui fis-je remarquer.

– Tu es doué pour ça. Tu as grandi dans cet environnement, non ?

– C'est ça le problème.

– Je me rappelle qu'un jour, tu m'as fait remarquer que ce n'était pas parce que mon père était scénariste que je ne pouvais pas l'être aussi. »

Je l'ai regardé, perplexe. Je croyais que son père était chirurgien cardiaque.

« C'est sans doute quelqu'un d'autre qui m'a dit ça, mais peu importe, poursuivit Will. Tu n'es pas obligé de faire de ta vie un acte de rébellion.

– Ce n'est absolument pas le cas. »

On est ensuite partis profiter de la piscine et du spa du Beverly Wilshire Hotel, où mon père et moi étions descendus. Will et Linay ont disparu un moment et sont revenus avec trois parts de cheesecake et une coupelle de mousse au chocolat qu'ils avaient chapardées sur un chariot de service en chambre.

« J'ai envie de travailler avec toi, a repris Will, sur un scénario, une nouvelle émission, quelque chose qui t'appartienne, qui n'ait rien à voir avec ton père. Sur tes propres textes. Pour y arriver, il faut que tu viennes t'installer ici. Je pourrais t'aider. Je commence à avoir des relations.

– On verra », dis-je.

Depuis un balcon, une radio beuglait « Dance the Night Away » des Van Halen.

Sabrina s'est vantée d'avoir été invitée dans les coulisses d'un de leurs concerts et, ce faisant, elle a glissé son pied jusqu'à mon entrejambe sous l'eau bouillonnante du jacuzzi. « Je vérifie juste la présence de signes de vie, m'expliqua-t-elle en souriant.

– Tout va bien, lui dis-je.

– Effectivement. »

L'invité principal de mon père pour sa dernière émission fut Ted Turner. Il lancerait quelques semaines plus tard CNN, sa chaîne d'actualités en continu, ce qui changerait à tout jamais le monde de l'information. L'été précédent, il avait failli mourir lors d'une régate opposant Cowes et Plymouth et passant par le phare de Fastnet Rock en mer d'Irlande – une anecdote intéressante, tout comme cet article que j'avais lu sur la dépression et le suicide de son père, un homme influent.

Buddy lui a demandé de confirmer qu'il avait bien reçu un courrier de ce dernier l'exhortant à ne pas suivre des études de lettres classiques, courrier que Ted Turner enverrait plus tard au journal de l'université Brown, qui le publierait.

« C'est exact.

– Vous pouvez nous parler de son contenu ?

– Il me disait qu'il avait failli vomir en apprenant la nouvelle, et il me demandait avec qui je comptais communiquer en grec.

– Vous l'avez écouté ?

– Pas sur ce point. Mais un jour, il m'a expliqué comment éviter les erreurs que lui avait commises.

– C'est-à-dire ?

– Il m'a confié qu'il n'avait pas vu assez grand, qu'il fallait faire des rêves suffisamment ambitieux pour qu'on ne puisse pas les réaliser de son vivant. Il avait toujours voulu posséder un voilier, sa propre plantation et un million de dollars. Il y était parvenu et avait fini par faire une dépression.

– Pourquoi ?

– Il n'avait plus d'objectifs à atteindre. »

J'ai discuté brièvement avec Ted Turner avant qu'il quitte le studio pour l'aéroport, et j'ai laissé échapper que mon père et moi avions très envie de mettre sur pied une nouvelle émission. Il m'a dit que ça allait se faire. Il savait sentir ces choses-là. Il a griffonné quelque chose sur une carte de visite – son numéro de téléphone, ai-je pensé – qu'il m'a tendue avant de s'en aller.

Ce soir-là, j'ai regardé le journal télévisé. Miami brûlait. Des émeutes avaient éclaté. Un jury exclusivement blanc avait acquitté quatre policiers accusés d'avoir frappé à mort un Noir qu'ils avaient pris en chasse suite à une infraction au code de la route. Cet agent d'assurances aurait levé les mains en l'air en disant : « Je me rends », avant que les flics le frappent à la tête à coups de matraque. L'homme était alors tombé dans le coma et il était décédé trois jours plus tard. Le jury n'avait délibéré que trois heures.

Maintenant, les gens envahissaient les rues ; des voitures et des boutiques brûlaient à Miami Beach. Des membres armés de la Garde nationale étaient mobilisés. On aurait dit le début d'une guerre.

Il se trouve que la victime avait quitté le corps des Marines en 1968 et avait épousé son amour de jeunesse. Sur les photos, il faisait penser aux affiches de recrutement pour cette branche des forces armées américaines dont le slogan est *The Few, The Proud*[1]...

Je pensais au genre d'émission que Buddy aurait pu faire en lien avec ces événements, quelles personnes il aurait

1. Une expression que l'on pourrait traduire par : « Nous sommes l'élite, et fiers de l'être. »

pu inviter. Il y avait là une nouvelle source de tension, il y en avait partout. Voilà le genre de situation que la nouvelle chaîne de Turner couvrirait vingt-quatre heures sur vingt-quatre et sept jours sur sept.

J'ai jeté un coup d'œil à sa carte de visite avant d'aller me coucher. Il n'y avait pas noté son numéro de téléphone. Sur le verso, il avait simplement écrit : « Rêve en grand. »

23

Quand nous sommes rentrés à New York, le printemps resplendissait. Les trottoirs grouillaient de jolies personnes aux élégantes lunettes de soleil, Central Park bouillonnait d'activité, les arbres étaient en fleurs. On avait oublié combien d'arbres avaient été plantés là, dans le ciment, le long des chaussées asphaltées ; des érables et des chênes, des féviers d'Amérique et des ginkgos dont les baies collaient aux chaussures. Les gens étaient plus chaleureux, les jours plus longs. J'aimais marcher à vingt heures trente alors que la lumière du jour baissait, que l'air était étouffant, et que les femmes portaient des hauts et des jupes qui mettaient en valeur leurs épaules et leurs jambes.

Rowan m'avait inscrit pour quatre soirs d'affilée sur le planning du restaurant, ce qui me permit, un temps, de ne plus me soucier de Buddy ni de problèmes d'argent. Je me suis habitué à dresser et débarrasser les tables, à remplir les verres à eau et regarnir les corbeilles à pain à une bonne cadence. Un soir, je suis tombé sur le proviseur de mon lycée, qui m'a rassuré : « On doit tous commencer quelque part », et il m'a raconté qu'il avait jadis passé un été à nettoyer les toilettes d'un des luxueux hôtels de Martha's Vineyard. « Merci, lui ai-je répondu. Et maintenant, dégustez votre foie gras. »

Les articles concernant les émissions animées par Buddy étaient positifs, et parfois même particulièrement élogieux, comme celui du *Los Angeles Times* qui affirmait que c'était comme revoir un ami cher revenir à la vie. Harry me parla du fils d'un vieux copain à lui, recruté par CBS, un certain Keith Osborne « tout droit sorti de Yale », qui manifestait un intérêt certain. « Il s'est mis en quête d'une émission pour nous. Et il a l'air d'en vouloir.

– Il a quel âge ?

– Je ne sais pas, vingt-sept ans ? Tu as quel âge, toi ? »

Puis j'ai retrouvé Elliot au Trader Vic's, nous avons parlé de ce que nous avions fait pendant la semaine, et il m'a déclaré : « Il est temps de commencer à aller vers les gens et à établir une liste de tous les invités les plus demandés qui accepteraient de ne participer qu'à l'émission de Buddy. Je vous aiderai. »

Je lui ai glissé que j'avais récemment appris à John à naviguer, et qu'il avait dit à plusieurs reprises que c'était vraiment dingue que Buddy ait du mal à monter une nouvelle émission.

« C'est à ce moment-là que tu as laissé entendre qu'il y avait un moyen infaillible pour débloquer la situation.

– Non, je dois reconnaître que j'ai raté le coche.

– Fais en sorte que John accepte de venir sur le plateau ou, mieux encore, qu'il vienne avec un autre Beatles. N'importe lequel, et demande-leur d'interpréter deux chansons. Alors les affaires reprendront pour nous. S'il vient seul, on s'en sortira quand même.

– Comptez sur moi. »

Pour garder l'esprit vif, Buddy s'est préparé en vue de proposer un spectacle de stand-up à New York. Les propriétaires des clubs contactés par Harry étaient tous prêts à l'accueillir même si, reconnaissait celui-ci, jouer huit minutes devant une salle remplie d'habitants de l'East Side complètement bourrés n'avait pas grand-chose à voir avec une émission télévisée. Mon père trouvait ça étrange d'avoir retrouvé un temps son ancienne vie avant d'en être à nouveau éjecté, comme un Marine en permission qui serait renvoyé au front. L'étape suivante consista à repérer des invités dans les émissions de variétés, les jeux télévisés, les talk-shows, les sitcoms de début de soirée, et les diverses productions d'Aaron Spelling mais, l'été approchant, la récolte ne fut guère fructueuse. Heureusement, Buddy refusa de jouer dans un soap opera. Je n'avais aucune envie de le voir incarner dans le feuilleton *On ne vit qu'une fois* un malfrat revanchard exigeant « d'être remboursé sinon… ».

Les efforts de ma mère pour promouvoir la campagne de Kennedy faiblirent en même temps que les espoirs présidentiels du sénateur, bien qu'il n'ait encore rien concédé à Carter, et qu'il ait promis publiquement de se battre jusqu'à la convention nationale du Parti démocrate. Chez les Républicains, Reagan écrasait tout le monde, ce qui était invraisemblable, d'autant qu'il avait déclaré que les arbres étaient une source de pollution, et que la loi sur le droit de vote de 1965, censée mettre un terme à la discrimination raciale en matière électorale, représentait « une humiliation pour le Sud ».

« On dirait un très bon vendeur de voitures qui, pour arrondir ses fins de mois, fait le cow-boy, dit ma mère.

Il a la voix de John Wayne, et comme tout foire et que nos otages sont toujours enfermés dans le noir, les gens se languissent du Duke. »

Un soir, après le travail, j'ai accompagné Bronwen dans une boîte de nuit du West Village où elle devait se produire. Elle a interprété « My Funny Valentine », « The Man I Love » et « April in Paris ». Elle avait un talent incroyable mais les clients parlaient trop fort pour qu'on l'entende bien. Elle n'était que le fond sonore des conversations, comme les deux chanteuses moins douées qui l'avaient précédée. J'ai été heureux de constater que Bronwen ne se laissait pas abattre pour autant. Ça lui plaisait d'avoir l'occasion de chanter, et elle préférait que le public l'ignore plutôt que de se faire jeter des trucs à la figure.

« Je suis désolée, c'était vraiment mauvais, me dit-elle.

– Jamais de la vie. Tu étais super.

– C'est faux.

– Je suis sérieux. Quand tu chantais, c'est Sarah Vaughan que j'entendais. »

La chanteuse préférée de ma mère. L'argument a dû porter. Bronwen m'a pris la main et on s'est glissés dans l'embrasure de la porte d'un immeuble voisin. Sa bouche avait le goût du tabac et de la tequila. Sa langue était particulièrement rêche, comme fissurée.

« J'ai bien l'impression qu'on va enfreindre la règle ce soir, fit-elle remarquer.

– Quelle règle ?

– Celle qui dit qu'on ne doit pas coucher avec un autre employé du restaurant. Mais c'est juste un coup d'un soir, d'accord ? Et demain, on fera comme s'il ne s'était rien passé.

– Parole de scout. »

Bronwen habitait à environ deux cents mètres de là, dans l'un de ces minuscules studios équipés d'une kitchenette et d'une salle d'eau de la taille des toilettes d'un avion. Elle avait des étagères en bambou et une lampe à lave. Ça faisait longtemps que je n'avais pas couché avec une fille et je me suis senti bien maladroit mais étrangement à l'aise, comme si c'était ce que nous étions censés faire.

Le lendemain matin, Bronwen m'a préparé un œuf poché et du café et, à sept heures, elle m'a mis à la porte.

Le soir, au restaurant, elle a fait comme si de rien n'était. Elle m'a traité exactement comme d'habitude, ni mieux ni moins bien, et j'ai eu l'impression d'être une cassette qu'elle aurait effacée. Quand je lui souriais, elle me souriait et détournait vite la tête.

Il ne s'était rien passé, disait-elle.

Mais moi, je voulais recommencer.

Le lendemain soir, j'ai reçu un coup de fil de Fred. Ça faisait trois jours qu'il essayait de me contacter.

« Tu es difficilement joignable.

– Je travaille le soir.

– John a un bateau.

– Je sais. J'ai passé une semaine dessus.

– Non, je veux dire qu'il a loué un voilier, le *Megan Jaye*, à Newport, Rhode Island. Il va partir de là pour aller jusqu'aux Bermudes.

– Waouh ! C'est une longue traversée.

– Tu le connais. Il n'y a que ça qui compte pour lui. “Assez parlé, il faut agir”, voilà ce qu'il dit.

– Et pourquoi les Bermudes ?

– Ils ont beaucoup réfléchi. Et Yoko a décrété qu'ils n'auraient rien à craindre dans cette zone s'ils naviguaient pendant la rétrogradation de Mercure.

– J'espère que tout va bien se passer.

– Si je t'appelle, c'est parce que John veut que tu les accompagnes.

– Sur le bateau ?

– Non, à la nage. Évidemment, sur le bateau !

– Quand ?

– Il part dans quatre jours.

– Je pense que c'est faisable.

– Mais à une condition. John refuse que tu fasses part à qui que ce soit de l'endroit où tu vas et de l'identité des personnes avec lesquelles tu pars.

– Même pas à mes parents ?

– À toi de voir, mais John dit, et je le cite, qu'il ne veut pas en entendre parler dans votre putain d'ascenseur quand il rentrera. »

24

Il y a une réplique que j'adore dans *Moby Dick* : « Pourquoi presque tous les garçons vigoureux possédant une âme saine dans un corps sain sont-ils, une fois ou l'autre, pris de la folie d'aller voir la mer ? »

Nous étions cinq coéquipiers : John ; Hank Halsted, notre capitaine à l'esprit pénétrant ; Tyler Coneys, le premier moniteur de voile de John ; et un certain Declan Jamison à qui ce dernier avait fait appel car cet excellent cuisinier savait préparer des repas macrobiotiques. Nous avons rempli la cambuse de tomates et de concentré de tomate, de boîtes de maïs et de mini-épis de maïs, de betteraves, de haricots rouges, de riz complet, de tofu et de lentilles, de thon, de saumon, de fruits en conserve consommables en cas d'urgence, et même de conserves de viande de la marque Spam, mais que contenaient-elles vraiment ?

Nous l'avons aussi remplie d'eau avec un tas de bonbonnes. De matériel médical, de comprimés contre le mal de mer, de lessive. De produits de soin de la marque Dr Bronner's. Et de livres. Oui, de livres.

« C'est l'homme Zig-Zag » : voilà la première chose que John a dite quand il a fait la connaissance du capitaine, car, avec sa barbe noire et son bandana, Hank ressemblait curieusement à l'individu dessiné sur les paquets de papier à rouler. Le plus étrange, au début, fut qu'il semblait ignorer que le John qu'il allait conduire jusqu'aux Bermudes était le John des Beatles.

Alors qu'ils déballaient leurs affaires, John a remarqué que le capitaine possédait une paire de baguettes.

« Ma petite amie est japonaise, lui expliqua Hank.

– La mienne aussi », répondit le chanteur.

Et toujours aucun signe de reconnaissance. Une heure plus tard, Hank a commencé à comprendre à qui il avait affaire, mais étant donné qu'il traitait John comme n'importe quel autre client, ils se sont sentis à l'aise l'un avec l'autre. John voulait prendre la mer incognito ; il acceptait d'être vu comme un père, un musicien, un Anglais peut-être, mais cette fois-ci pas comme un Beatles. Du moins, c'est l'impression que j'avais.

Notre bateau était un sloop Hinckley de quarante-trois pieds, pas un radeau de balsa ni un navire de croisière ; il était suffisamment gros et stable pour fendre les flots, et suffisamment petit pour que vous sentiez la mer tanguer sous vos pieds. Il y avait un coin repas où l'on prenait le petit-déjeuner et où l'on se parlait de nos vies, plusieurs couchettes escamotables, une radio, des tiroirs où étaient rangés des cartes, des manuels de navigation et du matériel comme des gants de voile, un compas, des jumelles, du filin. Ainsi qu'un évier en inox et une cuisinière avec trois brûleurs.

Declan a entrepris de s'occuper de la cambuse, mettant de l'ordre dans les conserves et repérant où se trouvaient les ustensiles dont il aurait besoin pour cuisiner. « Ça sent le poisson pourri là-dedans, vous ne trouvez pas ? » demanda-t-il. Puis il renifla ses aisselles. « Je crois que ça vient de moi. »

C'est Tyler qui avait vendu l'*Isis* à John, et il l'avait emmené en mer quatre ou cinq fois avant moi.

« Vous avez déjà fait cette traversée ? lui ai-je demandé.

– Je ne me suis jamais éloigné de plus d'un mille de la côte. Et toi ?

– Je ne suis jamais allé en pleine mer.

– C'est particulier.

– Y a-t-il une part de vérité dans tout ce qu'on raconte sur le triangle des Bermudes ?

– Tu veux parler de l'escadrille de chasseurs bombardiers qui a disparu au large de la Floride, des bateaux qui se sont mystérieusement égarés, des OVNI et du vaisseau fantôme ?

– Oui.

– Ce sont en grande partie des conneries. Mais c'est vraiment une galère de faire la traversée à certaines périodes de l'année.

– Et pourquoi ça ?

– Le Gulf Stream peut provoquer des trucs dingues en cas de tempête.

– Quelles sont les prévisions météo ? demanda soudain Declan.

– Bonne visibilité. Il y a peu de risques qu'il se passe quelque chose en fin de semaine, d'autant que la saison des tempêtes est dans un mois. »

J'ai aperçu la ligne de flottaison à travers un hublot, et c'est là qu'on se dit qu'il y a vraiment très peu de choses qui nous séparent d'un univers dans lequel on ne pourrait jamais survivre.

« Si tu veux vraiment halluciner, monte sur le pont et regarde en direction du port. »

Pour qui n'a jamais vu la côte disparaître depuis la poupe d'un petit voilier, c'est un spectacle tout à la fois déstabilisant et magique. C'est comme si vous étiez rayé de la carte, et c'est d'ailleurs ce qui se passe d'une certaine manière. Nous avions mis le cap sur le sud-est, et nous nous dirigions vers un confetti perdu au milieu de l'océan, avec uniquement les étoiles et notre bon sens pour nous guider.

On est tous remontés et on a regardé la mer avaler la terre. Le littoral est devenu de plus en plus petit, puis il a disparu, « comme notre existence avant cet instant », remarqua Hank.

C'était le même paysage partout autour de nous ; rien que l'eau et le ciel, pas de points de repère, pas de lampadaires ni de panneaux de signalisation, pas de montagnes, de champs, de bâtiments, pas de gens.

« On est nulle part, déclara Tyler.

– Note-moi ça », lui dit John. Avec un sourire triste, comme s'il se disait : Pourquoi avoir attendu si longtemps pour vivre ça ?

Le lendemain, le ciel était dégagé, et il y avait suffisamment de brise pour nous permettre d'avancer à un bon rythme. Nous avons été de quart à tour de rôle. Trois heures d'affilée et ensuite on pouvait se reposer, traîner, ou accomplir certaines tâches. Le capitaine naviguait en se basant sur la position des étoiles et du soleil, et en s'aidant d'un sextant qui ressemblait à un rapporteur amélioré.

Il m'a indiqué les différentes pièces de l'instrument – la lunette et les filtres qui servaient à atténuer la lumière du Soleil et de la Lune –, il m'a montré comment m'en servir, comment installer les filtres, et il m'a expliqué que, lorsqu'il faisait beau, il en fallait un sur le petit miroir et deux sur le grand pour éviter de s'abîmer les yeux. J'ai appris à prendre les mesures en débrayant le tambour, en ajustant l'alidade avec la vis micrométrique, puis à faire la visée en notant l'heure et la hauteur angulaire. La méthode la plus simple était de calculer la position à la méridienne. On s'aidait uniquement du sextant et de l'almanach nautique, et on pouvait la déterminer à un mille marin près en mesurant la hauteur du Soleil au zénith. Si le ciel était nuageux à midi mais que le Soleil faisait son apparition plus tard dans la journée, il n'y avait pas de problème à partir du moment où il était visible. On pouvait aussi prendre la mesure angulaire de la Lune ou de certaines étoiles et se référer à l'almanach et à des tables complémentaires pour connaître sa position.

C'était plus compliqué que ça, je le savais, mais il y avait quelque chose d'incroyable à pouvoir tracer son itinéraire en regardant le ciel, comme si les instructions nous venaient des dieux.

On a écouté des chansons à la radio, puis avec le magnétophone de Declan quand on n'a plus réussi à la capter. J'étais sidéré de constater que John connaissait à peine les groupes qui passaient à la radio, comme Blondie, les Jam, Police, les Talking Heads. Il aimait Madness et il aimait les Jam. Et aussi les Specials.

Il écrivait dans un journal de bord et, sur certaines pages, il dessinait des scènes de notre quotidien sur le bateau. Il y ajoutait des dauphins et parfois un requin.

Un jour où on écoutait la BBC, j'ai reconnu une voix familière évoquer une femme, membre du Weathermen – un mouvement étudiant gauchiste radical des années soixante-dix –, qui reconnaissait avoir participé à un attentat à la bombe une décennie plus tôt et se livrait à la police. Avant de rendre l'antenne, la journaliste a dit : « Ici Olive Diop pour la BBC. »

La deuxième nuit, quand l'obscurité fut totale, il y avait des étoiles partout, c'était complètement dingue. « C'est un ciel à la Van Gogh », remarqua John. En regardant attentivement, dit Declan, on pouvait repérer Venus, Jupiter et Saturne. La Lune éclairait la crête des vagues. J'ai pris le premier quart avec Tyler puis, vers une heure du matin, John et Hank nous ont relayés. Je suis resté avec eux, j'ai écouté John parler de son séjour en Inde, et le capitaine de son travail dans un centre de désintoxication. Puis Declan est venu taxer une Gitane à l'ex-Beatles.

Ce dernier a évoqué le départ de son père sur un bateau quand il avait deux ans.

« Quel genre de bateau ?

– Il travaillait dans la marine marchande.

– Ce n'était pas rien de faire ce boulot pendant la Seconde Guerre mondiale.

– C'était un salaud.

– Il devait avoir de sacrées histoires à raconter.

– Moi en tout cas, je n'en connais aucune. Il a eu des problèmes à New York. Et il a passé une semaine dans une prison algérienne. La lignée des Lennon. On a toujours des problèmes quand on est sans nos femmes.

– Le père de Ringo s'est barré lui aussi, non ? demanda Declan.

– Oui, quand Ringo avait trois ans. Il a grandi avec sa mère dans une maison sans eau chaude ni toilettes. Ils utilisaient un abri avec un trou dans le sol. Voilà un scoop pour toi. Et à six ans, il a failli mourir.

– De quoi ?

– D'une péritonite. On a dû l'opérer d'urgence, le pauvre. Mais il est tombé dans le coma. Pendant des semaines, il n'a été conscient que par intermittence. Et quand il a repris l'école, ses camarades l'ont surnommé Lazare… parce qu'il était ressuscité d'entre les morts.

– On dirait du Dickens, fis-je remarquer.

– Et ce n'est pas fini. Quelques années plus tard, il a attrapé la tuberculose et on l'a mis en quarantaine à l'hôpital avec d'autres garçons contaminés. Il y est resté deux ans, et c'est là qu'il a appris à jouer de la batterie. Ils ont formé un groupe dans le service.

– Un groupe de tuberculeux !

– Oui, et le petit Richie Starkey était le batteur. Son meuble de rangement lui servait de percussion. Ils avaient un prof de musique qui les faisait travailler.

– Difficile de vendre des billets pour leur spectacle, remarqua Declan.

– Ils arrivaient toujours à cracher une ou deux bonnes chansons, dit John, pince-sans-rire.

– Vous saviez que Joni Mitchell et Neil Young avaient eu la polio ? enchaîna le cuisinier. Ils l'ont eue la même année, et c'est à ce moment-là que Joni a commencé à chanter. Elle chantait des cantiques de Noël à l'hôpital.

– Pourquoi l'a-t-on appelé Ringo ? demanda Tyler.

– À cause de toutes les bagues. Qu'il avait aux doigts. C'était une idée de Rory Storm.

– Qui est-ce ?

– Le leader des Rory Storm and the Hurricanes à qui on a piqué Ringo, expliqua John. Ils s'étaient produits dans des clubs de Hambourg en même temps que nous. Ils n'étaient pas bons, sauf Ringo. Il s'installait au fond de la salle pendant nos concerts et nous balançait des conneries à la figure. Putain de voyou !

– Mais vous aviez déjà un batteur.

– Oui, Pete Best. Un jour, il s'est absenté pour une raison ou une autre, Ringo l'a remplacé et on s'est dit : Mon Dieu !

– Adios, Pete.

– C'était carrément autre chose. Avec lui, on a vu ce que l'on pourrait devenir.

– Cette période-là ne vous manque pas ?

– Hambourg ? Bien sûr que si. Les concerts dans d'immenses stades, pas du tout. Hambourg, c'était certes la folie, mais ça restait petit, gérable. Ce n'était pas la foule aux Philippines qui tente de vous arracher d'une voiture et de vous réduire en bouillie. »

J'étais fatigué et complètement défoncé. Je croyais voir des méduses autour du voilier. Il y avait quelque chose de phosphorescent dans l'eau. J'imaginais Ringo balancer des conneries à John et Paul dans un club où les Beatles se produisaient, et ce que ça devait être de se trouver là.

À un moment, le capitaine a interrogé le chanteur sur son séjour à Rishikesh, auprès du maharishi, loin de la renommée qui déferlait alors sur le groupe.

« Notre petit gourou, sa toute petite voix. "*La méditation vous apporte la félicitéééé*, dit John en imitant la voix haut perchée du maître – *une paix qui dépasse l'entendement.*" Et il avait ce petit rire nerveux.

– Il n'a pas déconné avec certaines femmes ?

– C'est le Sexy Sadie de la chanson, dis-je.

– De quoi tu parles ?

– Au départ, expliqua John, j'avais écrit un truc du genre : "*Maharishi, you little twat, who the fuck do you think you are, you little cunt*[1]."

– J'imagine que vous ne pouviez pas garder ces paroles.

– Non. C'est bien dommage. Et finalement, il nous a beaucoup appris. »

On avait joué aux cartes un peu plus tôt et John avait perdu. Declan proposa une alternative au remboursement de ses dettes.

« Qu'est-ce que tu as en tête ?

– Des informations confidentielles.

– De quelle sorte ?

1. Littéralement : « Maharishi, sale petit con, tu te prends pour qui, espèce de salaud. »

– Eh bien, puisqu'on parle de l'Inde, d'où vient la chanson "Happiness Is a Warm Gun[1]" ? demanda Declan. Ça parle d'héroïne, non ? *I need a fix*[2]. Ou de sexe. *Bang, bang, shoot, shoot*[3].

– Ça restera un chef-d'œuvre pour l'éternité, intervint Hank.

– Est-ce que c'est l'heure de l'interview de l'ex-Beatles ? demanda John. Parce que si c'est le cas, je saute dans le canot de sauvetage et je rentre à Newport.

– Pas du tout, répondit Declan. On a juste besoin que vous nous départagiez.

– Allez vous faire foutre, lâcha le musicien tandis qu'un sourire flottait sur ses lèvres.

– Six chansons et je vous promets de la fermer.

– Faites ça par écrit, suggéra Tyler.

– Le titre "Happiness Is a Warm Gun" vient d'un article que j'avais lu dans une revue sur les armes. J'ai trouvé ça dingue. Un pistolet est encore chaud quand on vient de tirer sur quelqu'un.

– "I'm So Tired[4]" ? demandai-je, en partie parce que j'avais les paupières lourdes.

– En Inde, je n'arrivais pas à dormir. J'aime bien cette chanson.

– "Why Don't We Do It in the Road[5]", s'enquit Hank.

1. Titre signifiant littéralement : « Le bonheur est un pistolet encore chaud. »

2. « Il me faut ma dose. »

3. *Bang*, qui signifie « frapper », peut aussi vouloir dire « baiser », et *shoot* signifie à la fois « faire feu » et « éjaculer ».

4. « Je suis tellement fatigué. »

5. « Pourquoi ne pas le faire sur la route. »

– Un jour, Paul avait vu des singes s'accoupler sur la route.

– Et l'intro au piano de "Ob-La-Di, Ob-La-Da" ?

– C'est ta deuxième question, mais comme tu es le capitaine… Je l'ai écrite alors que j'étais bourré et furax contre Paul. Il s'était approprié et la musique et les paroles, bordel ! Alors j'ai quitté le studio, j'ai picolé et, à mon retour, je me suis mis au piano et je lui ai dit : "Voilà comment il faut la jouer." Je te le répète, Anton, Paul était le capitaine Bligh. »

L'échange s'est poursuivi un moment au cours de cette nuit d'une invraisemblable perfection, que je passais en pleine mer en compagnie de John, Hank et les autres. À un moment, le capitaine m'a envoyé me coucher. J'étais de quart six heures plus tard et il me faudrait être alerte.

« Et la chanson "Good Night" ? ai-je alors demandé.

– Je l'ai écrite pour Julian. Et j'ai confié à Ringo le soin de la chanter.

– Mon père la chantait à Kip, le soir, pour l'aider à s'endormir.

– Sans la pièce instrumentale mélo jouée par les cordes, j'espère. »

J'ai entendu Elliot me glisser à l'oreille : « Demande-lui. Demande-lui, nom de Dieu ! »

Mais je ne pouvais pas prendre le risque de gâcher l'ambiance, je suis juste descendu dans la cabine, je me suis glissé dans mon sac de couchage et me suis aussitôt endormi.

Le troisième jour, nous avons aperçu un banc de dauphins pendant le petit-déjeuner ; il semblait y en avoir des dizaines qui plongeaient ici ou là, sous le voilier et tout autour de nous, comme s'ils avaient été engagés pour nous ravir. C'était fascinant à regarder.

Avant le déjeuner, nous avons jeté l'ancre et nagé à proximité du bateau. J'ai emprunté le masque et les palmes du capitaine. J'ai aperçu un barracuda et vu beaucoup de méduses. Quand je suis remonté à la surface, James Brown chantait « Get Up Offa That Thing » à la radio.

J'ai pris le quart de fin de matinée. Le soleil me caressait le visage, la brise tiède soufflait dans mes cheveux, et j'ai éprouvé un profond sentiment de contentement. J'ai compris pourquoi on pouvait avoir envie de traverser les océans, de passer des mois en mer, et pourquoi quelqu'un comme sir Francis Chichester avait choisi de naviguer en solitaire. La vie en mer se déroule à un rythme qui ne s'empare pas immédiatement de vous, mais fendre les vagues uniquement grâce à la force du vent et avec le Soleil et la Lune pour guides vous fait du bien, et il me semblait que chaque être humain devrait faire cette expérience. J'ai également compris ce que John attendait de cette aventure car, sans le savoir, c'était ce que j'attendais moi aussi et ce dont j'avais besoin.

Quoi que l'on puisse espérer de la pratique de la méditation ou de la consommation de drogue, l'existence même de l'ego n'avait plus lieu d'être en pleine mer car la personne que vous étiez avant, quelle qu'elle fût, n'était plus. On pouvait voir au loin la courbure de la terre. C'était comme si on se trouvait au milieu d'une fontaine et que l'eau débordait.

Tout était mieux en mer, me suis-je dit, la nourriture, la conversation, la bière, l'herbe, l'air, les odeurs et le bruit des vagues, la nuit, quand on dormait.

Désormais, nous naviguions en direction du Gulf Stream, vers un minuscule confetti perdu au milieu de l'océan et qu'on appelait les Bermudes, et ses habitantes que John comparait aux beautés plantureuses de Tahiti. Chacun de nous en trouverait au moins une pour l'accompagner à la plage puis le ramener chez elle, dans sa maison au toit de chaume, où elle lui donnerait à manger avant de s'allonger à ses côtés et, le lendemain matin, elle le conduirait jusqu'à son lagon privé préféré où des oiseaux tropicaux donneraient une sérénade, et où des noix de coco tomberaient à volonté, qu'on ouvrirait et dont on boirait le lait frais à même la coque.

Quand John fut hors de portée de voix – il avait dû aller pisser –, le capitaine me dit : « Tu te rends compte ? Cet homme est un véritable corps céleste, une bénédiction, il a littéralement touché des millions de vies. C'est un pur génie. Il a passé toutes ces années à se cacher. Et maintenant il s'est libéré et ça se voit. On a de la chance de naviguer avec lui. C'est la traversée de ta vie, de ma vie. »

J'ai pensé, avec une certaine partialité, aux périples de mon père ; il était très significatif que John m'ait emmené avec lui sur ce bateau alors que Buddy nous avait abandonnés.

Dans l'après-midi, après mon quart qui se déroula sans incident, le vent a forci et on a vu, au loin, un grain se former, le ciel s'assombrir, la lumière baisser, ce que l'on a trouvé magnifique et spectaculaire au début, mais une petite voix nous disait que la situation allait peut-être se gâter.

Et quand j'ai regardé le capitaine, j'ai compris qu'on était en difficulté. Certes, il restait calme, mais il avait arrêté de plaisanter et, après avoir bien observé le ciel, il s'est mis à aboyer des ordres.

« Couvrez-vous », dit-il. Tyler enfila ses vêtements de pluie et ses bottes de navigation. John l'imita. Puis Hank me chargea d'aller en bas aider Declan à ranger la cabine et arrimer nos affaires, à bien vérifier que les hublots étaient fermés et que tout était sécurisé.

« Purée, tu sens ça ? » dit Tyler.

C'était le vent, et on l'entendait siffler.

« Je déteste ce bruit, reprit-il.

– Pourquoi ?

– Parce qu'il va vraiment s'intensifier d'ici peu. »

Effectivement, le vent sifflait désormais tout autour de nous. Les voiles claquaient. Les vagues battaient la coque, et les embruns nous fouettaient le visage.

« C'est parti, dit John. "Grimpez en haut du mât, Mr. Byam" », m'ordonna-t-il.

Je crois avec le recul qu'il était comme moi, qu'il ne se rendait pas compte de la gravité de la situation.

Le ciel au-dessus de nous est devenu gris, puis noir, et j'ai songé à la scène, dans *Le Magicien d'Oz*, où la tornade s'abat sur Dorothy.

Tyler lâcha : « Ça se présente mal. » Juste ça.

C'est l'ouïe le premier sens qui est réveillé par une tempête, dirait Hank plus tard. On perçoit le sifflement strident du vent, le claquement des voiles, le grincement de la tête de mât et du bateau lui-même, *ssshhh*, *crac*, et le *tap-tap-tap-tap* de la pluie. Il y a le *fffffu* du vent dans le gréement. Le *gling gling* des drisses qui claquent, le craquement des planches qui s'affaissent, et la violente musique de la mer elle-même. Et puis vos yeux se préparent à la piqûre du sel, à la vue d'une voile qui se déchire ou qui tombe, et à celle des flots qui s'élèvent derrière vous à une hauteur inquiétante.

En bas, le cuisinier s'était enfermé dans les toilettes pour vomir. Le *Megan Jaye* gîta et les objets volèrent. Une bouteille de vin rouge glissa sur le comptoir et tomba par terre, éclaboussant les parois et quelques coussins. Pendant que je ramassais les éclats de verre, un tiroir s'ouvrit violemment, des assiettes et des tasses en furent éjectées ainsi qu'un couteau qui tomba à trois centimètres de mon pied.

J'ai fait de mon mieux pour tout éponger, mais entendre Declan dégueuler m'a donné la nausée. Je suis remonté sur le pont pour prendre l'air. Hank était à la barre, tandis que John et Tyler obéissaient à ses ordres.

J'ai regardé vers la poupe et vu une vague de la taille d'une *brownstone* foncer sur nous, prête à nous engloutir, et puis elle s'est emparée du bateau et nous a hissés jusqu'au ciel avant de nous faire basculer de l'autre côté. J'ai lutté de toutes mes forces contre le mal de mer, je me suis évertué à être fort et à gagner mes galons, mais j'ai vomi tripes et boyaux par-dessus bord et failli m'effondrer.

La tempête a fait rage toute la nuit. Les malades sont restés à l'intérieur et les autres se sont relayés pour braver la bête. D'abord Hank et Tyler, puis John et Hank, et enfin John et Tyler. Mais ce dernier, à son tour pris de nausée, est venu nous rejoindre, et John est descendu peu après faire une sieste.

À un moment, l'ancre s'est détachée et s'est mise à taper contre l'étrave au bout de sa chaîne. J'ai voulu la rattacher, accomplir une action héroïque, mais le capitaine s'est engagé sur le pont en rampant, avec l'océan qui hurlait au-dessus de lui et qui finit par submerger la poupe. J'ai suivi Hank des yeux et, quand il a disparu, nous avons compris que nous allions mourir car aucun de nous n'avait ses compétences pour affronter la tempête, et puis sa tête a réapparu et il s'est acquitté de sa tâche.

« Fastoche, a-t-il lancé en nous rejoignant.

– Tu es un dieu, a déclaré John. Le dieu Zig-Zag. »

Il n'y a pas moyen d'échapper à la tempête ; elle vous frappe et vous ne pouvez pas rendre les coups. Vous les esquivez pour aussitôt percuter une vague de plein fouet. Pour Tyler, c'était comme conduire les yeux fermés sur une route cahoteuse : on s'attend à emboutir un arbre ou à dévaler une pente, mais sans savoir exactement quand. Je me suis glissé dans mon sac de couchage humide et j'ai essayé de trouver le sommeil, j'y suis arrivé, j'ai dû dormir deux heures peut-être, mais quand je me suis réveillé, ou presque, j'étais au Gabon dans mon lit d'hôpital, en proie à un accès de paludisme, fiévreux, faisant des rêves insensés. La pièce tournait autour de moi puis elle a commencé à se balancer comme un bateau. J'ai trouvé vraiment bizarre qu'une chambre d'hôpital… Étais-je à l'hôpital ?… Étais-je encore en Afrique ? Et pourquoi cette pièce tanguait-elle, et pourquoi y avait-il des vagues dehors et le bruit du vent ? Une tempête avait dû frapper l'Afrique à proximité de l'endroit où je me trouvais, car j'étais trempé, le front ruisselant de sueur et un goût de sel dans la bouche. Alors j'ai refermé les yeux et je me suis rendu dans un endroit où il faisait chaud. Sur une plage. Loin d'ici. Et j'ai dû dormir. Au réveil, j'avais la nausée. Je suis allé jusqu'au lavabo et je me suis passé de l'eau sur le visage. Je n'avais pas faim, mais je me sentais très faible et j'avais vraiment le mal de mer. Avais-je pris de la Dramamine ? J'en étais presque certain, mais j'ai cherché le flacon de comprimés et j'en ai avalé un.

Après avoir enfilé mon gilet de sauvetage et tenté tant bien que mal de monter sur le pont, je me suis retrouvé au milieu des bourrasques, des embruns et des horribles bruits qui vous font croire que le voilier va bientôt se fendre en deux et que vous allez vous transformer en nourriture pour requins, et vous imaginez le monstre des *Dents de la mer* vous happer jusqu'à la taille, ce qui vous permettrait peut-être de survivre. Vous n'auriez plus qu'un ventre, un torse, deux bras, des épaules, un cou et une tête. J'avais vu des vétérans du Vietnam avec des moignons à la place des jambes.

Hank tenait la barre. Il avait l'air calme. John était avec lui, on aurait dit un couple bien assorti, des amis de longue date, et j'ai regretté de ne pas avoir pu me rendre utile, de ne pas avoir été dans le cockpit avec eux. Le ciel était noir sur tout l'horizon.

« Vous avez eu des infos à la radio ?

– Non. Il y a une heure, on a eu un bulletin météo qui annonçait une tempête, ce qui ne nous a pas servi à grand-chose.

– Elle va durer combien de temps ?

– Un ou deux jours. Trois peut-être ?

– La vraie question c'est de savoir combien de temps on va tenir, dit John.

– On a toute la vie devant nous, répliqua le capitaine. Parce qu'on va gagner la partie. »

Au sein du Gulf Stream, les vagues n'en font qu'à leur guise et ne voyagent pas sur de grandes distances, ce qui signifie que leurs périodes d'ondes sont plus courtes donc plus rapprochées. Du coup, lorsque l'une d'elles soulève la proue, le creux qui suit est tellement petit que l'étrave n'a pas le temps d'escalader la suivante, qui vient sur vous trop vite et qui est plus grosse que la précédente et peut vous coucher sur le flanc. À partir de là, vous êtes foutu.

Hank parlait de désorientation. « Vous avez ces sept cents milles marins d'océan, vous y faites passer un courant où l'eau est à vingt-sept degrés, alors les vagues sont désorientées. Et il n'y a rien de plus dangereux qu'une vague désorientée. »

Pendant une tempête, on espère affronter les vagues de face et empêcher les déferlantes de s'abattre sur la poupe.

Les heures passèrent, une journée s'écoula. Était-on mardi ou vendredi ? Le vent continuait à mugir. Nous n'arrivions pas à avaler quoi que ce soit. Nous avions la nausée mais il était impensable de passer des jours sans boire ni manger. Il était difficile de faire chauffer de l'eau et, une fois qu'elle bouillait, nous ne pouvions pas la verser dans des tasses sans nous brûler. Tout était insurmontable.

Je me sentais de plus en plus malade. J'étais dans un état second et j'imaginais que les fantômes des navires et des avions disparus dans les profondeurs nous attendaient : nous allions ajouter à la légende. J'imaginais mes parents apprenant la disparition du voilier et découvrant aux infos que je faisais partie de l'équipage. Je serais au mieux un dommage collatéral. J'avais fait un rêve complètement dingue : je me jetais du haut d'un immeuble mais, à un moment, je me rendais compte que je ne voulais pas mourir et donc j'essayais de me raccrocher au rebord des fenêtres, et c'était comme dans un dessin animé, ma main n'arrêtait pas de glisser et puis j'ai voulu me redresser et je me suis cogné la tête à plusieurs reprises. J'ai fini par repérer une fenêtre ouverte, j'ai réussi à me glisser dans la pièce et là, j'ai constaté qu'on m'avait organisé un anniversaire surprise et que tout le monde m'attendait. Dans mon rêve, je me demandais comment mes proches avaient deviné que j'avais prévu de me suicider, alors j'ai posé la question à ma mère qui m'a répondu : *On savait que tu nous reviendrais*. J'ai soufflé mes bougies, mangé du gâteau et fait un vœu, celui de ne jamais me réveiller, de continuer à vivre dans ce monde imaginaire où j'étais attendu et, quoi que je fasse, de toujours trouver une fenêtre ouverte.

Une heure ou un jour plus tard, alors que j'allais me servir à boire, j'ai eu l'impression que tous les autres étaient en bas ; Tyler qui vomissait depuis des heures, Declan qui était toujours malade, et Hank qui avait fini par descendre se coucher.

Pourtant, quelqu'un, en haut, injuriait les flots et chantait.

« C'est John », nous dit Hank.

J'ai tout de suite pensé : *Vous vous foutez de moi*, et j'étais furieux que le capitaine soit tellement impressionné par l'ex-Beatles qu'il le croie capable de survivre seul dans le cockpit, tout ça parce que j'avais navigué avec lui et qu'il s'était bien débrouillé sur le Long Island Sound. Cette mer chaotique était trop pour moi, trop pour Tyler ou Declan, trop pour tout le monde sauf le capitaine, et j'ai compris qu'on était morts. Qu'on était quasiment morts.

« Vraiment ?

– Écoutez. Vous entendez ça ? C'est du ravissement à l'état pur. Il engueule les divinités de la mer. Il est joyeux ! Joyeux ! »

Voici l'épisode le plus étrange, magique et mystérieux de cette extraordinaire aventure. Je suis monté sur le pont, et j'ai vu John harnaché dans le cockpit, les jambes calées de chaque côté de la paroi, les mains serrées sur le gouvernail. Il affrontait les vents violents et les vagues vicieuses en gueulant à tue-tête des chants de marins particulièrement orduriers, obscènes et virils, les lunettes couvertes d'embruns, le visage brillant. J'apprendrais plus tard que le capitaine avait succombé au sommeil au bout de trente heures et, comme il pensait ne se reposer qu'une trentaine de minutes tout en restant aux aguets, il avait confié le voilier à un apprenti navigateur qui l'avait barré seul pendant presque sept heures au milieu des flots déchaînés et des vents impétueux, et qui s'était attaché comme Gordon Liddy à son putain d'arbre. John était fou de joie, comme si tout ce qu'il avait vécu dans sa belle et douloureuse existence l'avait conduit à cet instant-là. Si seulement j'avais été notre sauveur, me suis-je dit, mais juste une seconde, le temps de réaliser que les gens comme moi ne faisaient pas ce genre de choses, de même que je n'avais jamais pris un hélicoptère pour atterrir dans un stade devant plus de cinquante mille spectateurs ni fait pleurer toute une génération de filles.

Il y avait une étrange logique à ce que ce soit John qui nous sauve la vie et, surtout, qui sauve la sienne.

25

« J'ai perçu de l'extase. J'ai perçu de la félicité. J'ai entendu un homme qu'on avait isolé pendant cinq ans et qui venait de surmonter l'angoisse de la page blanche, déclara Hank. Tu débordais d'énergie créatrice. »

Il barrait le voilier et John, qui portait un simple tee-shirt blanc et des lunettes de soleil, était assis non loin de lui. Métamorphosé, le chanteur était le portrait de celui qu'il avait dû être quinze ans plus tôt.

« Tous les événements de ma vie ont conduit à ce moment particulier, déclara-t-il. J'étais Erik le Rouge, j'étais ces Vikings, pilleurs et maraudeurs, et j'étais Liddy. C'était comme à Hambourg quand on montait défoncés sur scène, tout le monde hurlait et sautait, ça durait jusqu'à six heures du matin, dans la sueur et la crasse, ça ne s'arrêtait pas et on était portés. Par cette énergie. Par ce sentiment d'être vivants. Putain, je me sens tellement vivant.

– Tu étais là en plein maelström. Tu chantais. Tu criais. Tu me faisais penser à un fou particulièrement sain d'esprit. »

Nous ressemblions à une équipe sportive qui venait de gagner un titre.

John prenait plaisir à nous raconter par le menu le combat qu'il avait livré contre les éléments. J'aurais fait pareil. Et j'adorais l'écouter. Je l'imaginais retracer cette aventure dans l'émission de Buddy et puis, branchés sur le cosmos et le rythme de l'univers, mon père et lui se seraient mis à parler de mortalité. Ensuite John et George auraient pris leurs sitars et joué en direct sur une chaîne publique. *Demande-lui*, me dis-je.

Mais une fois de plus, j'ai botté en touche.

À tour de rôle nous avons donné notre version de la nuit, laissant s'entrelacer les fils des différents récits.

« Pourquoi diable m'as-tu accordé ta confiance ? voulut savoir John.

– J'étais tellement fatigué que ça devenait dangereux, expliqua Hank.

– Qu'est-ce que tu lui as dit ? demanda Declan.

– Je lui ai dit : "Viens voir, mon grand."

– Et moi je lui ai fait remarquer que je n'étais qu'un mousse en apprentissage, expliqua John. Il a rétorqué que je n'avais pas le choix car vous étiez tous malades. Alors je lui ai conseillé de garder un œil sur moi. Il m'a dit OK, mais cinq minutes plus tard il avait disparu. Et la force des vagues a failli me faire tomber.

– Tu te sens comment, Anton ? s'enquit le capitaine.

– J'ai l'impression d'avoir passé un mois à vomir.

– Tu avais une sale gueule, mon pote, remarqua John.

– Je suis désolé de ne pas avoir été plus utile.

– Personne ne l'a été », intervint Tyler.

Le soleil s'était levé, un bon vent soufflait, et bien que nous ayons légèrement dévié de notre trajectoire, Hank nous dit que nous arriverions à destination deux ou trois jours plus tard. « On a quatre jours de retard mais on est toujours en vie. »

Nous formions une drôle de famille de cœur désormais, et Hank restait notre guide.

« Imaginez si on avait coulé. Combien de temps aurait-il fallu pour que quelqu'un s'en rende compte ? demanda Declan.

– Des jours, répondis-je. Peut-être des semaines.

– Pas des semaines, rectifia Tyler.

– Et qu'auraient raconté les journaux ?

– Ils n'auraient parlé que de nous », dis-je, ce qui était vrai, les articles se seraient succédé pendant des mois puis des années.

« J'imagine un documentaire larmoyant avec des chansons des Beatles en fond sonore. "Cinq hommes ont pris la mer… et ils ont découvert le jardin d'un poulpe[1]."

– Oui !

– Mais on aurait d'abord été portés disparus.

– On l'est encore.

– On arrivera aux Bermudes après-demain en fin d'après-midi.

– Est-ce qu'il a vraiment existé une Megan Jaye ? ai-je demandé.

– C'était une nana incroyablement sexy, a répondu notre cuistot.

1. Référence à la chanson « Octopus's Garden ».

– Haha, le gamin a un faible pour cette chère Megan. Peut-on baiser un bateau, mon capitaine ?

– C'est faisable.

– En utilisant l'océan comme lubrifiant, précisa le chanteur.

– C'est comme ça qu'on fabrique les canots pneumatiques », dis-je.

John sourit pour marquer son approbation.

« Et comment sais-tu que ton bateau attend un heureux événement ? demanda Hank.

– Facile, répondis-je. Quand il est toute voile dehors. »

On a passé deux merveilleuses journées. On a fumé. Declan avait apporté du LSD mais personne n'en a voulu. Lui en a pris un quart de comprimé.

« J'ai une blague à vous raconter, déclara-t-il.

– Vas-y.

– Une poule et un œuf sont allongés dans un lit après avoir baisé. Ils sont très détendus, ils fument une cigarette et ils sentent le sexe. La poule, satisfaite, fait un rond de fumée et déclare : "J'imagine qu'on a la réponse à la question."

– Quelle question ? demanda John.

– Celle de savoir qui, de l'œuf ou de la poule, a niqué l'autre.

– Putain, elle est bonne. »

Comme, d'après ses cartes, nous n'allions pas tarder à arriver, Hank nous a prévenus que des douaniers risquaient de vouloir monter à bord pour fouiller le bateau. Que faire de l'herbe qui nous restait ?

« Bordel de merde, lâcha John. Il ne manquerait plus que ça. Je vais finir comme Paul au Japon.

– Alors, qu'est-ce qu'on fait ?

– Nous allons honorer la puissante déesse Sinsemilla », suggéra Declan.

Et on s'y est tous mis.

« Le Fumethon du Gulf Stream », a dit John.

Declan a roulé un énorme joint, l'a allumé, et a tiré une bouffée comme s'il s'agissait d'un cigare hors de prix.

Quand chacun en a eu son content, John a glissé le joint dans une bouteille et l'a envoyé au fond de l'océan.

« Je vois un calamar complètement défoncé qui cherche une part de pizza », a dit le cuisinier.

Et puis tout à coup, nous avons aperçu la terre au-delà du bleu éclatant de la mer, et j'ai pensé à toutes les scènes de films qui représentaient ce moment précis. J'avais l'impression que nous étions partis depuis très longtemps et que j'étais devenu quelqu'un d'autre.

Alors que nous entrions dans le port, John a dit : « C'est la scène où l'on rencontre nos femmes tahitiennes.

– Mais elles sont beaucoup plus vêtues qu'avant.

– Les temps ont changé.

– J'en veux une qui soit bien en chair, comme celle que Fletcher Christian a emmenée sur la plage.

– Je crois qu'il faut avoir des bijoux à leur donner en échange.

– Oh, j'en ai. Vous pouvez me croire. Des perles grosses comme des noix de coco. »

En approchant du rivage en cet après-midi turquoise, nous avons d'abord remarqué ces oiseaux blancs magiques avec leur longue queue, leurs marques noires, et leur *ki ki*, *krrt krrt krrt.* Et puis le phare au sommet de la falaise d'une vingtaine de mètres de haut, du corail, et bientôt le port nous entourait.

« Terre ! » ai-je hurlé.

De la musique, des gens, des cafés et des bars, des maisons roses, bleues et jaunes, une eau calme, se sentir incroyablement défoncés et heureux, et se dire que quiconque nous voyait ne pouvait pas imaginer l'épreuve que nous venions de traverser.

26

Alors que nous parcourions Front Street, j'avais l'impression de sentir encore la houle sous mes pieds. Il faisait chaud et de la musique entraînante s'échappait des bars, « Baker Street » de Gerry Rafferty pour l'un d'eux, le ronronnant « Dreams » de Stevie Nicks pour un autre (« Ils ont deux ans de retard », constata Declan). On s'est installés dans un pub irlandais ; j'avais faim mais j'étais encore méfiant. J'en avais marre de vomir. J'ai avalé un cocktail « Dark and Stormy » à base de rhum ambré, de ginger beer et de jus de citron vert, qui avait le même goût que le fortifiant de la marque Seven Seas. J'en ai commandé un autre, puis je me suis excusé et suis allé dans un hôtel proche pour appeler ma famille en PCV.

Il y avait de la friture sur la ligne et je me suis senti très loin d'eux, ce qui était sans doute le cas.

« Anton ? C'est toi ? » Ma mère avait décroché.

« Oui.

– Oh, mon Dieu, Anton. Où es-tu ?

– Aux Bermudes.

– Tout va bien ? On pensait que tu nous donnerais des nouvelles plus tôt. Je me faisais un sang d'encre.

– On vient juste d'arriver. On a eu droit à une méchante tempête.
– C'est ce qu'on a lu dans les journaux.
– Je n'avais aucun moyen de vous joindre.
– On est heureux que tu sois vivant. Ton père n'était pas bien du tout. Elle était comment, cette tempête ?
– Comme dans un film où le bateau finit par couler.
– Doux Jésus ! On a failli te perdre.
– Pour la deuxième fois.
– C'est exact… c'est absolument exact, dit-elle d'une voix brisée. Tu rentres quand ?
– Je ne sais pas. Bientôt.
– Tu loges où ?
– Dans une maison qu'ils ont louée.
– Tu as suffisamment d'argent ?
– Oui. »
Il y eut, à nouveau, de la friture sur la ligne.
« Je vous aime tous les deux, dis-je.
– Je suis tellement heureuse que tu ailles bien. »

On a passé la première nuit dans l'une des trois chambres de la petite maison en pierre, puis Declan est parti s'installer dans un appartement avec une femme qu'il avait rencontrée lors de son dernier séjour aux Bermudes et qui, disait-il, était comme un gnou au pieu. Tyler et Hank sont repartis en bateau avec un ami de ce dernier. John et lui se sont longuement étreints au moment de se quitter, et le chanteur a déclaré : « C'est la plus belle aventure de ma vie, et c'est à toi que je la dois.
– Tu es un bienfait pour l'humanité », a répondu le capitaine.

Fred, Sean et Uda-san, la baby-sitter, arriveraient par avion le lendemain et John s'installerait alors dans une autre maison. Je ne savais pas trop ce que j'allais faire mais je me disais que je trouverais un logement en ville si nécessaire.

« Tu comptes rester combien de temps, Anton ? m'a demandé John.

– Trois ou quatre jours.

– Super. Du coup, tu viens avec nous demain.

– Vous êtes sûr que ça ne vous dérange pas ?

– Je te le dirais si c'était le cas.

– Merci.

– Dis-moi, est-ce que je t'ai déjà raconté comment je me suis retrouvé avec une jambe de bois ? »

27

Comme il nous avait tous sauvés d'une mort par noyade, John se sentait invincible, et il s'est remis à écrire. Il a commencé le jour où nous avons emménagé dans une maison en stuc d'un étage située à Hamilton, sur Fairylands Drive. Fred avait acheté en ville des cassettes de reggae et un radiocassette, et John a mis Bob Marley à fond jusqu'à la chanson « Hallelujah Time », qu'il a rembobinée et réécoutée. Il s'est arrêté sur l'expression « *living on borrowed time* » – « vivre en sursis » –, l'a répétée : « *Living on borrowed time... living on borrowed time...* », puis, aidé de sa guitare, il a joué un moment avec elle. « Génial ! » s'est-il exclamé, et il a continué sur sa lancée. Il a fait des ajouts, a chanté, s'est arrêté, a recommencé à chanter, et a jeté des mots sur le papier. À un moment, Fred, Sean et moi sommes allés à la plage, et à notre retour, John était toujours en train de travailler, mais désormais autour de « *When I was younger...* » – « Quand j'étais plus jeune ». Fred m'a dit qu'il n'avait jamais vu John dans cet état-là, mais ça ne faisait qu'un an qu'il était son assistant, douze mois totalement improductifs en termes de création. À l'heure du dîner, l'ex-Beatles avait réussi à écrire une première version, qu'il nous a chantée. « Putain, c'est dément ! » s'écria Fred.

Quelques heures plus tard, John avait achevé « Borrowed Time », sa première chanson en cinq ans.

« Ce n'est qu'un début, a-t-il annoncé. Je suis branché sur le cosmos. »

C'était comme s'il voyait s'approcher non pas une tempête mais des paroles et de la musique.

Sous un soleil de plomb, j'ai parcouru le littoral à vélomoteur, un deux-roues moutarde de location ; une plage par jour, et toutes étaient d'une beauté insolente, l'eau turquoise, les formations rocheuses déchiquetées, les criques à couper le souffle, le clapotis des vagues sur le rivage, comme les vidéos qu'on montrait aux personnes âgées, dans le film *Soleil vert*, avant qu'elles ne soient réduites en une poudre qui servirait à fabriquer un aliment de synthèse. J'ai retrouvé Declan et sa copine, qui avait des cheveux d'un noir d'encre et qui conduisait une moto, au sommet d'une falaise d'une douzaine de mètres de haut d'où l'on pouvait sauter dans l'eau. Declan a déclaré qu'après ce que nous avions traversé, ce n'était rien – il avait raison, et quand j'ai sauté, j'ai eu l'impression de rêver, horizon élargi et fraîcheur de l'eau, et je me suis enfoncé dans les profondeurs jusqu'à ce que mes oreilles se bouchent, et le soleil dardait des rais obliques qui ressemblaient aux portes du paradis. J'ai nagé jusqu'au rivage, rejoint le sommet de la falaise et sauté de nouveau, et j'ai répété ça un bon nombre de fois en me disant que je n'étais pas pressé de rentrer à New York, qu'il y avait certainement une raison à ma présence ici, et qu'elle devait être liée à ce que j'avais ressenti quand, à deux reprises, j'étais tombé et j'avais survécu.

À propos de survie, nous avons ce soir-là écouté trois fois « Ambush in the Night ». À l'époque, j'ignorais que cette chanson s'inspirait de faits réels ; en effet, six hommes armés avaient fait irruption chez Bob Marley et tenté de le tuer. John avait lu un article à ce sujet, et il n'en revenait pas que le dieu du reggae ait tenu bon et ne se soit pas enfui. « L'un des types était un gamin de seize ans qui courait partout en tirant comme un fou. »

Une balle avait éraflé la poitrine du chanteur et s'était logée dans son bras ; une autre avait touché Rita, sa femme, alors qu'elle s'échappait de la maison avec cinq enfants. Un chirurgien avait pu la lui extraire de la tête le lendemain, et elle avait miraculeusement survécu. Une mise en garde, disait John : la vie peut brusquement prendre fin. Nous qui avions aussi frôlé la mort écoutions cette chanson depuis les Bermudes, et nous nous estimions heureux.

Les trois jours suivants, John a écrit de nouvelles chansons, certaines entières, d'autres pas, parmi lesquelles « Serve Yerself » (une parodie de « Gotta Serve Somebody » de Dylan), « Steppin Out » (qui sortirait des années plus tard sous le titre « I'm Stepping Out » dans l'album de John et Yoko, *Milk and Honey*), et « Watching the Wheels ».

Declan est passé un soir et John nous les a chantées.

« Merde alors ! Si ça t'avait pris une année, ça aurait été la meilleure année de ta vie », déclara le cuisinier quand nous sommes sortis nous soûler.

John travaillait quatre ou cinq heures d'affilée en se déplaçant dans la maison. Il pouvait être au piano, jouer de la guitare, ou bien écouter Third World, Pete Tosh ou Black Uhuru en prenant des notes. Pendant ses pauses, il emmenait Sean à la plage pour nager et construire des châteaux de sable, puis ils allaient en ville acheter des sucreries, et j'ai pensé à son père qui l'avait emmené à Blackpool quand il avait cinq ans et qui, en quelques jours, avait tenté de rattraper des années d'abandon. J'imaginais John lui pardonner afin d'avoir droit à un autre tour de manège ou à quelques friandises. Le voir avec Sean m'a fait penser à Buddy, à nos vacances en famille dans un pays tropical où nous pratiquions le bodysurf, à mon père faisant des moulinets avec les bras juste devant la lèvre de la vague, les cheveux plaqués sur le front, un sourire d'enfant flottant sur ses lèvres.

Nous avons parlé de Buddy, et John a évoqué la dépression nerveuse dont lui-même avait souffert quand il s'était installé à Los Angeles avec May Pang, l'assistante du couple, et qu'il se bourrait la gueule tous les soirs en compagnie d'Harry Nilsson et de Keith Moon.

« Quand tu es connu et que tu craques, tout le monde en entend parler. Si Monsieur Tartempion pète un câble dans un bar, ça ne finit pas dans les journaux.

– Et il ne se retrouve pas en une avec un protège-slip sur le front.

– C'était une serviette hygiénique. Tu sais, quand tu appliques une pièce de monnaie sur ton front, elle tient. Eh bien, il y avait des serviettes hygiéniques aux toilettes. J'en ai collé une sur mon front. Et je suis retourné à ma place. Tout le monde a rigolé, et si ça avait été quelqu'un d'autre, personne n'en aurait rien su, mais c'était moi et cette histoire va me poursuivre.

– Je trouve ça drôle.

– C'est parce que tu as un foutu sens de l'humour. »

John nous a expliqué l'épisode des Smothers Brothers. Il avait crié après Dickie, pas Tommy – Tommy était sympathique, mais il y avait quelque chose chez son frère que John n'aimait pas. « Et je le lui ai dit.

– Pourquoi ?

– Parce que j'avais sifflé une douzaine de brandys Alexander, bordel de merde. Tu connais ? C'est comme des putains de milk-shakes. Tu les enchaînes les uns après les autres et tout à coup tu te retrouves ivre mort. »

John ajouta qu'il aurait mieux valu péter les plombs à Hambourg parce qu'à l'époque, les Beatles n'étaient pas encore connus.

« Vous auriez adoré. Le Kaiserkeller, le club situé du côté de la Reeperbahn, la capitale européenne du vice.

– Comment ça ? intervint Declan.

– Sur cette avenue, tu trouvais tout ce que tu voulais. Des travestis, des drag queens, des macs et des putes. Entre les concerts, l'alcool et les nanas, tu n'avais plus le temps de dormir. On était sous Benzédrine et Préludine la moitié du temps. On nous offrait des bières et des salades à volonté le soir, et des cornflakes pour le petit-déjeuner. Mais c'est parce qu'on jouait huit heures d'affilée qu'on a progressé. On a interprété beaucoup de reprises et aussi des chansons inédites. On a appris à vivre et à travailler ensemble. On a développé un certain style. Il le fallait, pour survivre. »

Je lui ai expliqué que Buddy parlait de la même façon de ses débuts dans les clubs de stand-up où il avait cherché sa voix.

« C'est tellement plus flippant de devoir faire rire, dit John. Ça doit rendre fou. Moi, en tout cas, ça me rendrait fou. »

J'avais emporté avec moi l'un des carnets intimes de mon père, ce qui n'était pas très prudent car j'aurais pu le perdre en mer. J'avais commencé à le lire pendant la traversée puis je m'étais arrêté car ça me mettait mal à l'aise, c'était comme si je m'immisçais dans ses pensées. Mais maintenant que j'étais aux Bermudes, loin de tout, je me disais que je pouvais me plonger dedans et voir ce qu'il en était.

C'était un carnet de voyage le plus souvent drôle et bien écrit, rempli de pensées, d'anecdotes, de souvenirs, de portraits de gens qu'il avait rencontrés et de lieux où il s'était retrouvé par hasard, mais il révélait aussi une part plus sombre de lui que je ne connaissais pas et qui s'animait au fil des pages. Mon père racontait qu'il s'était délibérément mis en difficulté à différents moments de sa vie en prenant le métro jusqu'à un coin reculé du Bronx sans avoir le moindre sou en poche pour rentrer, ce qui l'obligeait à beaucoup marcher ou à sauter par-dessus le tourniquet du métro, ou à prendre un taxi puis à bondir hors du véhicule le moment venu. Un comportement qu'il avait surtout eu avant notre naissance. Ou bien il commandait un sandwich garni d'un assortiment de viandes et de fromages et agrémenté de condiments, le payait, puis il allait s'asseoir au bord de l'East River, jetait le sandwich dans l'eau et regardait les oiseaux le picorer.

Il écrivait qu'être occupé l'empêchait de faire des bêtises mais qu'il lui arrivait de trop charger la barque, et c'était alors comme si une lumière s'éteignait.

Il racontait les semaines qui avaient précédé sa dernière émission. Un jour, il avait oublié qui était l'invité avec lequel il s'entretenait, et il lui avait posé une question destinée à un autre.

Je me rappelais cet épisode.

Il expliquait aussi un étrange incident dont j'avais été témoin.

Il avait, à deux reprises au moins, posé deux fois de suite la même question à son interlocuteur, et un soir l'invité y avait vu une forme d'humour : il avait répondu à Buddy en formulant exactement la même réponse. Mon père avait aussitôt réagi. « N'est-ce pas ce que vous venez de me dire ? » lui avait-il demandé, et le public, déchaîné, avait ri de bon cœur en croyant entrer dans son jeu, alors Buddy avait suivi le mouvement tout en trouvant ça flippant.

J'ai décidé que j'en avais lu assez, j'ai refermé le carnet et je l'ai fourré au fond de mon sac à dos.

Je me souviens qu'après cette émission où mon père avait eu l'air totalement perdu, nous étions allés boire un verre au Hanratty's, sur Broadway, et nous avions parlé de tout autre chose, sans doute de la semaine qui nous attendait.

« À demain, m'avait-il dit quand nous avions quitté l'établissement.

– Tu ne rentres pas avec moi ?

– Je me sens bizarre.

– Comment ça ?

– Je me sens bizarre. Je ne peux pas l'expliquer. À plus tard. »

Et il s'était éloigné. Au lieu d'agir ou d'essayer de l'aider, je m'étais sorti ça de la tête, car il était plus facile pour moi de croire que ce n'était rien plutôt que d'admettre que quelque chose clochait vraiment.

28

Pour Declan, voir John se remettre à écrire et composer des chansons dont la musique, même quand elles étaient à l'état embryonnaire, ressemblait à du classique, c'était comme regarder un saint homme parler en langues.

« Ou contempler ce putain de Matisse face à sa toile. »

Nous étions sur la plage en train de ramasser des coquillages pour sa copine.

Il a ajouté que John s'était débarrassé du ressentiment et de la rage qu'il avait toujours refoulés, ce qui expliquait qu'il ait surmonté l'angoisse de la page blanche.

Je lui ai avoué que je n'avais pas osé lui demander de participer à l'émission de Buddy.

« Il est temps de mettre le paquet, m'a-t-il rétorqué.

– C'est-à-dire ?

– Quand il acceptera, ce qui ne fait aucun doute, tu ajouteras : "J'imagine qu'il est impensable que Paul vous accompagne. Vos dissensions sont trop profondes." Alors il te répondra, j'en mets ma main au feu : "Il faudra lui poser la question." Parce qu'il refusera d'être celui qui en a encore gros sur la patate. Ce ne sera pas de sa faute, ce sera de la faute de Paul. Qui, d'ailleurs, acceptera l'invitation.

– OK.
– Mais tu devrais faire venir tout le groupe.
– Les Beatles.
– C'est leur nom ? Facile à retenir. Oui, tu lui diras que ce sera la seconde partie du concert qu'ils avaient donné en 1969 depuis le toit de leur maison de disques à Londres, et que les flics avaient interrompu. Ça n'aurait pas dû arriver, ils auraient dû aller jusqu'au bout, et c'est ce qu'ils vont pouvoir faire dans l'émission de ton père. Putain, ce serait parfait, tu ne trouves pas ?
– Parfait et absurde.
– Qui sait si, après ce que vous avez traversé tous les deux, il ne mordra pas à l'hameçon.
– Tu as tout à fait raison.
– Ce sont quatre êtres humains qui ne font qu'un seul être musical. Ensemble, ils jouent de la musique comme ils respirent. Ce n'est pas comme si tu lui demandais d'avaler un bus. Il veut vivre en harmonie avec le monde désormais, c'est ce que dit sa chanson. Il est en sursis, et ce dont il a besoin c'est d'aimer à nouveau ses frères.
– Je veux juste qu'il accepte l'invitation.
– Fais pas chier, ne rentre pas avant d'avoir l'accord de Paul. D'accord ? C'est le moins que tu puisses faire pour ton pauvre vieux père. »

Fred avait acheté en ville du matériel afin que John puisse enregistrer certaines de ses nouvelles chansons, dont « I'm Losing You » – « Je suis en train de te perdre » –, écrite parce qu'il n'avait pas réussi à joindre Yoko au téléphone pendant plusieurs jours, et « Beautiful Boy », dédiée à Sean, dans laquelle il calme son fils qui a eu un cauchemar, exactement comme notre père faisait avec nous (il chassait le monstre hors de ma chambre puis hors de l'appartement et ensuite, nous disait-il, le monstre parcourait les couloirs du Dakota jusqu'à ce qu'il trouve la soirée des monstres organisée sur le toit).

John a demandé à Fred de jouer du bongo, j'ai joué du tambourin, et pendant quelques sublimes secondes, j'ai été un Beatles dénué de talent, comme l'était une famille de grenouilles-taureaux qui éructaient en contrebas.

Quand, en début de soirée, les autres sont rentrés, John m'a demandé quelles étaient mes fonctions quand je travaillais pour Buddy. Je lui ai expliqué que j'étais un assistant/une muse/un auteur/le responsable des invités, que je le préparais à ses interviews et que je l'aidais à écrire ses monologues.

« Tu es son foutu Cyrano de Bergerac.

– Je n'ai jamais voulu être sous le feu des projecteurs. »

Je lui ai raconté que lorsqu'on me demandait lequel des Beatles j'aurais aimé être si j'avais pu choisir, je répondais aucun des Fab Four.

« Tu disais Brian.

– Effectivement. J'aurais aimé être Brian Epstein, votre agent, ou George Martin, votre producteur.

– Et c'est ce que tu es, en un sens, mais pour ton pauvre vieux père, paix à son âme.

– Je lave le linge sale de son psychisme.

– Quoi que tu fasses, je te déconseille d'être son psy.

– Je ne le suis pas.

– Mon père était un gamin.

– Le mien n'en est pas un. »

Nous avons écouté un moment les grenouilles mâles chanter pour appeler les femelles.

C'est maintenant ou jamais, me suis-je dit. « Accepteriez-vous de participer à son émission ? ai-je lâché.

– Oui, bien sûr, répondit John sans hésiter.

– Et…

– Et quoi ?

– J'imagine qu'il est impensable que Paul vous accompagne ? » ai-je ajouté, téméraire.

John a eu un sourire espiègle.

« Il faudrait que tu lui poses la question, tu ne crois pas ? »

J'ai appelé Buddy ce soir-là parce que c'était la fête des pères, et parce que je me sentais coupable de ne pas être auprès de lui et d'avoir lu son journal. Comme il m'a demandé un récit détaillé de la tempête, je lui ai tout raconté, je lui ai dit que j'avais été malade comme un chien, que ça avait été particulièrement éprouvant, et que nous étions tous devenus étrangement proches.

« On a vaincu la mer elle-même, comme disait Bligh.

– En tout cas, j'étais inquiet de ne pas avoir de tes nouvelles.

– C'est ce que maman m'a dit. Je rentre bientôt.

– Quand ?

– Dans quelques jours.

– Tant mieux. J'ai écrit des textes qui ne sont peut-être pas totalement nuls.

– Quel genre ?

– Des monologues d'ouverture pour me remettre dans le bain. Parfois ce ne sont que quelques minutes de réflexions personnelles, parfois c'est plus long.

– Tu peux m'en lire un ?

– Tu veux dire au téléphone ?

– Bien sûr, pourquoi pas ?

– D'accord. Mais ils sont à l'état d'ébauche.

– Ce sera à moi d'en juger. » J'ai bu une gorgée de bière puis je me suis calé dans mon fauteuil et j'ai écouté mon père.

« Imagine l'ancien plateau. Don Gold me présente (*Et maintenant, voici un homme à la voix veloutée*), et le rideau se lève. J'arbore un sourire niais », a-t-il précisé, et j'ai visualisé la scène. Quand il entrait sur le plateau, mon père se frottait les mains, ou bien il les enfonçait dans les poches de son pantalon, ou encore il les joignait comme en prière. Puis il regardait son public comme s'il était stupéfait de voir tous ces gens venus juste pour lui. L'auditoire l'acclamait et généralement une voix de femme hurlait : « On t'aime ! » À quoi Buddy répondait : « Oui, oui, je sais, c'est une maladie. »

Il a continué pendant huit délectables minutes, et il n'y a eu qu'un seul raté.

« Tu en penses quoi ?

– Tu es prêt pour “le Lancer et les Bulles”.

– C'est ce que je me disais. Bon retour, fiston. »

29

Je suis rentré à New York début juillet. Dans la semaine qui a suivi, mon père a commencé à tester, dans des clubs de stand-up, un autre style de monologue, proche de celui que Claudia m'avait décrit. Il racontait comment il s'était éloigné de sa vie d'homme célèbre pour expérimenter le monde en tant que voyageur anonyme, prenant une chambre dans des motels où les employés lui jetaient un regard en coin en se demandant pourquoi sa tête leur disait quelque chose. Il parlait des âmes sages ou égarées rencontrées en chemin (une meute de chiens l'avait attaqué à Yogyakarta, il avait surfé sur une vague de six mètres en Australie, et avait rêvé que l'hôtel de Dehli où il était descendu avait pris feu, ce qui s'avéra ne pas être un rêve). Puis il récitait un poème humoristique en prose qui relatait son retour à New York alors qu'il n'avait plus ni émission ni travail et qu'un nombre incalculable de gens lui demandaient : *N'étiez-vous pas Buddy Winter ?* Suivaient un texte amusant sur nos déjeuners, plutôt pénibles, avec les jeunes costards-cravates, puis une histoire vraie, le fait qu'il avait joué dans *La Croisière s'amuse* le rôle d'un veuf qui tombe amoureux de l'actrice Sandy Dennis. Enfin, il racontait ce que c'était que de se produire dans les clubs de la ville au début des années soixante. Je dirais qu'il était captivant la moitié du temps, le reste étant au petit bonheur la chance et, quand il perdait son public, ce qui arriva au moins deux fois selon moi, c'était parce que les gens s'attendaient à des blagues avec une vraie chute et non à du théâtre psychologique.

Le *Village Voice* publia une bonne critique avec en gros titre : « Buddy Winter met son âme à nu ». Je me suis dit qu'on aurait également pu lire : « Buddy Winter veut retrouver l'amour du public ». Quand mon père était au faîte de la gloire, plaire ne lui importait guère. Si vous ne pigiez pas ses vannes, il considérait juste que vous n'étiez pas très intelligent.

La semaine suivante, Harry m'a proposé de déjeuner avec lui. Il y avait de l'excitation dans sa voix.

« Juste toi, me dit-il. Je t'expliquerai pourquoi quand on se verra. »

Nous sommes allés dans son restaurant de *dim sum* préféré, le Jing Fong sur Elizabeth Street, dans Chinatown, et dès que les chariots passaient, il nous ravitaillait en raviolis vapeur ou beignets, boulettes de poisson et de bœuf, et chaque bouchée était meilleure que la précédente. Il nous a commandé des Heineken puis m'a demandé de lui relater ma traversée. Il se laissait pousser la moustache depuis un mois, elle ressemblait un peu à celle de Robert Redford dans *Butch Cassidy et le Kid* et il attendait encore, me confia-t-il, l'approbation de sa femme et de sa fille.

Je lui ai décrit la beauté des deux premiers jours, les dauphins, le ciel nocturne, et puis je lui ai raconté la tempête.

Je lui ai dit que j'avais été malade, que ça avait été dingue, et qu'il était invraisemblable que nous ayons survécu. J'ai essayé de lui dépeindre John à la barre, dans le vent et la pluie.

« Incroyable. Entre cette traversée et le Peace Corps, on peut dire que tu as déjà pleinement vécu.

– J'ai failli ne pas revenir. »

Il a pris trois raviolis roses, qui étaient sans doute aux crevettes, et une grosse boule blanche, un *gao* au porc, précisa-t-il. Puis il a remercié la serveuse en cantonais.

« Impressionnant, dis-je.

– J'ai vécu un an à Hong Kong quand j'étais lycéen.

– Je l'ignorais.

– Mon père avait été muté là-bas pour le travail… Bon, voilà ce qui se passe. Ce n'est pas *exactement* ce que nous voulions, mais finalement je crois que c'est mieux.

– De quoi s'agit-il ?

– CBS veut confier à Buddy une émission le vendredi soir à vingt-trois heures trente.

– Comme ça, comme par enchantement ?

– Il faudra qu'on fasse notre numéro de claquettes mais en gros, oui. Ça fait huit ans qu'ils programment le *CBS Late Movie* dans cette tranche horaire. Des vieux films et des rediffusions de feuilletons comme *Banacek*, *Les Vengeurs* et *Cannon*.

– Ceux qu'on regarde quand on est tellement bourré qu'on n'en a rien à faire.

– Exactement. Mais ce genre de format tend à disparaître car les chaînes cinéma comme HBO et Showtime ont de plus en plus d'abonnés et il est fort probable que les gens vont bientôt se mettre à louer les films.

– C'est logique.

– Bref, cette semaine, j'ai eu un coup de fil d'un type qu'on avait rencontré il y a plusieurs mois, un certain Keith Osborne, tu te souviens de lui ?

– Le mec tout feu tout flamme.

– Oui. Eh bien, il ne nous racontait pas de bobards. Il est hyper impliqué. C'est lui qui a obtenu le feu vert. J'avais parlé de cinq soirs par semaine, comme par le passé, mais il m'a expliqué qu'ils voulaient commencer par le vendredi soir, avec pour objectif d'attirer les mêmes téléspectateurs que le *Saturday Night Live*.

– Le marché est conclu ?

– Presque. On se rend sur place. On règle les détails et on fonce.

– L'état psychologique de mon père ne les inquiète pas ?

– C'est ce que je t'avais dit. S'il ressemblait à l'ancien Buddy, quelqu'un mordrait à l'hameçon. Et puis si l'émission a du succès, elle passera peut-être à cinq soirs par semaine. En attendant, c'est moins flippant de n'en avoir qu'une à préparer.

– Mon père peut s'adresser à un public plus jeune, certainement plus jeune que celui de Carson.

– Ils veulent quelqu'un qui repousse les limites.

– C'est-à-dire ?

– Ils veulent une émission qui fait des étincelles, qui bouscule. Ils veulent que Buddy soit un peu provocateur. Qu'il ait des opinions tranchées. Il y aura aussi beaucoup de nouveautés en musique. Sans doute le genre de groupes que tu écoutes.

– D'accord. Il est au courant ?

– Je lui téléphonerai quand je serai de retour au bureau.

– Pourquoi m'en avoir parlé en premier ?

– Parce que je sens une certaine hésitation chez ton père ces derniers temps, comme s'il doutait à nouveau de lui. Je souhaite que tu t'impliques avec moi. Et je voulais que tu sois le premier sur le coup.

– L'émission commencerait quand ?

– En septembre.

– C'est bientôt.

– Tu trouves ? Il est temps qu'on se bouge les fesses. Trinquons ! » a conclu Harry, et nous avons levé nos bouteilles de bière et porté un toast à Buddy.

« Une dernière chose, reprit-il. Ça te concerne aussi. La chaîne veut que tu sois de l'aventure. Ils t'apprécient. Ils aiment le duo que vous formez, ton père et toi. »

Les idées se bousculaient dans ma tête quand j'ai pris le métro pour rentrer à la maison, car c'en était fini de nos visites de musées et de nos séances de cinéma, et j'ai senti dans mes veines la décharge d'adrénaline que j'avais quand on passait à l'antenne tous les soirs et qu'on était constamment sous pression. Harry m'avait expliqué qu'ils avaient commencé à embaucher et qu'ils voulaient que je leur fournisse assez rapidement une liste d'invités potentiels, en espérant y lire le nom de mon ancien compagnon de bord. Je suis partant, lui avais-je dit. Mais l'étais-je vraiment ? Après Los Angeles, j'avais cru que la chance nous sourirait mais ça n'avait pas été le cas, si bien que j'avais révisé mes attentes et que je m'étais dit que ça allait prendre du temps, peut-être beaucoup de temps, et voilà qu'on nous jetait à la mer en nous enjoignant de faire des bulles. Allez, Buddy Boy, *nage maintenant, nage !* Et alors que le métro roulait vers le nord dans un bruit de ferraille, je me suis demandé ce qu'ils entendaient par « être de l'aventure », car mon rôle n'avait pas été défini. (*Étais-je en train de me dégonfler, pourquoi ne pas simplement me réjouir ?*) Le but était de remettre Buddy en selle et de le laisser, comme des parents laisseraient leur enfant en première année d'université devant la porte du dortoir – et non de m'engager pour quatre ans en tant que son second moi. Et donc oui, j'étais en partie soulagé et tellement heureux que j'aurais été capable de danser sur les sièges du métro, mais j'étais aussi pris d'une peur panique, et alors que je tournais des clips de notre avenir, le bon et le mauvais, j'ai raté ma station, je me suis retrouvé à celle, quasiment déserte, de la 125e Rue, et j'ai dû me ressaisir et repartir dans l'autre sens.

30

Ce dimanche matin, Buddy et moi avons remonté Broadway jusque chez Zabar's, le temple de l'épicerie fine, pour acheter des bagels et du poisson. Mon père portait une vieille chemise Lacoste d'un bleu passé, qui avait été si souvent lavée qu'elle paraissait sur le point de se déchirer, un bermuda bleu foncé et des sandales de cuir achetées en Grèce pendant son break et, avec sa barbe de trois jours, on aurait pu le croire en vacances. Je ne parvenais pas à jauger son humeur. Nous avons parlé de notre nouveau projet, mais il avait du mal à assimiler la nouvelle, comme si c'était un poisson qu'il aurait pêché mais n'aurait pas le cran de tuer.

L'été new-yorkais était atrocement chaud, et les rues sentaient l'asphalte fondu et les gaz d'échappement. Un radiocassette nous a croisés, d'où s'échappait « Emotional Rescue » des Stones – « *You're just a poor girl in a rich man's house…* »

« Je suis impatient, du moins je crois, me dit mon père, une fois la musique derrière nous.

– Tu imagines ? Tu es de nouveau à l'antenne. Et pas sur une petite chaîne locale. Sur CBS ! »

Il a hoché deux fois la tête, et on aurait dit qu'il essayait de digérer un repas qui ne passait pas.

« En fait… je trouve ça un peu prématuré.

– Un peu prématuré ? Qu'est-ce que tu veux dire ?

– Combien de temps avons-nous pour être opérationnels ? Six semaines ?

– C'est tout à fait faisable. »

Le week-end, il y avait toujours un monde fou chez Zabar's. Nous sommes allés dans le rayon poissonnerie et avons pris un ticket. Derrière le comptoir vitré, il y avait du saumon de Nouvelle-Écosse et du saumon norvégien, de l'esturgeon de lac, du corégone blanc, du foie haché, des câpres, de la truite fumée, des harengs et du bortsch. La femme qui était devant nous mangeait du foie haché servi sur un bagel, et elle léchait le petit pain avant chaque bouchée. Elle avait du rouge à lèvres d'un rose éclatant, et son minuscule chien poilu me regardait comme si j'étais susceptible de lui donner une friandise.

« Il faut vraiment qu'on réfléchisse bien et qu'on s'organise, dit Buddy.

– Ce n'est qu'un soir par semaine et, pour autant que je sache, ils veulent simplement que tu sois toi-même, brillant comme tu sais l'être. Tu n'as rien à réinventer.

– Tu te joins à moi sur ce projet ?

– Bien sûr », dis-je, avant d'ajouter : « Du moins au début. »

Ce n'est pas ce que mon père voulait entendre.

« Je veux que tu produises l'émission et que tu sois mon éminence grise. J'ai besoin de toi.

– Tu crois ?

– Oui. Sans toi, j'en suis incapable.

– Mais non.
– On fera en sorte que ça marche comme sur le *Tonight Show*. On a tellement bien travaillé ensemble.
– Tout le mérite te revient.
– Je ne suis pas d'accord. Il nous revient à tous les deux. Et un peu plus à toi qu'à moi.
– C'est faux.
– Tu te retires du projet ?
– Pas du tout, rétorquai-je.
– Alors, qu'est-ce qui se passe ? »

Je me suis rendu compte que Buddy ne présenterait cette émission que si j'acceptais de faire équipe avec lui, et s'il hésitait, les gens de CBS trouveraient quelqu'un d'autre et on aurait raté notre coup. Mais si j'acceptais, je m'engageais à redevenir son assistant, et j'étais de plus en plus convaincu que j'avais besoin d'avoir une activité à moi, même si elle ne me rapportait pas beaucoup d'argent, même si elle ne me rendait pas célèbre ni même heureux. Nous avons attendu en silence d'être servis. Mon père semblait stressé et déprimé, ce qui n'aurait pas dû être le cas. Il allait faire son retour à l'antenne. Putain, c'était génial, ne le voyait-il pas ? Ne le voyais-je pas ?

Il a passé commande, et l'homme debout derrière le comptoir a tranché le plus frais et le plus beau des saumons norvégiens, dont mon père ne goûterait pas même une bouchée si je ne lui donnais pas la bonne réponse immédiatement, ce que j'ai fait : « Oui, on fera cette émission ensemble.
– OK. Alors maintenant, on va de l'avant. »

Sur le chemin du retour, nous avons acheté le *Sunday Times* et le *New York Post*. Les Jeux olympiques d'été avaient commencé à Moscou, sans les athlètes américains. La capitale était interdite d'accès, comme si elle se trouvait sous occupation militaire.

J'ai lu un article à mon père : « "Le boycott se résume à une piètre machination qui a échoué, comme tout le monde peut le constater, ont-ils dit à la télévision soviétique." Ils continuent sans nous comme si nous n'existions pas.

– Un monde sans l'Amérique.

– Le rêve de Brejnev, dis-je.

– Oh, on lui manque. C'est moins marrant de battre Cuba et l'Allemagne de l'Est que de nous battre nous, tu ne trouves pas ? »

Nous sommes passés devant la First Baptist Church, un immense bâtiment avec des tourelles et un toit rouge qui, m'a rappelé Buddy, avait été conçu par le même architecte que l'Apollo Theater et, plus tard, l'Ansonia, un hôtel où Toscanini et Babe Ruth avaient vécu, m'a-t-il répété pour la énième fois, le joueur de base-ball accueillant ses visiteurs en peignoir de velours, un cigare cubain aux lèvres. C'était comme si Buddy était un agent immobilier qui cherchait à me convaincre de m'enraciner ici. Mais j'interprétais peut-être mal ses paroles. Soudain, tout ce qui venait de mon père m'irritait.

Pour fêter notre nouveau projet, nous avons acheté une bouteille de champagne dans un magasin de vins et spiritueux, sur Columbus Avenue – c'était mon idée –, en vue de préparer des cocktails Mimosa. Avec l'aide de ma mère et de Kip, et après avoir bu deux flûtes, j'ai réussi à convaincre Buddy que cette occasion était une chance, d'autant qu'il allait de nouveau toucher un salaire, ce qui stopperait l'hémorragie d'argent que nous connaissions depuis deux ans. À partir de ce soir-là, il a retrouvé son cerveau d'animateur télé, il s'est remis à écrire, à planifier, à lire le *New York Times*, le *Post*, *Esquire* et *People*, muni d'un stylo pour souligner les sujets d'actualité dont il pourrait nourrir ses blagues. Avant de rencontrer la chaîne (cinq jours plus tard), il nous fallait délimiter avec finesse notre identité et ce en quoi nous nous distinguions. Ça allait exiger beaucoup de travail, une certaine connaissance de soi, et d'interminables soirées pour peaufiner l'ensemble. Le tout en une semaine. Nous allions demander des idées à nos auteurs, ébaucher un budget, puis commencer à faire appel aux stations locales affiliées à notre réseau et aux sponsors potentiels pour calmer les inquiétudes prévisibles de la chaîne. Enfin, nous allions trouver un lieu et tourner un pilote en public tout en évitant de faire une dépression nerveuse qui gâcherait tout.

Vers vingt-trois heures ce soir-là, j'ai pris la décision discutable d'appeler John aux Bermudes, en me disant qu'il n'était sans doute pas encore couché, qu'il devait être en train de composer. Il y avait de la friture sur la ligne mais sa voix était claire.

« Allô.

– C'est Anton.

– Anton, mon garçon. Est-ce que tu comptes revenir ? Parce qu'il y a dans l'appartement certaines choses dont j'aurais besoin.

– Je peux être là dans quelques heures.

– Sans toi, ce n'est pas pareil, dit-il en imitant une voix de femme.

– Vous n'écrivez plus de chansons ?
– Si. J'en ai toute une putain de valise.
– Buddy va présenter une émission, ai-je laissé échapper.
– C'est vachement bien.
– Je voulais juste vous le dire.
– Tu as bien fait.
– Voilà les dernières nouvelles.
– Tu n'as pas l'air totalement emballé.
– Il m'a dit qu'il ne se lancerait pas sans moi.
– Ah, je comprends.
– Vous comprenez quoi ?
– Tu crains que ça ressemble à l'épisode de *La Quatrième Dimension* où le prisonnier est envoyé en exil sur une planète lointaine et déserte.
– Je ne l'ai pas vu, celui-là. »

J'étais une fois de plus frappé par le fait que John, homme au foyer depuis maintenant plusieurs années, avait beaucoup regardé la télé.

« Un des officiers apporte au pauvre bougre une femme-robot qui se comporte comme sa compagne et adopte ses centres d'intérêt et ses tics. Tu te dis que c'est tout à fait toi, que tu vas passer ta vie à tenir la main de ton père et à lui torcher le derrière, et tu crains que le jour où il sera sur son lit de mort, tu sois encore en train de rire à ses blagues, de lui dire qu'il était incroyable, et de lui rappeler le jour où Orson Welles, invité sur le plateau, avait dit un truc magnifique, et ce ne sera pas faux, son émission était effectivement incroyable, mais où sera la tienne ? te demanderas-tu. Quelle putain d'existence auras-tu vécue et, devenu vieux, te réveilleras-tu un jour pour t'apercevoir que tu auras passé ta vie à cultiver le rêve défraîchi de quelqu'un d'autre ?

– Merde alors.

– La bonne nouvelle, c'est que ça ne se passera pas comme ça.

– Je vous dois des remerciements, j'imagine.

– Mais ne t'habitue pas trop au confort. J'envisage de faire une longue traversée. D'aller jusqu'à Tahiti, peut-être, si tu parviens cette fois-ci à ne pas rendre tripes et boyaux. »

31

Alex a insisté pour que nous fêtions ça en grande pompe en allant nous défoncer au Blitzkrieg, la nouvelle boîte de nuit qu'il fréquentait, située à l'angle de la 34e Rue et de la 7e Avenue, à l'emplacement d'un ancien atelier de confection. Elle s'étendait sur trois niveaux indépendants. Au sous-sol se produisaient des groupes comme les Cramps, les Skirts ou les Swinging Madisons, un DJ mixait au rez-de-chaussée et, au premier étage, il y avait des écrans suspendus et d'autres, plus grands, qui diffusaient des montages photo – Bowie, travesti, qui jouait la vamp, des largages de bombes, des derbys de démolition, l'allocution du 23 septembre 1952 de Nixon[1], deux célèbres acteurs télé faisant du camping, et deux drôles d'oiseaux de dessin animé posant de la dynamite à la poupe d'un bateau.

En chemin, nous nous sommes arrêtés dans un bouge et avons bu plusieurs vodkas.

« Ce n'est qu'une fois par semaine, nota Alex.

1. Le candidat républicain à la vice-présidence des États-Unis y défendait son intégrité suite aux accusations de pots-de-vin et d'irrégularités concernant le financement de sa campagne.

– C'est mieux, non ?

– Je trouve ça génial. Je ne sais pas combien il y a de téléspectateurs le vendredi à vingt-trois heures trente, mais je peux t'assurer que je serai devant mon poste.

– Ce qui intéresse les gens, ce sont les émissions du samedi soir.

– Vos concurrents sur cette tranche horaire sont nazes. Il y a une pâle imitation du *Saturday Night Live* sur ABC.

– Oui, *Fridays.* » J'avais déjà regardé cette émission. C'était effectivement la copie exacte de *SNL* avec des sketchs, de la musique et un reportage. « Les groupes sont super mais sinon c'est plutôt chiant, dis-je.

– Tu sais, quand Lorne Michaels, le créateur de *SNL*, a pris une année sabbatique, il s'attendait à ce que l'émission soit suspendue jusqu'à son retour. Mais comme la chaîne en a décidé autrement, quasiment tous ses collaborateurs ont démissionné. D'après ce que j'ai entendu dire, c'est le bordel.

– Ça nous est favorable ou défavorable ?

– Ni l'un ni l'autre. Mais avec Buddy Winter, ce sera forcément génial.

– Je vais devenir producteur à part entière.

– À vingt-trois ans, putain !

– Ça me fait un peu flipper.

– Arrête !

– Quoi ?

– Ça ne t'arrive jamais de te dire que tu as de la chance, que bien des gens tueraient pour être à ta place ? Tu es mon ami, mais j'ai parfois l'impression que tu vis retiré dans ton petit château, dans ta bulle.

– OK.

– Très bien.

– Et qui a failli mourir deux fois en un an ? ai-je repris.

– Mais tu n'es pas mort. Et maintenant… – Alex a sorti un sachet contenant quatre ou cinq champignons – il est l'heure de prendre un petit en-cas avant d'aller en boîte. »

Les champignons n'avaient pas encore commencé à agir lorsque nous sommes entrés dans la salle bondée – beaucoup de punks et de fans de glam rock, quelques crêtes iroquoises, et une marée de fous qui dansaient de façon insensée et à qui nous nous sommes mêlés. À l'étage des écrans vidéo, nous avons dansé sur « Going Underground » des Jam et, sur le coup, j'ai trouvé que cette chanson était à nulle autre pareille.

À un moment, l'effet des champignons s'est fait sentir, mais impossible de trouver Alex, alors je me suis rendu seul sur le toit, où des gens buvaient et dansaient et où quelqu'un était en train d'allumer des cierges magiques.

Mes yeux n'arrêtaient pas de tomber sur des choses banales mais que je trouvais étrangement belles, comme le motif des tee-shirts que portaient les gens autour de moi, les perles qu'une femme avait dans les cheveux, les bagues d'un barman, le son qui sortait des enceintes, la qualité de l'air nocturne, l'odeur de marijuana et l'humidité de ma chemise. Je transpirais. Je me rappelle avoir entendu Martha and the Muffins, Joy Division, PiL, les Ramones, The Normal. J'ai vidé d'un trait un verre d'eau très fraîche puis un shot de tequila qu'on m'avait offert, en compagnie de sept personnes qui, apparemment, fêtaient un anniversaire. J'ai chanté avec eux.

Puis j'ai entendu quelqu'un dire, avec l'accent anglais, « Winterboy ». C'était Olive. Elle avait le visage couvert de paillettes argentées, les cheveux défrisés, et elle portait une robe très courte et un haut transparent.

Avant que je puisse répondre, nos lèvres se sont rencontrées, Olive m'a poussé contre le mur, j'étais excité et j'ai senti son corps contre le mien.

Puis elle s'est reculée et m'a dit : « Mais où étais-tu donc passé ? »

32

Harry Abrams et Elliot Kaplan – que nous avions volé à ABC le jour où nous avions signé le contrat – sont passés à la maison le lendemain pour travailler sur le plan presse, qui comprenait des interviews que Buddy accorderait à six journaux et magazines, et sur la stratégie à mettre en place pour répondre au mieux aux questions touchant à sa dépression nerveuse et à ses suites. Harry pensait qu'il fallait cacher notre jeu, éviter que mon père se dévoile, ce qui pourrait être douloureux pour tout le monde, et nous concentrer davantage sur l'emballement que provoquait ce retour à l'antenne, et sur nos projets concernant la nouvelle émission.

« Je ne veux pas donner l'impression d'être un cachottier, réagit Buddy.

– À ce stade, je ne pense pas que ce soit un problème, lui expliqua Harry. Les gens connaissent ton histoire.

– Mais pas toute l'histoire.

– Ils n'ont pas besoin de tout savoir. C'était une quête intérieure classique. Un pèlerinage. Une purification. Un réveil spirituel. Et puis fais-les rire pour qu'ils n'aient pas l'impression que tu es en train de leur proposer une séance hebdomadaire de développement personnel. Voilà, c'est à peu près tout.

– Devrait-on faire quelques exercices de simulation d'interview ? demanda mon père.

– Ce serait sage », dit Elliot.

Nous avons commencé à bombarder mon père de questions et, à chacune d'elles, il souriait, rassemblait ses idées, puis élaborait une réponse réfléchie. Harry a réagi favorablement à plusieurs reprises, mais Elliot n'avait pas l'air impressionné. Quand Buddy a quitté la pièce pour répondre à un coup de fil, il s'est adressé à Harry : « Tu as douché son enthousiasme. On dirait qu'il est sous tranquillisant.

– Ah bon ?

– Avec tous tes appels à la prudence.

– Je ne veux pas qu'il merde. Pas maintenant. Pas à quelques semaines seulement de la première.

– Tu en penses quoi, Anton ? » Quand ils n'étaient pas d'accord, les deux hommes me consultaient toujours pour que je les départage.

« Il devrait moins se dénigrer.

– Exactement.

– D'accord, concéda Harry. Je veux juste éviter qu'il finisse comme Howard Beale dans *Network*. Et qu'un membre du public lui tire dessus. »

Mon père est revenu, l'air tout à la fois heureux et déconcerté.

« Liz Smith nous adresse ses vœux de succès.

– Tu parles de la célèbre chroniqueuse people ? dis-je.

– C'est toi, Anton, qui lui as donné notre numéro de téléphone ?

– Non, c'est moi, intervint Elliot. Comme tu vas avoir besoin d'elle, il serait sage de faire en sorte qu'elle se sente privilégiée.

– Écoute, dit Harry. Tu peux te dévoiler un peu. Ne pas coller à ce qu'on te dit. Sois toi-même et tout ira bien.

– J'avais l'impression d'être moi-même.

– Alors sois-le encore un petit peu plus, suggéra Elliot.

– OK », répondit Buddy en haussant les épaules.

Et il s'en est très bien sorti.

Nous avons également travaillé sur le format, et discuté du fait que la chaîne exigeait qu'Elliot relise le monologue plusieurs heures avant le début de l'émission.

« Pourquoi ? demanda mon père.

– Ce n'est qu'une formalité. Ils ne modifieront pas le texte. C'est ton émission. »

Mais nous savions tous que c'était pour éviter le genre de monologue qui avait précédé son pétage de plombs.

Buddy me faisait de la peine, on était tous sur son dos, on l'observait, on le jugeait (« comme du cheptel à une foire aux bestiaux », nous dit-il), on l'encourageait tout en craignant manifestement qu'il s'emporte à nouveau ou qu'il ne soit plus que l'ombre de lui-même, ou encore qu'il aille mieux mais que plus personne ne s'intéresse à lui car le monde était passé à autre chose. Et pourtant, j'ai trouvé du réconfort dans ce qu'Elliot nous a dit, à savoir qu'avec la diffusion de *Dallas* juste avant l'émission, les soirées du vendredi étaient à nous, et que le matin même la chaîne avait accepté de faire la promo de Buddy pendant les interruptions publicitaires de trois séries à succès. Si tout se passait bien, la nuit nous appartiendrait, et si *Saturday Night Live* était le fiasco que tout le monde décrivait, le week-end nous appartiendrait peut-être entièrement.

33

En août, les démocrates sont arrivés à New York pour leur convention, ce qui signifiait que les Kennedy seraient en ville et que ma mère serait mise à contribution – quelques soirées et des soins dans un spa avec Joan. Teddy avait gagné neuf États et suffisamment de délégués pour prouver qu'avec une prestation à peine meilleure, à commencer par son interview avec Roger Mudd et sa campagne dans l'Iowa, il aurait pu tendre vers la victoire et serait en train de peaufiner son discours d'investiture. Il comptait désormais sur les débats en interne et s'attendait à ce qu'un assez grand nombre de délégués élus dans les rangs de Carter quittent le navire, ce qui était au mieux improbable et le faisait passer pour un mauvais perdant. On avait de plus en plus l'impression que Ronald Reagan, fils d'un vendeur de chaussures originaire d'une petite ville de l'Illinois, personnage principal de la comédie *Bedtime for Bonzo* et porte-parole de General Electric, allait être notre prochain président.

Les délégués ont quand même fait la fête, comme si c'était la fin du monde. Ils ont blagué en affirmant qu'ils iraient s'installer au Canada si Reagan était élu, et qu'ils comptaient investir dans des abris antiatomiques car tout portait à croire qu'un conflit nucléaire était imminent.

Après son triomphe au Park Tavern, Joan a vécu la fin de la campagne comme un calvaire. Plus son mari perdait du terrain, plus il était abattu. Il se nourrissait mal, buvait, souffrait de sautes d'humeur, et les journalistes parlaient du poids qu'il prenait et de ses costumes devenus trop serrés. Quand le couple posait pour les photographes, c'était vraiment à contrecœur que Ted tenait la main de Joan ou passait un bras autour de ses épaules ; il lui arrivait aussi de descendre de l'estrade bien avant elle, un jour il l'avait même fait alors qu'elle était en train de s'exprimer à la tribune.

« Si par miracle on gagnait, je ne peux pas imaginer quels président et première dame nous ferions, a-t-elle confié à ma mère. Parfois Ted se conduit comme s'il ne supportait pas d'être dans la même pièce que moi. »

Le dernier espoir de Kennedy s'est effondré dès le premier soir, quand les délégués ont refusé de voter une résolution qui leur aurait permis de ne pas systématiquement choisir le candidat au nom duquel ils avaient été élus, ce qui était favorable à Jimmy Carter. Ted a fait preuve d'élégance, a parlé de s'unir autour du parti et derrière le Président et, l'avant-dernier jour de la convention, il a prononcé le discours de sa vie. En l'écoutant s'attaquer à Reagan et aux républicains avec tant de véhémence et de justesse (mais où était-il donc passé ces derniers mois ?), on ne pouvait qu'être convaincu que cet homme passionné était ce dont le pays avait besoin ; un sentiment renforcé par le discours de Carter, le lendemain soir, qui sentait le réchauffé. Ma mère avait les yeux noyés de larmes, ce qui n'avait rien à voir avec Teddy, me suis-je dit.

C'était plus profond : c'était lié au fait que la vie prenait parfois un mauvais tournant et qu'on ne pouvait rien y changer.

« J'ai un très mauvais pressentiment.

– Tu penses à Reagan ?

– Non. C'est comme si nous avions ouvert la porte à quelque chose, tu vois ce que je veux dire ?

– Oui.

– C'est juste ce que je ressens. Ça va passer. »

Joan et Ted étaient en une du *New York Times*, courageux dans la défaite. Le lendemain de la fin de la convention, Kennedy avait invité sa femme à déjeuner au Box Tree, un restaurant prétentieux et hors de prix situé sur la 49e Rue Est. C'était le premier jour du reste de leur vie, avait dit Joan à ma mère, pensant avec un authentique optimisme que leur couple pourrait repartir de zéro maintenant qu'ils ne subissaient plus la pression de la campagne. Mais pour son mari, il s'agissait juste d'attirer l'œil des photographes et de se faire mousser. Joan est très jolie sur la photo, elle porte une robe d'été légère, blanche avec des taches de couleur. Teddy, qui est penché vers elle, porte un costume sombre, et ses épaisses boucles ternes sont ramenées en arrière.

Le lendemain, les Kennedy donnèrent une soirée dans leur maison de McLean, Virginie, et ils étaient ensuite censés se rendre en avion à Hyannis Port où ils passeraient leurs vacances et organiseraient leur avenir mais, d'après ce que Joan raconterait plus tard à ma mère dans une lettre,

Ted demanda au pilote de s'arrêter à Montauk Point sur Long Island. Il dit alors à sa femme : « Au revoir, à plus tard, et merci pour tout », et il se dirigea vers une voiture qui l'attendait.

Les premières critiques de la nouvelle émission de Buddy ont rendu cette lugubre atmosphère plus supportable. Il y a d'abord eu *Variety* et *People*, dont les articles pouvaient se lire comme des lettres d'amour. *Rolling Stone* a interviewé mon père. Le magazine *Manhattan* a envoyé un reporter chez nous, chose dont les occupants du Dakota n'étaient pas particulièrement friands. L'article précisait que je vivais également là, « au huitième étage, un étage humide, froid et faiblement éclairé ».

Playboy a publié un court questionnaire illustré d'une magnifique photo de mon père assis dans un bar en forme de fer à cheval, baigné d'une lumière rouge. Invités préférés (Alfred Hitchcock, Katharine Hepburn), sujet de crispation (les gens qui accrochent chez eux de grands portraits à l'huile les représentant), boisson de prédilection (un Dry Martini), plage préférée au monde (Waikiki, Hawaï), athlète qu'il aimerait être dans une autre vie (Walt Frazier).

Hugh Hefner, le fondateur et propriétaire du magazine, avait lui-même pendant deux saisons animé une émission, *Playboy after Dark*, conçue pour vous donner l'impression de vous retrouver par hasard dans une soirée et d'y croiser des célébrités que l'hôte interviewait à l'improviste entre deux passages au bar. Hef se glissait ainsi jusqu'à Roman Polanski et Sharon Tate, ou Jerry Garcia et les Grateful Dead, les Byrds ou encore les Three Dog Night, et il profitait d'une pause dans la conversation pour lancer : « Ça vous dirait d'interpréter une chanson pour les jeunes ? »

Elliot affirmait que chaque émission était associée à certaines substances qui affectaient notre cerveau. On buvait du café devant une émission matinale, et un verre de vin, en semaine, devant une émission du soir. D'après les sondages, le téléspectateur moyen du vendredi soir buvait au moins deux verres d'alcool.

« Et celui qui regarde le *Saturday Night Live* ?

– Il fume deux joints.

– Et devant *Fridays* ?

– Il prend de la méthaqualone et peut-être un peu d'héroïne.

– Quelle émission regarderait-on sous cocaïne ? ai-je demandé.

– Excellente question, a répondu Elliot. Je dirais une émission de sport, mais ça pourrait mal se passer. Ça risquerait de provoquer trop de palpitations. Peut-être qu'il faudrait en prendre en regardant *Dallas* pour se sentir aussi riche et puissant que les personnages. »

La rubrique Arts du *New York Times* a publié la chronique qui eut ma préférence, car elle relatait comment nous avions présenté notre émission à la chaîne, et mentionnait la blague de Buddy aux Oscars ainsi que notre semaine à Los Angeles. Avec, pour titre : « La vie en Amérique offre-t-elle une seconde chance ? Buddy Winter affirme que oui. »

34

Randy, le petit copain de ma sœur Rachel, avait reçu une balle dans la jambe, un soir, dans un bar du quartier de Flatbush. Son collègue avait eu moins de chance. En essayant de rattraper la voiture des fuyards, sa veste était restée coincée dans la portière et il avait frôlé la mort. Les deux types s'étaient déjà fait arrêter respectivement six et huit fois pour vol avec violence, sans jamais avoir passé plus d'un an en prison. Randy était furieux. Il était en incapacité temporaire de travail et, pour s'occuper et conjurer la dépression, il travaillait sur certains des scénarios qu'il avait négligés au cours des mois précédents. Et il lisait, disait Rachel. Un soir où je dînais avec eux, Randy s'est emporté en déclarant que la justice new-yorkaise était vraiment pourrie et qu'il était très difficile de coffrer les méchants.

Nous étions attablés au Puglia, un de ses restaurants préférés dans Little Italy. Il se déplaçait avec des béquilles. Un pianiste chantait « Buona Sera » à pleins poumons.

« Ça fait du bien de sortir de l'appartement », dit Randy.

Il nourrissait ses scénarios de tout ce qui le frustrait, nous a-t-il expliqué. Les affaires judiciaires, les planques, la criminalité dans le métro.

Tout en vidant une deuxième bouteille de vin, nous en sommes venus à parler de la nouvelle émission, et Randy a demandé à Rachel pourquoi elle n'avait jamais collaboré avec notre père, pourquoi j'étais celui qui avait eu la chance de travailler à la télé.

« Je n'en ai jamais eu envie, répondit-elle.

– Une fois, elle a fugué, ai-je lâché.

– Qu'est-ce que tu fous, Anton ?

– Quoi ? Ça fait partie de ta personnalité.

– Je veux en savoir plus », dit Randy.

Le serveur nous a apporté un plat de rigatoni à la bolognaise et un autre de cavatelli accompagnés de saucisse piquante. Derrière lui, un homme avec un gros perroquet vert perché sur son épaule jouait « That's Amore » à l'accordéon. Randy lui a donné une pièce et l'homme s'est dirigé vers d'autres tables.

« J'ai fugué pour aller à Washington manifester contre la guerre.

– Tu avais quel âge ?

– Dix-sept ans. » Ça avait fait toute une histoire à la maison : l'année de radicalisme de Rachel qui avait préfiguré la jeune femme qu'elle deviendrait.

« Moi aussi, j'ai manifesté, dit Randy. Mais je n'ai pas fugué.

– Et tu es devenu flic.

– Va comprendre. Il faut choisir ses combats avec soin. »

Il a rempli mon assiette et celle de ma sœur de pâtes fumantes.

« Il y a de quoi nourrir une équipe de football, nota Rachel.

– Ne t'inquiète pas, on va taper dedans », répondit Randy en me faisant un clin d'œil.

Je me suis rappelé être allé manifester devant la mairie de New York avec Rachel et son petit copain de l'époque, et avoir vu des jeunes se faire tabasser par des ouvriers du bâtiment. Quatre jours plus tôt, la Garde nationale avait fait feu sur des étudiants de Kent State qui manifestaient. Et l'on venait d'apprendre que Nixon avait déclaré la guerre au Cambodge.

« Je me souviens que votre père était contre, dit Randy.

– Il a été l'un des premiers à le dire, ai-je précisé. Il s'en prenait à Nixon tous les soirs. Il y avait soi-disant des agents du FBI dans le public, prêts à bondir s'il allait trop loin.

– Il était sur la liste des ennemis du Président, ajouta Rachel. Tu te souviens, on parlait en langage codé ?

– Vous êtes sérieux ?

– À moitié, dis-je, mais notre père était convaincu que nous étions sur écoute. Et qu'il était suivi quand il rentrait à la maison après l'émission.

– Je me souviens d'un sketch où Ringo joue un agent du FBI, dit Randy.

– Non, non. De la CIA, corrigea ma sœur.

– Il porte une veste à franges en daim, dis-je, un bandeau, un pantalon repassé, des richelieus noirs, et il infiltre une soirée dans le quartier de Haight-Ashbury à San Francisco, où les invités aux cheveux longs portent tous des colliers et des pantalons pattes d'eph. Très vite, l'agent Ringo tombe amoureux d'une hippie, jouée par Judy Carne, l'actrice qui fait des sketchs dans l'émission *Laugh-In*, et il doit choisir entre démissionner de l'Agence au nom de la paix et de l'amour, ou bien les accuser tous d'ourdir une révolution et les arrêter.

– Il en a fait un autre avec George.

– Harrison ?

– Oui. Il est au téléphone avec Buddy et cette fois, c'est un agent du FBI qui les écoute. Et puis la femme de l'agent les interrompt, c'est ça ?

– Oui.

– Elle décroche et rappelle à son mari de se laver les mains avant le dîner.

– C'est risqué quand le pays est dirigé par un voyou comme Nixon.

– Peut-on être flic et tenir de tels propos ?

– Je suis en arrêt de travail. Je peux dire ce que je veux. »

Le serveur nous a ensuite apporté une escalope de veau, et du poulet au parmesan offert par la maison, précisa-t-il.

« Ne vous attendez pas à obtenir quoi que ce soit en échange.

– Bien sûr, *Investigatore* Randy.

– Je ne peux plus rien avaler, dit ma sœur.

– Ce qui n'est pas mon cas », rétorquai-je en me resservant.

Une fois la table débarrassée et la troisième bouteille de vin entamée, Rachel a pris l'avantage sur moi.

« Tu sais très bien pourquoi je n'ai pas travaillé avec papa sur l'émission. Je ne voulais pas devenir célèbre du seul fait d'être la fille de Buddy Winter.

– Comme je le suis devenu du seul fait d'être son fils.

– Exactement. Je disais toujours aux gens que mon nom de famille était Simmons.

– Le nom de jeune fille de notre mère, précisai-je à Randy.

– Il le sait. » Rachel a fini son verre de vin et s'en est servi un autre.

Depuis l'âge de dix ans, je vivais dans l'ombre de mon père. Quand les enseignants commentaient mon travail, ils finissaient toujours par me parler de l'émission, par me poser des questions sur certains invités. Une fois, l'un d'eux m'a demandé si je pouvais lui procurer des billets d'entrée et une invitation pour découvrir les coulisses du talk-show, et j'ai fièrement satisfait sa requête mais, plus tard, quand il m'a mis un A, je l'ai regretté car je ne savais pas qui, de Buddy ou de moi, avait obtenu cette note.

« Tu sais, maman n'a jamais voulu se contenter d'une place de numéro deux dans la famille en termes de réussite. Elle n'a jamais voulu être mère au foyer. »

C'était en partie l'alcool qui parlait, mais Rachel avait manifestement des choses à dire.

« Et elle ne l'a pas été, lui fis-je remarquer. Elle a travaillé.

– Pas vraiment. Quelques publicités ici et là. Des pièces de théâtre off-Broadway. Un peu de télévision. Elle était tout aussi talentueuse que papa. Et même plus. Il voulait être acteur, romancier et dramaturge, et il était plutôt moyen dans tous ces domaines, d'où son choix de devenir animateur télé.

– Mais non ! Il était plutôt bon.

– On l'a encensé essentiellement parce qu'il était connu et drôle. Et qu'il mettait de l'ambiance dans les soirées.

– Et parce qu'il était intelligent, non ? Pense aux débats sur la guerre, la politique, les livres.

– Il n'a fait que les animer. Tu l'as vu toi-même, il se documente juste ce qu'il faut pour faire illusion.

– La frontière est ténue entre faire illusion et comprendre, remarqua Randy.

– C'est vrai », dis-je.

Je trouvais dommage que ma sœur ne voie pas combien il était difficile de parvenir, comme notre père, à toucher à tant de champs de compétence et ce, avec crédibilité et élégance.

« C'est ton point de vue, Anton. Tu es son fils. Son fidèle acolyte. Son préféré.

– Je ne crois pas. »

Randy, qui écoutait attentivement, a su ne pas nous interrompre. Je me suis dit qu'ils auraient probablement une conversation animée plus tard au lit.

« Il adore Kip, c'est certain, et il m'aime à sa façon. Je le sais. Mais vous êtes davantage liés tous les deux, et ça me va, ça me va très bien. Ça veut dire que je suis plus près que tu ne l'es de savoir qui je suis et ce que j'attends de la vie. Tu te perds encore dans les détails, Anton. Un pied dedans, un pied dehors. Et maintenant tu as les deux pieds dedans, non ? Tu es à ses côtés. Mais c'est sa biographie que tu es en train d'écrire, et tu vas devoir très vite commencer à écrire la tienne.

– Merci, ô sage Bouddha. » J'étais furax.

« J'ai raison et tu le sais.

– Buvons à l'écriture de nos putains d'histoires, lança Randy en levant son verre.

– Volontiers », dis-je.

Quand Buddy vagabondait on ne sait où en Asie, Rachel et moi le raillions afin de compenser son absence. Ma sœur avait voulu faire imprimer sur un tee-shirt : « Mon père est parti en Inde pour soigner sa dépression et ce tee-shirt pourri est tout ce qu'il m'a rapporté. »

Est-ce que ça ressemblait à un divorce ? nous étions-nous demandé. Est-ce qu'on avait davantage de cadeaux pour compenser tout ce que l'on endurait ? Les gens autour de nous s'évertuaient à nous parler de parents ou d'amis qui avaient craqué et subi des électrochocs, ou qui s'étaient enfui avec leur secrétaire, ou encore qui s'étaient retrouvés assis sur un banc public en train de parler aux pigeons. Ou bien ils confessaient les luttes qui les avaient mis aux prises avec eux-mêmes, et le chemin emprunté pour retrouver la santé. C'est normal, affirmaient-ils. Tout le monde passe par là, affirmaient-ils. Il va rentrer, affirmaient-ils avec la voix de ceux qui vous assurent que le chat que vous avez perdu ne va pas tarder à réapparaître sur l'escalier de secours et frapper à la vitre.

« Écoute, Anton, me dit ma sœur. Je t'aime et j'aime papa. C'est juste que tout le monde est très inquiet pour lui, sauf moi. Dix années de succès, c'est long. C'est très long, et quoi qu'il arrive maintenant, il s'en sortira. C'est pour toi que je m'inquiète.

– Je vais bien, Rachel. Tu n'es pas moi et je ne suis pas toi. Je fais mes propres choix.

– Si tu le dis.

– J'attends la première avec impatience, déclara Randy. Y aura-t-il un tapis rouge ? Ils voudront tous prendre en photo le flic aux béquilles.

– Le scénariste aux béquilles », rectifiai-je.

Et nous avons fini la bouteille de vin.

Ce n'est sans doute jamais une bonne idée de se pointer ivre devant l'immeuble d'une femme avec qui vous avez couché deux fois et qui n'est pas vraiment votre petite amie. Surtout à une heure du matin. Mais la discussion avec Rachel m'avait excédé, j'avais besoin de parler à quelqu'un et j'ai pensé à Bronwen, d'autant qu'elle n'habitait pas loin du restaurant. J'ai sonné deux fois à l'interphone. Elle est apparue à sa fenêtre. « Anton ! s'exclama-t-elle. Ça va ?

– Excuse-moi. Je te dérange.

– C'est moi que tu déranges ! a hurlé un habitant de l'immeuble.

– Je descends. »

Une minute plus tard, Bronwen était là, en short et tee-shirt.

« Il y a quelqu'un chez toi ?

– On dirait bien que oui. Ça fait longtemps que je n'ai pas eu de tes nouvelles.

– J'ai une vie de dingue.

– À qui le dis-tu. Sam est dans mon lit.

– Sam le chef cuisinier. Celui pour lequel tu avais le béguin.

– Pas un mot à qui que ce soit !

– Je croyais qu'il était marié.

– Il dit qu'ils sont en froid.

– Je viens d'avoir une discussion de merde avec ma sœur, mais je crois que j'ai compris un truc.

– Qu'est-ce que tu as compris ?

– Remonte chez toi.

– Sam peut attendre.

– J'ai compris que cette putain d'émission télé que j'ai fuie et qui me donnait l'impression d'être piégé, c'est vraiment ça que je veux faire. J'aime ce boulot mais je ne tiens pas forcément à travailler avec mon père. C'est tout. Va te recoucher. »

Bronwen s'est étirée en bâillant.

« OK. Je t'embrasserais bien mais j'ai mauvaise haleine.

– Et un homme dans ton lit.

– Oui, enfin. Tu sais… Bonne nuit. »

Elle est remontée chez elle, et j'ai parcouru à pied tout le chemin qui me séparait du Dakota en me disant que j'aimais vraiment cette ville, que je voulais m'en remplir les poumons car je ne tarderais pas à la quitter. Pas maintenant, pas dans un mois, mais un jour, et je voulais me raccrocher à ce que je ressentais en cet instant précis.

35

La famille au grand complet a pris le métro pour assister aux matchs en trois sets du premier week-end de l'US Open de tennis à Flushing Meadows. Nous y allions chaque année quand le tournoi se déroulait à Forest Hills, et nous avions ainsi pu voir un grand nombre de classiques. Ilie Nastase battant Arthur Ashe en cinq sets lors d'une finale âprement disputée, Guillermo Vilas l'emportant sur Jimmy Connors en 1977 après avoir perdu le premier set.

Rachel lisait un article sur Buddy dans *Manhattan*. Il était illustré d'un portrait de famille réalisé devant notre immeuble avec, pour légende : « Les Winter du Dakota ».

« J'ai le visage bouffi, comme si on venait de m'injecter huit litres d'eau, a-t-elle noté.

– Tu es ravissante, a réagi ma mère.

– À t'entendre, j'ai l'impression que tu me trouves pire en vrai.

– J'ai toujours pensé que c'est ce que les gens insinuent quand ils t'assurent que tu es photogénique, est intervenu mon père. Ils veulent dire ouah, tu es franchement moins bien au naturel.

– C'est faux, a rétorqué ma mère. C'est juste que certaines personnes sont à leur avantage, d'autres pas. Toi, par exemple, tu es très beau en photo.

– Mais sans grand charme dans la réalité, ai-je complété.

– On me prend en photo beaucoup plus souvent que la plupart des gens. Du moins ces derniers temps.

– L'homme du jour, a dit Rachel.

– Mr. Winter, est-il vrai que le visage de votre fille est bien moins bouffi en vrai ? ai-je demandé.

– Je ne sais pas, voyons voir… Oui, je crois bien.

– Allez vous faire foutre », a lâché Rachel avant de nous sourire presque affectueusement.

Sur place, un représentant de la chaîne nous a escortés à l'intérieur et nous a remis un badge VIP, ce qui signifiait que nous allions pouvoir passer nonchalamment devant le vigile qui contrôlait l'entrée du restaurant de l'US Open Club, et nous mêler aux très nombreuses célébrités qui assistaient à ce tournoi, des gens comme Dustin Hoffman et Barbra Streisand, l'acteur et producteur Lee Majors ou encore Brooke Shields (pour laquelle Kip avait le béguin), et des sommités du tennis comme John Newcombe et Rosie Casals.

C'était l'une de ces torrides journées new-yorkaises de fin d'été. Le soleil tapait et des taches de sueur ont commencé à apparaître sur le col de mon tee-shirt.

Buddy est passé dans la tente de CBS pour discuter avec les producteurs et les responsables de la chaîne, qui l'ont accueilli et félicité. Ils lui ont rappelé qu'il assisterait un peu plus tard au match de Björn Borg aux côtés des commentateurs Pat Summerall et Tony Trabert. Je me suis remémoré les Jeux olympiques, mon père s'était senti abandonné à l'époque, et je me suis dit que la chance avait tourné.

Pour l'instant, il était avec Elliot – qui avait réussi à obtenir une veste officielle de la chaîne – et ils assistaient à un simple dames où la tête de série numéro douze, Virginia Wade, se faisait malmener par une joueuse roumaine non classée.

Rachel et ma mère se sont aventurées jusqu'aux tentes de restauration pour s'acheter, à un prix exorbitant, de quoi déjeuner, tandis que Kip et moi sommes partis regarder les joueurs, en tee-shirt miteux, s'échanger des balles sur un court d'entraînement.

Mon frère avait remporté deux tournois mineurs dans le nord de l'État. Il avait participé aux éliminatoires du championnat national sur terre battue, s'était qualifié, et avait perdu au premier tour.

« Tu envisages de jouer ici un jour ? lui ai-je demandé.

– Ce ne sera jamais à ma portée.

– Tu es en première. Qui sait jusqu'où tu peux aller ? »

Kip a regardé le sol, ou ses immenses pieds.

« Tu sais, j'ai longtemps voulu être meilleur que lui. Comme c'est son sport, le sport qu'il adore, j'ai voulu le battre. Et quand j'y suis parvenu, ça m'a fait une drôle d'impression. Je n'ai pas aimé ce que je ressentais. Il n'était pas aussi content que ce qu'on s'était imaginé, lui et moi. Il est bizarre, il oublie qu'on est des gamins et que c'est lui l'adulte.

– Il m'arrive de ressentir la même chose.

– C'est vrai ?

– Bien sûr.

– La dernière fois qu'on a joué, a repris mon frère, je l'ai emporté 6-2, et il a déclaré qu'il allait devoir accepter le fait de ne plus jamais me battre. Je lui ai dit que ce n'était pas grave, qu'il pourrait me battre dans tous les autres domaines.

– Qu'est-ce qu'il t'a répondu ?

– Que la vie n'était pas une compétition. Et que je n'allais pas tarder à gagner dans d'autres domaines.

– Il a raison.

– Je ne sais pas. Il est doué pour plein de trucs mais il déteste perdre.

– Écoute, je peux te foutre une raclée en basket n'importe quand.

– Même pas en rêve.

– Demain matin sur le terrain de la 77e Rue. Je te parie cinq dollars.

– Je ne me serai jamais fait de l'argent aussi facilement. »

Nous avons regardé notre père depuis le salon VIP où un téléviseur à grand écran était installé dans un coin.

« Buddy Winter, l'une des personnalités télé que je préfère, vient de nous rejoindre, a déclaré Summerall. Il fait son retour cet automne, le vendredi soir, avec sa nouvelle émission, *Friday Nights with Buddy Winter.* Bienvenue dans la famille CBS, Buddy.

– Ravi d'être là. »

Notre père portait une chemise Lacoste blanche sur un pantalon kaki, et ses cheveux, qu'il s'était fait couper dans la semaine, étaient propres et bien peignés.

« Vous êtes fan de tennis depuis un bon moment et un fameux joueur, à ce qu'il paraît.

– Je crains que mon fils Kip assume désormais le rôle de meilleur joueur de la famille mais, effectivement, ça fait des années que je suis l'US Open.

– Qui a votre préférence cette année ? lui a demandé Tony Trabert. Borg, McEnroe, Connors ?

– Je dirais McEnroe.

– L'enfant du Queens. Il est blessé.

– C'est un bagarreur, et je pense que c'est ce genre de tempérament qui va gagner cette année. »

Quand Summerall lui a demandé quelles avaient été ses interviews sportives favorites, Buddy a mentionné celle de Joe Namath après sa victoire au Super Bowl, celle de Jim Bouton concernant les infidélités des joueurs de base-ball lors des tournées, ou celle, légendaire, de Billie Jean King et Bobby Riggs avant la fameuse « bataille des sexes ».

« Vous les avez fait jouer au ping-pong, si je me souviens bien, a dit Trabert.

– Effectivement. Et cette fois-là, Bobby a gagné.

– Racontez-nous votre plus beau souvenir de l'US Open. Y en a-t-il un qui sort du lot ?

– Je dirais la demi-finale en... 1976 ? Orantes est mené 5-0 dans le quatrième set. Puis Vilas a deux balles de match à 5-1.

– 1975. Vraiment l'un des plus grands matchs.

– Il était inconcevable qu'Orantes remonte la pente mais il l'a fait. Le public est devenu dingue.

– Eh bien, comme Orantes, Buddy Winter, qui était lui-même au bord de la défaite, entre à nouveau dans la cour des grands. Bienvenue. Je suis sûr que votre public, lui aussi, va devenir dingue. »

« Je ne sais pas si j'étais au bord de la défaite, a dit mon père quand il a fini par nous rejoindre.

– Je dirais plutôt que tu avais déclaré forfait », a plaisanté ma mère.

Ce soir-là, nous sommes rentrés en taxi, aux frais de CBS. Rachel et ma mère ont parlé embourgeoisement. Buddy, qui était assis à l'avant, a discuté avec le chauffeur, ce qu'il aimait faire. Comme l'homme était originaire de Yougoslavie, mon père lui a présenté ses condoléances suite à la mort en mai, après une longue maladie, du maréchal Tito, « un grand homme et un horrible individu », a dit le chauffeur, qui le détestait « comme un abcès sur mon cœur ».

J'ai souvent pensé que c'était dans un taxi plongé dans l'obscurité, et qui roulait sur le pont de Queensboro, que Buddy menait ses meilleures interviews.

Quand nous sommes arrivés devant notre immeuble, et avant de libérer le taxi, il m'a demandé si j'allais me coucher.

« Pas nécessairement, pourquoi ?

– Je me disais qu'on pourrait aller écouter des comiques.

– D'accord. »

Nous nous sommes rendus au Laugh Lounge sur la 1re Avenue, où l'on nous avait réservé une table au fond de la salle. La nouvelle du retour de Buddy à l'antenne avait apparemment circulé, et des gens du monde de la télévision sont venus se présenter et le féliciter. Mon père a fumé quelques cigarettes, ce qu'il faisait de temps à autre. Il nous a commandé un martini.

J'avais comme l'impression que nous n'étions pas venus uniquement pour tenter de dénicher des talents, mais que Buddy avait, depuis des jours, organisé cette sortie pour tester de nouveaux textes, ce qui ferait tourner cette aventure improvisée uniquement autour de lui. Mais ce ne fut pas le cas. Il s'est montré très attentif. Trois comiques lui ont plu, mais une seule a retenu mon attention, une femme dont le numéro désopilant évoquait son expérience de femme de chambre germaphobe (« pièce à conviction n° 6 : tuyaux d'évacuation de la baignoire et poils pubiens »).

« Ça te dirait qu'on l'invite dans notre émission ?

– Oui, bien sûr.

– Je te propose qu'on lui demande ses coordonnées, ça nous donnera peut-être l'occasion de changer sa vie. »

J'ai souri.

« Je me vois encore dans chacun d'entre eux », m'a dit mon père après qu'un comique eut peiné pour nous raconter, à travers toute une série de blagues pénibles, qu'il s'était fait plaquer le soir où il s'apprêtait à faire sa demande en mariage. « C'est difficile, non ? Tu mets ton âme à nu. Et tu ne sais jamais comment le public va réagir.

– Et si tu t'en fichais ?

– Ça simplifierait la vie.

– J'aimerais me moquer de ce que pensent les gens.

– Bonne chance ! »

L'un des derniers sketchs était un clin d'œil au Plato's Retreat, un club échangiste, véritable univers de torses velus et d'orgies bachiques, situé dans les sous-sols de l'hôtel Ansonia. Le comique, un homme d'une pâleur maladive qui portait une sacrée tignasse et des favoris, avait découvert, à sa grande surprise, que la femme qui s'apprêtait à jouir sur lui était l'institutrice de CE1 de son fils. Au bord de l'orgasme, elle avait beuglé : « Timmy… doit… davantage… se concentrer… en classe… aaahhhhh… mais… sa… peinture d'un léopard tacheté… ooohh *putain, putain…* était… d'une beauté saisissante ! »

Avant le numéro suivant, le présentateur a annoncé que le Laugh Lounge voulait accueillir « un vieil ami de la maison, l'animateur d'une toute nouvelle émission sur CBS, *Friday Nights with Buddy Winter* ». Ce qui a soulevé une tempête d'applaudissements. « Qu'en dites-vous, les amis, peut-on convaincre Buddy de monter sur scène pour nous raconter la vie d'un comique en exil ?

– Oh, merde », a murmuré mon père qui, d'un geste de la main, a fait mine de résister, mais le public a scandé : « *Buddy, Buddy, Buddy…* » jusqu'à ce qu'il se lève, défroisse son pantalon, écrase sa cigarette et monte sur scène, son verre à la main, comme un membre accrédité du Rat Pack[1].

J'avoue que mon attention n'était pas toujours soutenue. Je connaissais ses textes et, au ton de sa voix, je savais à quel moment rire. Mais il s'est montré trop réservé et inquiet suite aux paroles d'Harry l'incitant à ne pas se dévoiler outre mesure maintenant qu'il avait quelque chose à perdre.

Quand Buddy a regagné sa place, d'autres personnes sont venues louer ses efforts et certains comiques se sont glissés dans notre box. Je me suis alors rendu compte que ça m'avait manqué de voir des gens considérer mon père comme quelqu'un qui pouvait leur permettre de percer dans le monde du show-biz, et non comme une ancienne star sur le déclin.

1. Composé de Frank Sinatra, Dean Martin, Sammy Davis Jr, Joey Bishop et Peter Lawford, ce groupe devint l'incarnation de la culture populaire américaine à partir de la fin des années cinquante.

Dans le taxi qui nous ramenait chez nous, il m'a demandé : « C'était comment ?

– Ton numéro ?

– Oui, mon numéro.

– C'était bien.

– Peux-tu être plus précis ? Est-ce que c'était trop long ?

– Non, c'était parfait.

– J'ai arrêté juste avant qu'ils saturent, c'est ça ?

– Ce n'est pas ce que j'ai dit.

– Je n'avais pas envie de raconter cette histoire de dépression nerveuse et de course autour du monde. Ça ne me semblait pas opportun. Je veux dire, dans le contexte de ce spectacle.

– Ça aurait été bien si tu avais eu envie d'en parler.

– En quoi ça aurait été bien ? Ça aurait pu être catastrophique.

– Ou authentique ; tu aurais pu toucher la corde sensible.

– Ce qui veut dire que je ne l'ai pas fait.

– Tu t'es bien débrouillé. »

Nous avons traversé Central Park en silence. Le chauffeur de taxi écoutait une émission de sport où il était question des Yankees et de Reggie Jackson. L'animateur demandait aux auditeurs si Reggie était le meilleur frappeur décisif de tous les temps, et ils appelaient pour donner leur avis.

J'ai songé à la première fois où j'avais blessé Buddy en tant que comique. Il m'avait demandé ce que je pensais d'une blague qui avait été plutôt bien reçue mais qui ne m'avait pas fait rire et que je n'avais pas comprise. Je lui avais répondu qu'on aurait dit une blague de vieux. Le sourire de mon père avait disparu, son visage s'était brutalement décomposé et il s'était tu. J'avais l'âge de Kip. Je me rappelle m'être dit que c'était vraiment étrange d'avoir ce genre de pouvoir sur lui. Le fait qu'il puisse être aussi vulnérable ne me plaisait pas.

« Ça ne suffit pas de bien se débrouiller, reprit-il. Parce que ça veut dire que ton spectacle sera annulé au bout de trois semaines. »

Cette discussion allait se transformer en dispute, ce qui serait totalement vain.

« On t'a demandé de remplacer un joueur et tu as frappé un double.

– J'imagine que c'est satisfaisant.

– Bien sûr. Réjouis-toi.

– Le timing était bon ?

– Il l'est toujours.

– Pas toujours.

– J'ai aimé le sketch autour de la série *Battle of the Network Stars*. Et celui sur l'hôtel incendié.

– Tu pourrais jouer le numéro de mémoire ?

– Sans doute.

– Ça leur a plu, c'est l'essentiel.

– Et tu n'as pas été chahuté. »

J'en avais assez de rassurer mon père. Ce n'était bon ni pour lui ni pour moi. J'ai pensé à ce dont le Buddy lucide aurait parlé, il aurait dit que, derrière tout sketch réussi, il y avait quelque chose de plus profond, une vérité plus pénétrante La femme de chambre germaphobe avait été contrainte d'affronter ses peurs, comme Liddy qui s'était attaché à un arbre pendant l'orage, ou John qui avait tenu la barre du *Megan Jaye* en pleine tempête et, pour cette femme, la tempête était représentée par les poils pubiens d'un inconnu. Quant à l'institutrice du club échangiste, elle avait apporté à ce père dépravé ce dont il avait terriblement besoin, une femme qui voyait chez son fils en difficulté un génie d'une grande complexité.

« Est-ce que j'étais le plus vieux de la salle ?

– Non, il y avait un type plus âgé. Venu avec un déambulateur. Il a manifesté son admiration en se mouchant à la fin de ton numéro. »

Conscient de mon exaspération, mon père a souri. Nous avions atteint un seuil critique : soit ça passait, soit ça cassait.

« Je crois que tu vas avoir besoin d'un assistant, ai-je lâché.

– Qu'est-ce que tu veux dire ?

– Quelqu'un qui me remplacera. Je veux changer de poste. Faire autre chose. Je suis producteur désormais. Je veux produire. »

Nous étions arrivés devant le Dakota.

« D'accord. On en parle demain matin.

– Merci.

– Qu'est-ce qu'on a demain ?

– Une interview avec WPIX à quatorze heures, ai-je répondu sans hésiter.

– Comment fais-tu pour avoir tout ça en tête ?

– L'habitude. Et si je ne t'accompagnais pas cette fois-ci ?

– Ça me va. »

36

À son retour des Bermudes, John s'est mis à travailler sur un album. Il l'a appelé *Double Fantasy*, du nom d'une fleur (une espèce de gros freesia jaune) aperçue là-bas mais aussi parce qu'il avait décidé – ou plus exactement parce que Yoko et lui avaient décidé – que l'album serait composé pour la moitié de ses chansons et pour l'autre de celles de sa femme. Je n'étais pas le seul à être déçu en apprenant la nouvelle.

Ils l'ont enregistré dans le studio de la Hit Factory, situé sur la 48ᵉ Rue Ouest. L'album était conçu comme un dialogue, les chansons de l'un répondant à celles de l'autre.

Dans « Dear Yoko », John évoque dans un vers notre traversée en disant que lorsque nous étions à des milles marins de la terre et que « *nowhere is the place to be* » – « nulle part est l'endroit idéal » –, l'esprit de Yoko avait veillé sur lui. J'objecterais (vainement) que ce sont ses ancêtres vikings ou Poséidon qui ont veillé sur lui, mais c'était sa chanson, pas la mienne. Un certain Jack Douglas, qui avait travaillé avec les Cheap Trick et Aerosmith, avait été choisi comme producteur car, les Lennon étant restés hors du coup pendant des années, ils cherchaient quelqu'un de jeune et de tendance.

Fred m'a appris que John surveillait de très près ses musiciens, un batteur des Roxy Music ainsi qu'un bassiste et un guitariste qui étaient partis en tournée respectivement avec Paul Simon et David Bowie. Il m'a aussi raconté que Yoko avait demandé au studio d'aménager un « salon paisible » décoré de palmiers où trônait un piano blanc, où l'on servait aux musiciens des sushis et du thé, et où ils pouvaient bénéficier de massages shiatsu.

J'avais entendu parler des diatribes de John, de la pression qui régnait dans le studio, et des disputes à propos de la contribution de Yoko, mais somme toute cet album se faisait. Et bientôt il serait en vente et passerait à la radio.

Buddy semblait suivre un chemin parallèle, il engageait des auteurs et des producteurs, des machinistes et des cameramen. Nous avons eu de nouveaux musiciens, et nous avons arraché à sa retraite Les Hammond, notre cher rédacteur de panneaux aide-mémoire, ainsi que Don Gold, notre speaker à la voix de velours, qui animait le jeu télévisé *Monsieur Je-sais-tout* (« Qui sait qui en sait le plus ? Vous le saurez ce soir en regardant *Monsieur Je-sais-tout* »). Nous avons emménagé à l'angle de la 10e Avenue et de la 47e Rue, dans un studio de CBS qui pouvait accueillir trois cents personnes. Les décorateurs se sont mis au travail pour recréer notre ancien studio tout en y ajoutant de nouveaux éléments, comme une seconde scène, plus grande, pour les numéros musicaux, des sièges en demi-cercle, et des allées suffisamment larges pour permettre à Buddy de courir au milieu du public comme il en avait l'habitude. Derrière la scène, ils ont dessiné les toits de l'Upper West Side vus de Central Park, avec un quartier de lune suspendu au-dessus d'une silhouette du Dakota.

Quant à moi, j'essayais de tracer mon propre chemin sans me laisser entraîner dans l'orbite immédiate de mon père, même si j'étais à portée de sa voix une bonne partie de la journée et que je le voyais tous les matins pour passer en revue nos projets. Mais nous étions désormais vingt dans l'équipe et il pouvait consulter d'autres personnes. C'était bon pour le moral que je ne sois pas perçu comme son second, que je sois en bas de l'échelle par rapport aux auteurs et aux producteurs aguerris.

Les hommes au foyer du Dakota avaient repris le travail. Plusieurs fois, John déposa Buddy au studio en limousine. Il blaguait en disant qu'ils étaient en train de vivre leurs années Howard Hughes-Greta Garbo, des stars particulièrement solitaires. Après leur période d'hibernation, ils recommençaient à sortir. Branchés sur le cosmos, affirmait John.

Pour faire le tri dans les demandes des médias et décider à qui accorder une interview, Yoko étudiait le thème astrologique de chaque postulant, et elle nous a recommandé de l'imiter. Fred m'a raconté qu'elle s'était précipitée pour finir une de ses chansons avant un changement de phase lunaire important. Et qu'elle y était parvenue à quelques secondes près. Je suis tombé sur lui un soir, sur Central Park South, alors qu'il dirigeait un micro sophistiqué en direction du claquement de sabots de chevaux de calèche afin d'enregistrer des effets sonores secondaires à intégrer entre deux titres de l'album. Puis il a emporté le micro et l'appareil enregistreur haut de gamme au Palm Court du Plaza Hotel, et je l'ai vu subtiliser le son d'un duo pour violon et piano ainsi que la voix étouffée des clients qui buvaient des cocktails. Sur la plage entre « Watching the Wheels » et « Yes, I'm Your Angel », vous pouvez entendre le résultat.

Le Plaza m'a fait penser à l'arrivée des Beatles à New York, eux qui avaient réservé un étage entier de l'hôtel. Ils avaient vingt-trois ans, mon âge, et je me suis imaginé être l'un d'eux et conquérir le monde avec Alex et deux de nos amis – Ted Glaser peut-être, et Andrew Lehr. Quatre mecs, des frères comme aimait à le dire John, qui avaient grandi à proximité les uns des autres dans l'enfer qu'était Liverpool au temps du Blitz, des marmots baveurs pendant les bombardements, des ados branchés quand Paul s'était pointé au concert des Quarrymen et avait appris à John à jouer correctement de la guitare. George avait remarqué Paul à plusieurs reprises dans le bus, il avait deux ans de moins que les autres, dix-sept ans lorsqu'il avait vécu à Hambourg, au-dessus d'un club de strip-tease. Un truc de fous. Trois mille fans et une centaine de journalistes étaient venus accueillir les Beatles à l'aéroport londonien. Puis ils se sont rendus au Plaza dans quatre limousines Cadillac. On avait dit au réceptionniste de réserver des chambres pour quatre hommes d'affaires anglais.

Le lendemain matin, un disc-jockey, Murray the K, a eu la chance de leur faire visiter la ville. Je me les suis représentés à l'hôtel et j'ai pensé à la scène du film *Quatre garçons dans le vent*, qui se passe dans une suite envahie de gens qui entrent et sortent, John dans la baignoire, une casquette sur la tête, qui s'enfonce dans le bain moussant jusqu'à ce que seule sa pipe dépasse. Je les imaginais sortir ce soir-là pour aller dîner au 21. J'entendais George, qui avait très mal à la gorge, accorder une interview par téléphone à la BBC, pendant que les trois autres tenaient une conférence de presse dans Central Park avant de traverser Harlem en bus.

À l'époque, Buddy écrivait pour Johnny Carson.

J'étais au cours élémentaire.

Imaginez-moi avec mes baskets Keds bleues et mon bonnet en laine de la même couleur, j'accompagne Jenny, notre babysitter anglaise, à la patinoire située près du parc, et nous nous arrêtons au milieu de la foule pour regarder les fenêtres des chambres d'hôtel des Beatles dans l'espoir qu'ils se montrent.

Quatre garçons dans le vent était sorti cet été-là. Ce que j'aime dans ce film – que j'ai vu une douzaine de fois –, c'est l'alchimie entre ces jeunes hommes en costume et cravate de style édouardien assortis, les cheveux bruns ramenés vers l'avant ; leur complicité, quand ils se cachent des filles dans des cabines téléphoniques, cuisinent un vieil homme (le grand-père fictionnel de Paul) dans le compartiment du train où ils se sont installés, et se glissent dans le fourgon à bagages pour jouer aux cartes avant de se mettre à chanter. J'aime la façon dont ils répondent aux questions lors de la soirée mondaine.

« Dites-moi, comment avez-vous trouvé l'Amérique ? demande-t-on à John.

– En tournant à gauche au Groenland », déclare-t-il.

Il ne s'agissait pas que de musique pour moi ; il s'agissait de savoir comment je voulais vivre ma vie. Les Beatles étaient eux-mêmes. Ils ne servaient la carrière de personne, ne flattaient l'ego de personne. Dire qu'ils avaient mon âge, ai-je pensé.

J'étais heureux de constater que mon amitié avec John nous avait suivis jusqu'à New York, car j'avais craint qu'il s'agisse d'une de ces périodes de la vie que l'on croit avoir à moitié rêvée. Mais il lui arrivait de glisser un mot sous ma porte pour me proposer de prendre un café ou de lui rendre une petite visite autour de sushis et d'un thé, ou encore de déposer un récit de voyage en mer sur mon paillasson. Il songeait toujours à naviguer jusqu'à Tahiti. Si bien que dès que j'avais quelques minutes de temps libre, j'étudiais les différents itinéraires que nous pourrions emprunter et, un soir, j'ai appelé le capitaine Hank pour lui demander s'il était possible de rassembler un équipage en vue d'une telle traversée. Il était partant, bien évidemment.

Quand je ne pensais pas à Buddy et à l'émission, à tout ce que je devais faire, à tous les gens dont j'attendais des nouvelles, c'est à Olive que je pensais depuis notre folle nuit de débauche qui avait commencé au Blitzkrieg et s'était terminée au huitième étage du Dakota (elle avait dormi dans mon lit). Elle est venue un mardi soir et je lui ai fait visiter l'immeuble. Je lui ai parlé des cachettes, des escaliers dérobés et des terrasses, des pièces du sous-sol où étaient entreposées de vieilles gargouilles, de vieilles corniches et les anciennes cabines d'ascenseur. Je lui ai raconté que, la nuit, on entendait les fantômes traîner ici ou là (c'était des conneries), que, gamins, nous faisions comme si nous habitions dans un château (c'était vrai), que des joutes et des décapitations avaient lieu dans la cour centrale, les premières années, tandis que celle située derrière le bâtiment abritait un court de tennis et un terrain de croquet. Et j'ai déclaré que c'était moi qui préparerais le dîner.

« Une poêlée, c'est ça ?

– Je ne comprends pas.

– Les garçons américains aiment tout faire revenir à la poêle. Du poulet, des châtaignes d'eau et des pousses de bambou, accompagnés de sauce soja et de bicarbonate de soude. Tu as un wok, non ? »

Je savais confectionner certains plats gabonais. « Ce sera du poulet niemboué », lui ai-je répondu, car mon ami Gauthier m'avait appris à le préparer.

« D'accord. »

Sur Columbus Avenue, nous avons acheté du poulet, des noix de palme, des bananes, des œufs, du jus d'orange, de la crème fraîche et de la cassonade, et Olive a choisi différents trucs dont, d'après elle, un célibataire comme moi avait besoin.

À peine cinq ans plus tôt, l'avenue était encore en mauvais état et potentiellement dangereuse et, à un pâté de maisons d'ici, sur Amsterdam, on trouvait encore des terrains vagues et des immeubles vétustes, mais désormais il y avait une longue enfilade de cafés et de boutiques. Le soir, en fin de semaine, les gens s'aventuraient jusqu'ici pour le seul plaisir de se promener.

Une fois rentrés avec la plupart des ingrédients, nous nous sommes attelés à la tâche. Il faut faire chauffer le poulet dans une grande poêle avec les noix de palme préalablement réduites en poudre dans un mixer (Gauthier utilisait de la sauce aux graines de palme mais nous n'en avions pas trouvé), du poivre, du sel, de la ciboule et de l'ail.

Pour les beignets de banane – j'en avais confectionné deux fois pour Kip et mes parents depuis mon retour –, il faut couper les bananes en rondelles, les plonger dans un mélange d'œufs battus et de jus d'orange, les rouler dans la chapelure puis les frire dans de l'huile végétale bouillante. Et ajouter un peu de sauce aigre-douce quand elles ont bien bruni.

Nous avons réussi à ne rien brûler.

« Oh, mon Dieu, tu es vraiment doué », s'est exclamée Olive.

Nous avons pris le dessert sur le toit ; une grosse lune basse était suspendue au-dessus de Central Park.

« Je n'arrête pas de penser à la scène d'ouverture de *Rosemary's Baby*, où on a vraiment l'impression que l'immeuble est hanté, dit Olive.

– Ça n'a rien d'étonnant. Le Dakota fait flipper tout le monde.

– L'appartement était à quel étage ?

– Ils n'avaient pas l'autorisation de tourner à l'intérieur.

– Pourquoi ?

– Le syndic est particulièrement protecteur vis-à-vis de notre vie privée.

– Et pourtant il encourage les célébrités à s'installer ici.

– À vrai dire, la venue de John et Yoko a été longuement débattue.

– Ils sont appréciés dans l'immeuble ?

– Moi je les apprécie. Et mes parents aussi.

– Mais les autres ?

– Je dirais que oui. Certains ne savent pas trop quoi penser d'elle.

– Ils ont combien d'appartements ?

– Cinq, il me semble. Elle veut en acheter plus, et c'est ça le problème.

– C'est la seule femme capable d'être à l'origine de la séparation des Beatles car elle se croit vraiment plus importante qu'eux.

– Je ne suis pas sûr qu'elle en soit à l'origine.

– Tu es sérieux ? »

J'ai senti qu'il était préférable de me taire et je me suis contenté de hausser les épaules en disant : « Qui sait.

– Vous êtes leurs amis.

– Il y a une espèce de code de conduite selon lequel on ne raconte pas de ragots sur les voisins.

– J'adore. C'est tout à fait respectable.

– Merci.

– Tu veux que je te parle du meurtre du Met ?

– Oui. »

Olive avait couvert la disparition d'une violoniste au Metropolitan Opera.

Cette femme de trente ans avait été jetée dans un puits de ventilation situé au cinquième étage et avait été retrouvée dix-huit mètres plus bas. La recherche du meurtrier avait donné lieu à des gros titres sur un nouveau « Fantôme de l'Opéra ». On a pensé qu'il s'agissait d'un employé, et il s'avéra que le coupable était un machiniste de vingt et un ans qui vivait dans le Bronx.

« C'était un sujet horrible à traiter », dit-elle.

Elle avait aussi écrit un article sur le vol de deux peintures de Picasso, sur un bordel de l'Upper East Side, et sur des combats de coqs organisés dans le Village.

« Tu récupères toutes les histoires gaies et salutaires, à ce que je vois.

– Je sais. Qu'est-ce que ça dit de moi ? »

Fielding avait un vieil exemplaire d'*Esquire* avec, dans un article intitulé « Cocktails pour le Cary Grant qui sommeille en vous », de super recettes. Nous sommes retournés dans l'appartement, j'ai préparé à Olive un Smoking Cat (whisky de blé, amer, bourbon et Dubonnet) et je me suis fait un Cadillac Sidecar (cognac et Grand Marnier).

Je m'appliquais trop à me montrer raffiné, ai-je réalisé, mais putain, elle était anglaise, qu'est-ce qu'un jeune homme comme moi pouvait faire d'autre ?

Olive a examiné les photos noir et blanc accrochées au mur ; l'une d'elles représentait une salle de restaurant avec des serveurs en uniforme et des clients en smoking et robe chic.

« Tu sais ce que c'est ? lui ai-je demandé.

– On dirait la salle à manger du *Titanic.*

– C'est le restaurant du Dakota.

– Il y en avait un ?

– Oui. Un restaurant privé, avec serveurs en gants blancs et maître d'hôtel. Et regarde ça. » Je lui ai montré un vieux menu que Fielding avait exposé dans sa cuisine. « Il était glissé sous toutes les portes et les gens pouvaient passer commande par téléphone : caviar russe, huîtres en provenance de l'Île-du-Prince-Édouard, caille farcie, perdreau rôti, foie gras. Les tables étaient couvertes d'une nappe en toile lourde où l'on disposait des verres à pied colorés, des rince-doigts et de lourds couverts en argent.

– On dirait une société secrète. Il y avait combien d'immeubles similaires à New York ?

– Je ne crois pas qu'il y en ait eu d'autres. Fielding a plein de photos incroyables. À un moment, il était le spécialiste du Dakota. L'immeuble employait deux cent quarante personnes. Des femmes de chambre, des cuisiniers et même une couturière.

– Et de nombreuses familles new-yorkaises influentes habitaient là.

– D'après lui, il n'y avait pas de banquiers ni d'avocats. Plutôt des gens du monde de la musique et du théâtre : les Schirmer, les Steinway. Le septième et le huitième étage étaient pour les cuisiniers et les maîtresses.

– C'est donc en tant que maîtresse que tu loges ici ? Ou devrait-on t'appeler maître ?

– On m'appelle Docteur Love.

– Vraiment ? En médecine ou en philosophie ? »

À la fin de la soirée, nous nous sommes installés sur mon minuscule balcon pour boire un alcool de Chypre au vague goût de réglisse. J'allais devoir faire plusieurs magasins de vins et spiritueux pour réapprovisionner ce bon vieux Fielding, me suis-je dit.

« Tu connais l'origine du mot "beatlemania" ? » m'a demandé Olive.

Il était plus de deux heures du matin.

« Non.

– De la lisztomania, les réactions hystériques des admirateurs de Franz Liszt.

– Le compositeur ?

– Le pianiste et concertiste. Il y a eu un film là-dessus. Ses fans entraient dans un état d'extase mystique. Ils lui tiraient les cheveux, essayaient d'attraper son mouchoir, n'importe quoi, ce qui restait dans son assiette ou dans son verre. Des miettes laissées sur une table. Tu n'aimerais pas être musicien ?

– Pas du tout.

– Tu serais vénéré.

– Je préfère vénérer qu'être vénéré.

– Je te crois. Et au fond, ça me plaît bien. Bref, j'écris un article sur les interactions parasociales. Du genre où une personne s'investit émotionnellement, témoigne de l'intérêt et accorde du temps à quelqu'un qui ignore son existence.

– Comme les relations que les gens entretiennent avec une célébrité. John, par exemple.

– Exactement. Mais pour eux, c'est tout à fait réel. C'est comme ça. Quand tu regardes un film, il t'arrive d'être en colère contre un personnage, non ? Tu as le sentiment que, dans telle scène, il t'a trahi. Ou bien tu l'aimes pour ce qu'il a fait. C'est ce que les fans ressentent.

– Elles sont déplacées. Leurs émotions.

– Et les émotions déplacées sont comme des mines antipersonnel. Prêtes à exploser si quelqu'un marche dessus. »

La célébrité ressemblait à une malédiction, à quelque chose que vous ne pouviez pas fuir. Elle vous suivait partout, et il vous était impossible de choisir de retomber brusquement dans l'anonymat. Quand vous alliez prendre un verre dans un bar ou faire des courses dans un grand magasin, il pouvait s'écouler quelques minutes ou parfois quelques heures avant que l'on vous reconnaisse, mais ensuite c'était cuit. C'est comme si vous étiez recherché par la police, que votre photo était partout, tel Cary Grant dans *La Mort aux trousses* quand il est à Grand Central et que le guichetier comprend soudain que c'est *lui*.

37

Vous vous souvenez de *Daktari* ?

Ou d'*Annie, agent très spécial*, *Love on a Rooftop*, et *The Pruitts of Southhampton* ?

Non ?

Phyllis Diller qui joue la veuve et la matriarche d'une famille ruinée de la haute société de Long Island vivant dans un manoir de soixante pièces ?

The Danny Kaye Show, *The King Family Show*, *Le Proscrit*. Et *The Funny Side*, l'émission de variétés de Gene Kelly sur le mariage ?

La Côte sauvage, *Joe and Sons*, *Joe & Valerie*, *Big Eddie*, *Matt Helm*, *The Captain and Tennille* (une saison), *Mr T. and Tina*, *Rosetti and Ryan*, *L'Âge de cristal* (une saison), *The Betty White Show*, *L'Homme de l'Atlantide*, *The Richard Pryor Show* (cinq semaines).

Chacun de ces feuilletons et chacune de ces émissions avait été conçu avec amour et ambition puis défendu lors d'un déjeuner, les acteurs ou animateurs avaient été sélectionnés, un pilote avait été réalisé et ensuite testé, et tous avaient enfin été promus puis livrés au monde, à une heure de grande écoute, comme un enfant qu'on déposerait à la maternelle.

La plupart meurent dans l'œuf. Certains durent un ou deux ans. Dans sa première mouture, *The Buddy Winter Show* avait duré dix fabuleuses années.

Je dis ça maintenant, alors que la mère de toutes les mères – CBS – donne naissance à un nouvel enfant.

Je vous présente *Friday Nights with Buddy Winter.*

Au lieu d'offrir un cadeau à ce nouveau-né, contentez-vous de ne pas zapper après *Dallas.*

J'ai été balayé par le tourbillon de cette période, me frayant un chemin à travers les grèves, les fusillades, les luttes autour de l'identité d'un quartier dans cette ville où tout le monde voulait passer du statut de locataire à celui de propriétaire, la course chaque jour plus détestable à la Maison Blanche, l'histoire de plus en plus étrange de la relation entre Billy Carter, le frère de Jimmy, et la Lybie, certains événements mondiaux encore incontrôlables, le Président qui, supposait-on, préparait une ultime tentative désespérée pour sauver les otages et du même coup son second mandat, un article dans *Manhattan* qui affirmait que tous les top models avaient moins de quatorze ans et, à partir de tout ça, je produisais quelques blagues et des notes pour les monologues de Buddy et, guidé par Elliot, je chorégraphiais le flux de stars du petit et du grand écran, d'écrivains et d'intellectuels, d'hommes et de femmes qui faisaient l'actualité, m'efforçant chaque soir de créer, eh bien, un fil narratif que mon père pourrait suivre, et merde si nous ne faisions pas mieux que nos concurrents. D'après Harry, la question était de savoir si tout cela avait une quelconque incidence vu notre créneau horaire, le vendredi soir, alors que les gens avaient déjà bu quelques bières ou plusieurs cocktails, et fumé de l'herbe. Ils allumaient la télé pour la musique et les rires, même si certains, qui sait, baissaient peut-être le son ; pourtant les groupes étaient excellents : les Specials, les Delta 5, Tom Petty. J'avais la chance de les rencontrer et, l'espace d'une soirée, je pouvais feindre d'être cool. Un jour, alors que j'étais tombé sur John dans l'ascenseur, il m'avait dit que les invités de Buddy lui permettaient de se familiariser avec tout ce qu'il avait raté pendant ses cinq années d'hibernation.

Notre principal casse-tête tournait autour des invités – qui nous pouvions ou ne pouvions pas avoir – et nous nous demandions si c'était une question de logistique ou si les gens n'étaient simplement pas encore prêts à nous soutenir. Mon père recherchait des personnes qui savaient s'exprimer, des gens avec qui vous aimeriez discuter toute une soirée dans un bar, et il se préoccupait moins de savoir s'ils étaient à l'affiche d'un film qui venait de sortir. Elliot, lui, disait qu'on avait intérêt à inviter ceux qui étaient sous le feu de l'actualité et à en tirer le meilleur, signifiant par là que Buddy pouvait amener la conversation où il le voulait, pourvu qu'à un moment il fasse leur promo. Mon père m'a demandé de lui faire une critique détaillée de ses monologues et de ses interviews, et je crois être allé trop loin. Je lui ai dit qu'il était parfois trop ésotérique pour une chaîne généraliste, qu'il perdait des téléspectateurs, qu'il pouvait peut-être s'inspirer de Johnny Carson et se contenter d'être drôle sans chercher à imprimer sa marque, et qu'il n'avait pas à transformer chaque conversation en une putain d'œuvre d'art. Oui, j'ai dit « une putain d'œuvre d'art » d'une voix stridente que je n'ai pas reconnue alors que, si on y pense, c'était exactement ce que les gens aimaient chez mon père. C'était comme si j'essayais de le faire craquer. Je ne peux pas vous dire exactement pourquoi, seulement que j'avais l'impression d'être vraiment sous pression et que, si je voulais m'échapper, mieux valait que l'émission soit un succès d'audience plutôt qu'un véritable gâchis dont j'aurais honte.

Un soir, sur mon balcon, j'ai expliqué tout ça à Kip.

« Tu as les nerfs en pelote, a-t-il déclaré.

– Qu'est-ce que tu veux dire ?

– Tu es comme papa. Avant qu'il pète les plombs.

– C'est n'importe quoi.

– Si tu le dis. »

En vue de notre troisième émission, j'avais remué ciel et terre pour faire venir Mohamed Ali qui cherchait à remporter, pour la quatrième fois, le titre de champion du monde poids lourd, son plus grand défi étant donné son âge et son déclin apparent. Nous avions cru que nous réussirions à l'avoir sur le plateau parce qu'il avait été invité à l'ancienne émission de Buddy, qu'ils avaient sympathisé, correspondu au fil des ans et participé ensemble à plusieurs événements caritatifs. Après des journées d'échanges avec son attaché de presse, nous avons appris la mauvaise nouvelle : Mohamed Ali accorderait une interview au célèbre journaliste sportif Howard Cosell pour la chaîne ABC, et il n'aurait pas de temps à nous consacrer. J'ai envoyé valdinguer le téléphone et puis je me suis remis au travail et, avant la fin de l'après-midi, j'avais réussi à inviter Larry Holmes, celui que Mohamed Ali allait affronter, ce qui a réjoui tout le monde.

Elliot m'a dit que c'était exactement ce que faisaient les meilleurs producteurs. Ils limitaient les dégâts et s'adaptaient sans verser de larmes.

« Tu l'ignores peut-être mais cette émission a été confiée à ton père en grande partie grâce à toi. La chaîne t'apprécie.

– Je n'ai pas réussi à convaincre l'agent d'Ali.

– Holmes, c'est mieux. Il est ambitieux, il est jeune et provocateur. Avec Buddy, ça va faire des étincelles. Tu vas voir. »

Holmes combattrait Ali à Las Vegas pour le titre poids lourd, une semaine après sa participation à l'émission. Il était grand, un mètre quatre-vingt-onze, et bien que mon père n'ait qu'un centimètre de moins que lui, la différence semblait plus marquée à l'écran.

Le boxeur a évoqué sa progression dans les classements, son passage de l'état d'inconnu à celui de champion. Mais il pouvait encore marcher dans la rue sans provoquer d'agitation, contrairement à Frazier, Foreman et même Leon Spinks. Voir Mohamed Ali au milieu de la foule, c'était carrément autre chose, a-t-il déclaré. Il l'avait rencontré des années plus tôt, alors qu'il s'entraînait en vue des sélections olympiques, et il l'avait accompagné au Zaïre où Ali avait disputé le titre contre George Foreman.

« J'ai été son partenaire d'entraînement pendant deux ans, a poursuivi Holmes. Vous savez comment il est. Il n'arrête pas de parler. Il me disait : “Allez, justifie ton salaire. Le champion, c'est moi.” Mais maintenant, c'est moi le champion. Et je vais tout faire pour lui foutre une raclée. C'est ce qu'il aurait fait à ma place. Quand il était jeune, il foutait une raclée aux vieux, et maintenant c'est lui le vieux, et je ne vais pas le rater.

– Ne le sous-estimez pas », réagit Buddy, comme si c'était possible, surtout pour quelqu'un qui avait vu de près Ali battre Foreman.

« Il veut remporter le titre une quatrième fois. Il n'y arrivera pas. Ça fait cinq ans qu'il n'a pas eu de véritable adversaire. Je suis toujours invaincu. Trente-cinq combats et combien de K.-O., Mr. Buddy Winter ?

– Je ne sais pas.

– Vingt-six. »

Un des producteurs avait proposé que mon père boxe avec Holmes avant la coupure publicitaire. À vide. Sans contact. Ils ont enfilé des gants. Buddy portait un casque et un pauvre short sur son pantalon. Holmes, qui était censé rater ses coups, a choisi de le frapper à la tête sans discontinuer.

Pas suffisamment fort pour lui faire mal, mais ce n'était pas très drôle et mon père s'est arrêté au bout d'un moment en disant : « Eh bien, on comprend que vous soyez imbattable.

– Et vous un incapable », a rétorqué Holmes. Cette remarque censée être drôle était plutôt blessante, personne n'a ri, et la rencontre s'est terminée dans une atmosphère pesante.

Quand l'émission a repris, mon père a dit : « Bonne chance, Larry. J'espère que Mohamed Ali va vous foutre une raclée. »

Le public a ri mais Holmes, qui regardait l'émission depuis les coulisses, était furax et, en partant, il m'a dit qu'il exigeait une lettre d'excuse.

Je lui ai répondu que Buddy blaguait, qu'il avait été ravi de le recevoir, qu'il plaisantait toujours et qu'il ne fallait pas le prendre mal.

Homes a scruté un instant mon visage avant de répondre : « C'est bon. Ali ne va pas me foutre une raclée. Loin de là. Vous allez voir. Ça va saigner. »

Paul Simon était aussi invité ce soir-là et, quand il s'est assis, il a promis de ne pas frapper Buddy à la tête. « Merci, Paul », a répondu mon père.

Le film *One-Trick Pony*, qui venait de sortir et dont il était le scénariste et le personnage principal, racontait l'histoire de Jonah, un chanteur pop qui perd son statut de star et tente de sauver sa carrière en se lançant dans une aventure funeste.

Comme Ali, ai-je pensé. Et John. Et Buddy. Et Teddy.

Ensuite, ils ont parlé de vision et de collaboration artistiques, et Paul a chanté « Late in the Evening », une chanson composée pour le film.

Dans l'extrait qui a été diffusé, Lou Reed, dans un rôle à contre-emploi, joue un producteur de musique inconsistant qui presse le personnage de Paul d'ajouter des instruments à cordes à une chanson naturaliste, comme ce qui avait été fait pour « The Long and Winding Road » et « The Sound of Silence », une idée que Jonah rejette par principe.

J'avais suggéré à mon père d'interroger son invité sur la version réenregistrée de « The Sound of Silence » que Paul avait découverte en écoutant la radio alors qu'il se trouvait à Londres. Tom Wilson, qui avait produit l'album de Simon et Garfunkel, y avait rajouté des instruments électriques sans prévenir les deux musiciens.

« C'est la stricte vérité.

– Et ça ne vous a pas embêté ?

– Cette chanson est tirée de notre premier album, *Wednesday Morning, 3 A. M.*, dont personne ne se souvient car il est passé inaperçu, donc le fait que quelqu'un prenne la peine de la réhabiliter ne m'a pas gêné.

– Et elle est devenue immortelle.

– Un type de la maison de disques m'a dit : "Ce n'est pas 'Turn ! Turn ! Turn !' des Byrds mais c'est joli." »

Après l'émission, nous sommes allés au bar du P. J. Clarke's pour trinquer. Nous avions dosé nos efforts sur les cinq premiers tours de piste et nous étions prêts à nous lancer dans une longue course prometteuse. Les critiques étaient positives, toutes disaient que Buddy n'avait pas perdu la main, qu'il s'était peut-être même amélioré et qu'il avait pris du recul. « Il faut faire plus d'audience », a déclaré Elliot.

Je me suis assis à côté de mon père pour la première tournée et puis je suis allé m'installer à l'autre bout de la table, et enfin à une autre table pour lui permettre de resserrer les liens avec l'équipe et de passer du temps avec Harry, et avec Kip et Rachel qui s'étaient joints à nous et qui, contrairement à moi, le voyaient peu.

Ma mère avait une autre vision des choses. Quand je me suis glissé à côté d'elle sur la banquette en cuir rouge, j'ai eu l'impression qu'elle portait sur moi un regard désapprobateur.

« Qu'est-ce qu'il y a ?

– J'ai remarqué un truc.

– Quoi ?

– Tu ne l'écoutes plus.

– Papa ?
– Oui.
– Qu'est-ce que tu veux dire ? J'ai entendu chacune de ses histoires une centaine de fois.
– Et tu agis comme si tu les avais entendues une centaine de fois. Ce qui est faux. Il n'est pas ennuyeux. Il dit des choses qui n'arrêtent pas de me surprendre. Avant, tu buvais ses paroles. »
J'ai secoué la tête en signe de dénégation.
« J'aimais regarder ton visage quand il parlait, et maintenant, tu décroches. Et tu sais, Anton, il le voit. Il ne se comporte plus comme avant avec toi.
– C'est totalement faux.
– Ah bon ? Peu après notre arrivée, il a raconté un truc incroyable qui lui était arrivé en venant au studio. Tu t'en souviens ?
– Ça s'est passé dans le métro.
– Non, quand il en est sorti. Un type lui a dit qu'il avait vu l'émission, ils ont marché ensemble et il a donné à Buddy un exemplaire du livre qu'il avait écrit.
– J'ai dû décrocher.
– Et il l'a remarqué. Il dit que, parfois, quand il raconte une histoire, tu te lèves et tu quittes la pièce. Ça le perturbe.
– Message reçu. »
Je suis retourné m'asseoir près de mon père, et il a passé un bras autour de mon épaule. Il était en train de dire à l'un des producteurs qu'il avait un jour dû tourner une publicité pour les réfrigérateurs Skope et Amana. Quand il a remarqué mon verre vide, il a fait signe au serveur de m'apporter une autre bière, et j'ai dû lui rappeler de

terminer son récit. En fait, on ne lui avait pas présenté les bons panneaux aide-mémoire et il avait dû improviser. Il a parlé à toute vitesse par égard pour moi.

Je n'avais jamais entendu cette anecdote, ce qui prouvait bien que j'étais un salaud, et j'ai été envahi par le sentiment que je devais me tromper sur bien des choses que je croyais connaître.

La semaine suivante, je suis allé dans un autre bar de l'East Side avec Harry et Alex pour assister au combat qui allait opposer Mohamed Ali et Larry Holmes.

Sur le ring, Ali était un peu lent, on aurait dit qu'il évoluait dans du sable, et ses coups eux aussi étaient lents, comme s'il avait des poids attachés aux bras. Mais il avait déjà ressuscité par le passé. Alors pourquoi ne pas renouveler l'exploit ?

« On parle quand même de Mohamed Ali, dit Harry. Il est impensable qu'il perde. »

Mais Holmes ne cessait de le frapper. Il était bon et il voulait vraiment ce titre. Il voulait qu'Ali débarrasse définitivement le plancher. Une étrange image m'est alors apparue, celle de mon père qui avait enfilé un short sur son pantalon et qui encaissait coup sur coup.

À la fin de la dixième reprise, l'entraîneur de Mohamed Ali lui a interdit de reprendre le combat. Ce qu'il aurait dû faire plus tôt. Le spectacle était terrifiant. Comme Teddy au Madison Square Garden, c'en était fini de Mohamed Ali. Il avait une coupure sous l'œil et le nez en sang. « The Greatest », le plus grand de tous les temps, avait perdu les dix rounds.

38

Un type qu'Olive connaissait et qui la rejoignait parfois quand elle prenait un verre avec d'autres journalistes avait écrit un article cinglant sur John, qui faisait la première page du magazine *Rogue.*

J'en avais entendu parler par Katrina, la groupie blonde qui traînait devant le Dakota.

« Les gens sont ulcérés.

– À propos de quoi ?

– Ça fait passer John pour un bel imposteur, comme s'il agissait à l'encontre de tous ses idéaux. »

L'auteur prétendait d'abord être un grand fan de longue date et s'attardait ensuite sur tous les achats de Yoko. Les appartements du Dakota, les maisons que les Lennon avaient acquises ou songeaient à acquérir. Il détaillait les mésaventures de John après la séparation des Beatles, le temps passé avec Arthur Janov, ses conflits avec Paul, son comportement dément à Los Angeles. Puis il s'en prenait vraiment à lui à propos des vaches Holstein que le couple avait achetées car Yoko pensait, à juste titre, que c'était un super investissement, et à propos des œuvres d'art de l'Égypte antique que sa psy l'avait incitée à s'offrir.

L'auteur racontait ensuite par le menu son déplacement dans le nord de l'État en quête des fameuses vaches, un éleveur lui indiquait où elles se trouvaient et, en discutant avec les gens, le journaliste apprenait que les Lennon n'étaient jamais venus dans la région, le projet champêtre n'était qu'un rêve, irréel. L'article tendait visiblement à souligner que le chanteur n'était pas ce qu'il prétendait être ou ce qu'il était avant.

Certaines personnes interviewées affirmaient l'avoir vu de temps à autre, mais l'auteur écrivait sur quelqu'un qui n'existait pas alors que le véritable John existait. C'est un solipsisme de croire que si vous ne voyez pas une personne, si elle ne satisfait pas votre conception de la personne qu'elle *devrait* être, alors ça signifie qu'elle a disparu. Le pire, c'est que le journaliste avait écrit cet article pendant que John naviguait en direction des Bermudes, et qu'il en avait déduit que c'etait l'aventure douillette d'un homme riche. John était furieux.

« Tu savais qu'il travaillait là-dessus ? ai-je demandé à Olive.

– Oui, plus ou moins, mais j'ignorais sous quel angle il allait présenter les choses. Cela dit, c'est comme ça que les gens voient John. »

Katrina n'en croyait pas un mot. « Ils sont tout simplement jaloux de lui, ils l'ont toujours été et le seront toujours.

– Et toi ?

– Je l'aime, c'est tout. »

Vous êtes censé ne pas lire les articles qui sortent sur vous mais, du coup, ça vous empêche de réfuter les contre-vérités, ce qui peut être considéré comme une reconnaissance tacite des mensonges publiés dans la presse.

J'ai expliqué à Olive que tout ça me stressait. Que tous les jours j'angoissais à l'idée qu'on nous descende en flammes, que l'audience baisse, ou que certaines des chaînes privées affiliées à notre réseau décident de ne plus diffuser notre émission.

« Je suis contente de ne pas risquer, en ouvrant un magazine, de tomber sur un article peu flatteur me concernant, m'a-t-elle répondu. Les gens célèbres ressemblent à des collégiens qui doivent vérifier tous les jours leur popularité. Pas étonnant qu'ils veuillent fuir. »

On s'est soûlés au martini, on a écouté les Beatles, et on a parlé de la chanson « Norwegian Wood », qu'on a passée quatre fois de suite. Olive affirmait que ça parlait d'un incendie volontaire.

« La femme dit à l'homme qu'elle travaille le lendemain matin et elle éclate de rire. Pourquoi ? m'a-t-elle demandé.

– Parce qu'elle aura du mal à se lever avec la gueule de bois.

– Il dort dans la baignoire et quand il se réveille, il est seul.

– Dans la baignoire.

– Elle est partie, si bien qu'il met le feu, *isn't it good, Norwegian wood.*

– Tu veux dire que… »

Olive sourit. « Il met le feu à l'appartement de la femme.

– Mais pourquoi ?

– Parce qu'elle est partie. Elle s'est juste servie de lui.

– Ça ne tient pas debout.

– Pourquoi ? C'est un rapport amour/haine.

– Mais ils se connaissent à peine.

– Je ne suis pas sûre qu'il faille tout prendre au pied de la lettre. »

Ensuite on a écouté « You Won't See Me ».

« C'est une des chansons que Paul a écrites sur sa relation avec Jane Asher, ai-je précisé, car je savais ce genre de choses.

– Il paraît.

– Le pauvre Paul avait le cœur brisé.

– Jane Asher était splendide. D'ailleurs, à ma connaissance, elle l'est toujours. C'est lui qui l'a trompée. Elle l'a pris sur le fait. »

Je l'ignorais. « Comment ça ?

– Elle était rentrée plus tôt d'un voyage. Les paroles sont désespérées. Il va se suicider.

– Il dit ça où ?

– « *And I just can't... go on*[1]. »

– Il veut une meilleure communication entre eux, c'est tout. Il dit qu'il aimerait bien savoir ce qui se passe quand il n'est pas là.

– C'est-à-dire ?

– Que si elle décrochait le téléphone et lui racontait ce qu'elle faisait, ça lui irait.

– Mais elle ne dit rien. Elle refuse de le rappeler et il devient fou.

– Si bien qu'il met le feu à son appartement.

– Finalement, conclut Olive, toutes les chansons des Beatles parlent d'incendie volontaire. »

J'étais en train de tomber amoureux d'elle, et un jour j'écrirais une chanson sur mon chagrin d'amour.

J'ai raconté à Olive que j'avais le projet d'inviter les Beatles sur le plateau de l'émission, que John était d'accord

1. Littéralement : « Et je ne peux tout simplement pas... continuer. »

pour venir avec Paul, que pour Ringo c'était du tout cuit si on lui demandait. Et pour vraiment entrer dans l'Histoire, il ne nous restait donc plus qu'à convaincre George.

« Elle aurait lieu quand ?

– Dans un mois ou deux. C'est à la fois réel et irréel. Ce serait quand même quelque chose, non ?

– Ce serait super pour eux. Et tu peux être sûr que ça va se faire. Ils ont tous participé à l'ancienne émission de ton père. Ils y ont parlé de la dissolution du groupe ; ils ont parlé à papa et maintenant papa les réunit pour les fêtes de fin d'année. »

Quand j'ai pris un petit-déjeuner avec lui, John a évoqué l'article de *Rogue* et certaines critiques mitigées.

« Les vaches Holstein. Merde alors ! On possède des vaches et Yoko en a vendu une pour deux cent cinquante mille dollars. Si c'est le prix du marché.

– On dirait que votre argent les rend jaloux.

– Je me fous de l'argent, je m'en suis toujours foutu, c'est là qu'ils se trompent. Yoko s'y intéresse parce que je veux qu'elle s'y intéresse. En Angleterre, on était soit travailliste soit capitaliste. Jeune, j'étais socialiste mais j'ai travaillé pour gagner l'argent que je possède, donc j'imagine que je suis devenu capitaliste. Avant, j'assimilais l'argent au péché, mais maintenant j'assume. Pour Yoko, ça n'a jamais été un problème car elle est née riche, et puis elle est devenue pauvre et pour elle, avoir de l'argent permet de ne pas avoir à trop y penser. »

J'ai raconté à John que pendant son périple mon père s'était fait la réflexion, en voyant les bouts de papier dans son portefeuille, que c'était vraiment absurde qu'il puisse les échanger contre de la nourriture ou un endroit où dormir. Absurde aussi qu'un bout de papier vert avec le chiffre cinquante écrit dessus vaille cinquante fois plus qu'un autre bout de papier de la même taille.

« Ça s'appelle la défamiliarisation. Ce qui me fait penser que j'ai un petit cadeau pour toi », m'a dit John en me tendant deux invitations pour une séance d'une heure dans un caisson de privation sensorielle, dans l'institut où il avait emmené mon père.

« Vas-y avec ta petite amie. Celle avec laquelle je t'ai vu.

– Quand ça ?

– Hier soir. On montait dans une voiture et vous, vous rentriez dans l'immeuble. »

39

La semaine suivante, Buddy a invité Peter O'Toole pour son rôle principal dans un nouveau film, *Le Diable en boîte*, qui avait occupé neuf ans de la vie de son réalisateur et reçu un accueil incroyable de la critique. J'adorais le concept : un criminel recherché par la police se retrouve sur un plateau de tournage, et se fait recruter pour remplacer un cascadeur qui s'est noyé après que sa voiture est tombée d'un pont. On ne sait jamais très bien si on est dans le film, ou dans le film à l'intérieur du film. O'Toole joue le réalisateur égocentrique.

Buddy lui a demandé s'il s'était inspiré d'un réalisateur connu, Orson Welles par exemple. « Je ne joue pas un réalisateur. Je joue un homme », a-t-il répondu, puis il a raconté comment, avant un film ou une pièce de théâtre, il s'isolait systématiquement pendant un mois pour essayer d'assimiler chaque mot.

Ils ont ensuite parlé de *Lawrence d'Arabie* et du tournage dans le désert. « J'ai passé neuf mois en Jordanie et en Arabie saoudite, trois mois à Séville, trois mois dans le désert espagnol et encore trois mois dans le Sahara.

– Vous avez détesté ça, si je me souviens bien.

– Oui, j'exècre le désert. Seuls l'aiment Dieu et les fous.

– J'aimerais y aller un jour.

– Parce que vous êtes fou. »

Ça se voulait peut-être drôle, mais personne n'a ri.

« À moins que vous ne vous preniez pour Dieu, enchaîna O'Toole. Je crois que vous avez dit ça dans un article.

– J'ai dû dire que j'étais aussi drôle que Dieu, tenta de rectifier mon père.

– Ce n'est pas drôle du tout », rétorqua le comédien.

Buddy eut l'air désarçonné. « En tout cas, ce film est remarquable et votre interprétation aussi.

– C'est chic de votre part de le dire. »

Puis O'Toole a raconté qu'il avait un jour empêché David Frost, l'un des concurrents de Buddy, de se noyer dans une piscine et qu'il l'avait regretté par la suite, une remarque plutôt sinistre mais suffisamment drôle pour sauver l'interview.

Ensuite, Tom Petty et son groupe ont interprété « Don't Do Me Like That » (« Ne me traite pas comme ça »). Si vous trouvez que c'est un mauvais choix après l'échange plutôt cassant entre mon père et Peter O'Toole, dites-vous que « Breakdown » (« Dépression nerveuse »), leur autre succès du moment, aurait été pire.

Buddy a également invité Merle Miller pour parler de sa biographie de Lyndon Johnson, puis (grâce à moi) John Huston, que mon père a poussé à raconter comment il avait fait déverser sur le fairway d'un court de golf, depuis un avion, deux mille balles de ping-pong pour annuler un tournoi (auquel participait Burt Lancaster avec lequel il tournait *Le Vent de la plaine*). Huston a également parlé de ses bagarres, de ses accidents de voiture, de ses divorces, de ses mauvaises décisions financières, de sa période de boxeur amateur et de peintre. Mon père a aussi reçu l'acteur britannique Derek Jacobi, puis Russell Baker pour parler de l'élection présidentielle, et Goldie Hawn, qui venait de tourner dans *La Bidasse* et pour laquelle j'avais un faible depuis qu'elle était la fille en bikini de l'émission *Rowan and Martin's Laugh-In*.

Pendant ce temps-là, je pilotais l'émission de bien plus près que Buddy, je participais à toutes les réunions, et je me chargeais souvent des interviews préliminaires et de la recherche d'invités et de talents. À la fin de la journée, j'étais tellement tendu qu'il fallait que j'aille boire un verre pour calmer mon angoisse.

« Je me débrouille comment ? » me demandait mon père en s'attendant à ce que je lui réponde qu'il se débrouillait bien, mais je n'arrêtais pas de pointer certaines faiblesses à travailler, certains aspects à améliorer. Le plus souvent, il était aussi bon qu'avant.

Quand Ronald Reagan a gagné l'élection (victoire écrasante), mon père a très vite écrit de nouveaux textes. Je l'ai observé comme je l'avais fait dans l'avion alors qu'il s'apprêtait à animer le *Tonight Show* à Los Angeles : il avait la tête baissée, son stylo survolait la page et il griffonnait des pensées et des associations d'idées, anticipant les jours qui suivraient l'investiture. Il y avait ce sketch où Reagan est visité par le fantôme de Washington et de Jefferson alors qu'il est au lit avec Nancy. Elle porte un masque de sommeil et elle ronfle, et Reagan, en pyjama bleu foncé, lit à la lumière de sa lampe de chevet *Strange but True Football Stories*.

Reagan n'avait pas, comme Nixon, une liste d'ennemis. Reagan croyait qu'il pouvait convaincre ses détracteurs, et que la colère et la paranoïa ne menaient à rien.

Au bout de neuf semaines, deux chaînes affiliées nous ont lâchés. Ce qui n'était pas dramatique mais pas bon signe non plus. Pour Elliot, c'était les balbutiements des débuts, il nous fallait avant tout survivre et atteindre notre vitesse de croisière un peu avant les fêtes de fin d'année, époque à laquelle les grandes décisions seraient prises.

« Quel genre de décisions ? ai-je demandé.

– Rien de bien important. Une question de vie ou de mort pour nous.

– Vous êtes sérieux ?

– Oui. Je pense que ça ira. Mais, comme tu le sais, la plupart des émissions, de même que les relations d'ailleurs, ne survivent pas. Buddy est différent, mais il nous faut offrir un petit plus.

– On a de bons invités.

– Il est temps de voir grand. Tu as demandé à John à quelle date il pourrait venir ?

– Ça fait un moment qu'on n'a pas abordé le sujet.

– Il ne faut pas trop attendre. Je veux avoir quelque chose à proposer à la prochaine réunion.

– D'accord. Je m'en occupe.

– Paul a dit qu'il viendrait, m'annonça Elliot.

– Attendez ! Vous l'avez contacté ?

– Bien sûr. Tu m'avais dit que John t'avait conseillé de le faire.

– C'est à moi qu'il avait conseillé de le faire.

– C'est pareil. On fait équipe.

– Vous avez raison.

– Donc je peux aller en réunion et annoncer que le monde entier va entendre parler de nous avant la fin janvier. Ça te paraît faisable ? Ça nous fait gagner dix semaines.

– Oui, ça me paraît faisable. »

Vous flottez nu pendant une heure dans une eau à la température du corps, presque saturée de sulfate de magnésium, environ six cents grammes par litre, la même composition, dit-on, que la mer Morte au bord de laquelle Buddy s'était rendu pendant son périple. Cela réduit l'inflammation et le stress, soulage la douleur et apaise l'âme et l'esprit. Vous pouvez même avoir des hallucinations car il fait noir comme dans un four, il n'y a pas un bruit, et votre esprit invente tout un univers. J'ai vu une mer vaste et calme, et j'ai eu l'impression de glisser sur l'eau à une vitesse folle alors qu'en vérité j'étais immobile. À la fin de la séance, Olive et moi étions béats.

Ensuite, nous avons repris le métro et nous sommes allés boire un rhum chaud au Museum Café, sur la 77e Rue, en face de l'Intermediate School 44 sur laquelle Olive voulait avoir des informations. Pourquoi n'étais-je pas allé dans cet établissement situé à quelques centaines de mètres du Dakota ?

Je lui ai répondu que, dans les écoles publiques, les élèves pouvaient être menacés avec un couteau, que le niveau n'était pas très bon et que nos parents nous avaient donc, à regret, envoyés étudier dans des écoles privées. J'ai commis l'erreur de dire : « Comme tout le monde.

– Pas tout le monde, manifestement. »

La parade de Thanksgiving organisée par le grand magasin Macy's aurait lieu deux jours plus tard et c'était toujours sur la 77e Rue qu'étaient gonflés les ballons. J'ai proposé à Olive qu'on revienne assister à ce spectacle.

« Donc aucun de vous n'est allé dans le public ?

– Il y a peu de très bons lycées. Stuyvesant et Bronx Science. West Side High, aussi. C'est là qu'il faut postuler.

– Et ta sœur a étudié à Brearley, une école de filles, c'est ça ?

– Oui. »

J'ai expliqué à Olive que Collegiate, Trinity, et mon lycée, Adlai Stevenson, étaient des pépinières d'étudiants de l'Ivy League ; que Walden et l'école de Kip, Calhoun, étaient plutôt réservés aux jeunes drogués. Qu'Horace Mann et Riverdale, dans le Bronx, accueillaient surtout des juifs et formaient aussi les enfants de bonnes familles. Qui finiraient par travailler à Wall Street ou dans de grands cabinets d'avocats et par s'embaucher mutuellement. Certains gamins étaient envoyés dans des pensionnats de la Nouvelle-Angleterre comme Andover, Exeter et Choate. C'était les plus cool à nos yeux.

Sur la 77e Rue se trouvaient le Park Plaza, un foyer qui hébergeait temporairement des bénéficiaires de l'aide sociale, et le Forbidden Fruit, un bar à jus de fruits où traînaient les toxicomanes. Sous la pression de l'association de quartier, le bar avait dû fermer et le foyer déménager. On avait construit à la place un immeuble haut de gamme, un de plus.

J'ai dit à Olive que ma sœur n'arrêtait pas de pester contre cet embourgeoisement, sujet de bien des conflits lors des réunions de quartier.

« Tu as entendu parler de ce qui se passe au Pays de Galles ? me demanda-t-elle.

– Non.

– Ils ripostent. Les nationalistes gallois brûlent les résidences secondaires des Londoniens. Ils le font quand elles sont inhabitées, ce qui fait l'admiration des gens du coin. C'est comme si des *pixies*[1] sortaient la nuit et mettaient le feu aux maisons des riches envahisseurs. Ils pensent qu'on détruit leur culture et leur langue.

– On n'est pas envahis par des étrangers ici.

– Non, mais c'est quand même la guerre. »

Une semaine plus tôt, j'avais envoyé à mon copain Will, comme il me l'avait demandé, quelques idées, des pitchs, des ébauches de séries, dont une basée sur l'expérience de flic de Randy, ce qui impliquerait sa coopération, avais-je précisé. Will m'a répondu par courrier en me disant que si je venais m'installer à Los Angeles, on réussirait à faire bouger les choses.

Mais pas mal de choses bougeaient ici, à New York. John avait « résolument » accepté de participer à l'émission avec Paul. Dès lors, Elliot avait appelé l'agent de ce dernier pour avoir confirmation et pour indiquer qu'il leur serait peut-être demandé d'interpréter une ou deux chansons.

C'était le bon timing. Nous allions ainsi pouvoir annoncer, lors de la réunion avec Keith Osborne et l'équipe de CBS, que les deux ex-Beatles s'étaient engagés à venir en

1. Créatures légendaires du folklore britannique censées habiter des sites antiques.

janvier, en précisant toutefois qu'il ne fallait en parler à personne avant la fin de l'année, pas un mot, sinon John se désisterait, avait-il décrété.

Ce qui nous donnait une marge de manœuvre de plusieurs mois, et sans doute plus si ça se passait comme nous le pressentions.

À peu près au même moment, Alex et moi sommes allés voir *Let It Be* au cinéma de Bleeker Street. Nous avons regardé ce film comme des conseillers conjugaux, ou des policiers devant une scène de crime, en essayant de découvrir l'origine de la rupture et s'il était possible de renverser la vapeur. Alex répétait sans fin que ça n'aurait jamais dû se produire, que les gens passaient à côté du message du film.

« Si tu t'attendais à voir les types interchangeables, gentils et drôles de *Quatre garçons dans le vent*, alors ça va te faire un choc de constater qu'ils ont grandi, qu'ils ont chacun une personnalité et une esthétique bien affirmées, et qu'ils peuvent avoir des opinions divergentes pendant l'enregistrement d'un album.

– Ils s'engueulent. Ils sont incapables de s'entendre.

– Regarde John. On dirait un poisson dans l'eau près d'un récif corallien, qui a des tonnes de trucs à manger. Il profite bien. Il nage.

– OK.

– Maintenant, imagine-le dans cet appartement vide du Dakota, ou en train de marcher dans Central Park. Ce n'est pas son élément. Quand il ne joue pas, il est comme un poisson hors de l'eau. »

Dans le film, Paul voit parfaitement ce que chacun doit faire, il le dit aux autres mais ça ne plaît pas à George, car c'est comme si on le traitait d'abruti ; il ne devrait pas mal le prendre mais Paul présente les choses de telle façon que ça le blesse.

« Et alors ? dit Alex une fois le film terminé. On s'en fout de leurs dissensions. Écoute-les. Paul vient avec une ébauche de chanson, personne ne l'a jamais entendue et c'est stupéfiant, les autres écoutent puis interviennent et tu vois la chanson prendre forme, comme une sculpture réalisée par quatre sculpteurs de génie. »

Il y a cette nouvelle chanson, « I Me Mine », ou encore les notes de « Maxwell's Silver Hammer ». D'où ça vient, putain ? C'est tellement parfait, tellement bien.

40

Quand Buddy est mort d'un cancer en 2011, nous étions de nouveau proches et nous nous parlions au téléphone trois fois par semaine. Au cours de cette dernière année, mes parents étaient venus nous rendre visite en Californie, nous avions fait des promenades, dîné au restaurant, et nous nous étions remémoré l'émission *Friday Nights with Buddy Winter* qui, en fin de compte, n'avait pas marqué la fin de sa carrière. À partir de 1982 et pendant six ans, mon père avait présenté un talk-show d'une demi-heure sur PBS, où il se concentrait sur un seul invité, l'interview pouvant s'étaler sur plusieurs jours s'il s'agissait d'un génie (le comédien sir John Gielgud, ou le chorégraphe et danseur russe George Balanchine). À plus de soixante-dix ans, il participait encore à des tournois de tennis. Il avait été le narrateur d'un documentaire sur les débuts de la télévision, et d'un autre sur l'âge d'or des talk-shows. Et on l'avait retrouvé dans *La croisière s'amuse*, cette fois avec ma mère. Ils jouaient des inconnus qui tombent amoureux, et leurs répliques improvisées furent les meilleures de cette série vraiment ridicule.

Pendant des années, les relations avec mon père avaient été tendues parce que je devais trouver ma voie, et parce qu'il avait l'impression que je l'avais abandonné, que j'avais cessé de l'écouter, comme l'avait laissé entendre ma mère. À sa mort, mon ancien rôle m'a manqué, de même que les soirées après le travail, quand nous envahissions un bar avec toute l'équipe et que nous avions des échanges électriques – ils l'étaient toujours en ce temps-là ; nous nous trouvions systématiquement au centre du monde.

J'ai pensé à Buddy ces derniers temps alors que je sors moi-même d'une dépression nerveuse – ou quel que soit le terme que vous voulez employer. Je travaillais trop et dormais trop peu, et comme lui à l'époque j'étais bien trop anxieux. J'ai alors entrepris une thérapie intensive avec un certain Morris, un homme sage et intrépide, dans son cabinet de Santa Monica. Je me suis senti comme engourdi au cours des premières séances, et perdu dans les heures qui suivaient. Ce travail se rapprochait peut-être de la thérapie primale d'Arthur Janov, et nous parlions de tout, pas uniquement de mon père – de ma relation fluctuante avec ma mère ; de Rachel, qui avait fini par épouser Randy (lequel avait écrit et produit une série policière à succès, *The Precinct*), et qui gravissait les échelons pour devenir la première femme nommée directrice de Coolidge ; et de Kip, devenu bouddhiste, qui vivait à Seattle, avait trois enfants, continuait à jouer au tennis, et qui m'avait conseillé depuis un moment de venir m'installer dans cette ville pour mon équilibre personnel. Je suis pourtant relativement équilibré, j'ai une femme californienne ravissante et empathique (qui m'a quitté une fois pour revenir un mois plus tard), et deux enfants qui n'ont aucune envie de travailler en contact avec les célébrités.

J'ai assisté à la seconde investiture d'Obama, et j'ai même discuté avec la première dame du fait de grandir au rythme d'un talk-show. Ma vie s'est déroulée en grande partie comme je l'avais voulu, à quelques exceptions près. Je me suis souvent demandé ce qui nous serait arrivé si John n'avait pas été assassiné, si quelqu'un s'en était pris à ce tordu de Chapman avant qu'il puisse passer à l'acte, et si les retrouvailles des Beatles sur le plateau de Buddy avaient pu avoir lieu et stupéfié le monde entier. Nous aurions survécu deux ans de plus, peut-être davantage, qui sait ? Il est facile d'affirmer que les Beatles nous auraient sauvés, et peut-être l'auraient-ils bel et bien fait d'ailleurs, on peut tout imaginer. Ce fut une année de come-back qui ne se sont jamais vraiment concrétisés – il faut dire qu'ils se concrétisent rarement comme on l'espérerait.

Ces semaines de 1980 qui suivirent Thanksgiving m'apparaissent aujourd'hui comme dans un rêve. L'émission prenait forme, John ne se cachait plus, et Yoko et lui acceptaient apparemment toutes les interviews, une longue avec *Playboy*, une autre avec *Newsweek*. John avait tellement de projets ! Les Lennon allaient partir en tournée avec leur groupe, il avait écrit une pièce de théâtre et il voulait voyager, surtout traverser le Pacifique jusqu'à Tahiti. Je pensais qu'après leurs retrouvailles John et Paul pourraient de nouveau écrire des chansons ensemble, et elles seraient mémorables. Le 3 décembre, Ringo s'était engagé à participer à l'émission, et George était le seul réfractaire mais il ne le resterait pas longtemps. Pas avec les trois autres qui soutenaient ce projet. Ça se passerait comme je l'avais imaginé – on organiserait, sans battage publicitaire, la seconde moitié du concert de quarante-cinq minutes que les Beatles avaient donné sur le toit d'Apple Records, au 3 Savile Row, et qui avait pris fin avec l'arrivée de la police. CBS et ses chaînes affiliées seraient au courant, mais on aurait là le plus incroyable secret jamais gardé.

Je me souviens d'un trajet en taxi avec John dans Manhattan lors d'une de ces journées d'automne parfaites, il m'avait dit que le plus merveilleux dans sa participation à l'émission, c'est que jamais plus on ne lui demanderait quand le groupe allait se reformer.

« Ce que je veux, c'est vivre plus longtemps qu'Elvis. Lui survivre.

– C'est déjà le cas.

– Putain, tu ne trouves pas ça génial ? Il y a un an, tu étais mourant sur un lit d'hôpital infect, à cause du palu. Et maintenant, regarde ! Je t'ai saupoudré de poussière de Beatles. »

Quand nous nous sommes séparés, il m'a dit quelques mots vaguement paternels qui se sont perdus dans le vacarme de la circulation.

Le 8 décembre au soir, Olive et moi sommes allés écouter de la musique au Ritz, une nouvelle boîte de nuit du Village, qui avait une immense piste de danse. Tous les gens étaient en noir, nombre d'entre eux portaient des chaînes et des bottes de moto, et on a écouté les Flying Lizards, écrasés les uns contre les autres. Nous sommes partis avant que la nouvelle se soit répandue, mais partout autour de nous, dans les larmes d'inconnus, le hurlement qui provenait du bout de la rue, et le silence qui régnait là où d'habitude se déversaient des flots de musique, nous avons senti que quelque chose de terrible était arrivé et que nous ne serions jamais plus les mêmes.

41

Cette nuit-là, le monde a pleuré devant notre immeuble, des vagues successives de personnes endeuillées, en doudoune, poncho de laine, veste en jean à franges ou sweat-shirt, quelques-unes en robe de chambre et pantoufles, des jeunes et des vieux, des visages connus et beaucoup d'autres inconnus, qui venaient de toute la ville et bientôt de partout ; quelques équipes de télévision ont installé leur caméra, un homme en fauteuil roulant a chanté des chansons des Beatles, certains se sont étreints, d'autres sont restés pétrifiés, en état de choc. Le sol du hall était taché de sang. John avait reçu quatre balles dans le corps. Un jeune chirurgien du Roosevelt Hospital avait ouvert sa poitrine et massé son cœur pour tenter de le ramener à la vie, mais le chanteur avait perdu beaucoup de sang, il était trop tard. On avait déposé, devant le portail, des roses jaunes et rouges, des fleurs des champs, des photos, des dessins, et des messages d'amour et de douleur écrits sur des feuilles de bloc-notes ou sur des posters. Tous ces gens ignoraient qu'ils avaient été sur le point de revoir les Beatles, que le choc qu'ils étaient censés recevoir, c'était la reformation du groupe, un projet dont j'étais en partie à l'origine. Je l'avais imaginé, j'en avais déjà rêvé, et j'en rêverais encore souvent.

Ce que nous savons sur le dernier jour de John : il s'est fait couper les cheveux. Il a eu une séance photo avec Annie Leibovitz pour *Rolling Stone*, ce qui donnera la couverture où, nu, il enlace Yoko qui, elle, est habillée. Un journaliste l'a ensuite interviewé pendant trois heures pour la radio RKO. Puis, comme le chauffeur de John n'arrivait pas, l'homme l'a déposé au studio d'enregistrement avant de se rendre à l'aéroport.

En quittant le Dakota, le chanteur a dédicacé l'album de l'individu qui allait le tuer.

Quand je pense à ces derniers jours, je vois Mark David Chapman partout, il sort de Central Park, entre dans le YMCA McBurney où il a loué une chambre. Je le vois devant notre immeuble, avec son manteau et son écharpe, mort à l'intérieur et plein d'une rage vaine. Je ne peux pas m'empêcher de penser que j'aurais pu faire quelque chose, lui défoncer la gueule, le dissuader de mener à bien son projet, ou encore appeler les flics, mais je suis loin d'être le seul à avoir eu cette réaction.

C'était surprenant de constater que ces hommes et ces femmes semblaient personnellement touchés, comme s'ils avaient perdu un ami proche, un frère ou un amant. Alors qu'ils ignoraient tout de John. Ça m'a fait penser à l'article d'Olive sur les émotions déplacées que les gens ressentent pour des stars sans jamais les avoir rencontrées. Celles qui les avaient conduits jusqu'au portail de notre immeuble avaient, d'une certaine façon, mis fin à sa vie. Nous les aimons et ensuite nous les tuons, m'a dit ma mère quand je lui ai fait part de mes réflexions.

Au cours des semaines suivantes, l'émission de Buddy a trouvé son rythme. Ses monologues étaient drôles et concis, ce qui témoignait d'un certain héroïsme ; nous avons reçu de formidables invités, mais on aurait dit une tournée d'adieu, comme celle d'un champion lors de son ultime saison. Cette émission était censée être une renaissance et non la fin du voyage. Ce qui était contrariant, c'était d'avoir des retours différents d'une semaine sur l'autre. Un cadre de CBS pouvait nous annoncer que nous nous en sortions bien et que nous aurions peut-être bientôt cinq émissions par semaine et, le lendemain, nous perdions une station privée, l'audience baissait, et Elliot nous disait que nos jours étaient comptés. C'était comme avoir une petite amie qui hésitait à s'engager.

Pendant cette période, j'ai souffert de migraines et d'attaques de panique, car je me croyais coupable d'avoir suscité des espoirs.

« Je ne me fais pas à l'idée que papa ait de nouveau à subir ça », ai-je expliqué à Rachel alors que nous traversions Central Park en direction du restaurant Boathouse, nos parents marchant à une vingtaine de mètres devant nous. C'était peu de temps avant l'arrêt du talk-show.

« C'est-à-dire ?

– Qu'il perde l'émission. Qu'il n'ait plus la cote. Qu'il se retrouve à la case départ.

– Ce ne sera pas le cas, ni pour lui ni pour toi.

– Ah bon ?

– Regarde-le », m'a-t-elle dit, et, au même moment, Buddy s'est retourné et a jeté sur nous un regard plein de chaleur.

« Il va s'en sortir. Grâce à toi. Ce que tu as fait, personne ne l'aurait fait. J'en aurais été totalement incapable.

Il a réussi à revenir à l'antenne. Il ne voulait pas retrouver son ancienne vie.

– Tu as raison, mais elle me manque, cette ancienne vie.

– À moi aussi, un peu, reconnut Rachel. Mais je ne l'ai jamais avoué. »

Je me rappelle m'être promené dans le quartier, avoir vu des commerces en difficulté sur le point de fermer et des boutiques de luxe fêter leur ouverture, et m'être dit qu'une bonne partie de la ville telle que je l'avais connue n'existerait bientôt plus, et j'ai pris mentalement des photos – la pâtisserie Grossingers, spécialisée dans les gâteaux européens ; l'Avocado Tree où j'achetais mon papier à rouler et où je m'étais procuré ma première pipe à eau ; la maison de la presse où je m'offrais un *egg cream* ; le petit salon de coiffure pour hommes et son calendrier à l'ancienne, avec des filles en bikini, accroché au mur ; la boutique de cadeaux où j'avais vu un couple tenter d'entrer dans le Guinness Book avec le record du monde du plus long baiser, les lèvres enflées comme des saucisses à la quarantième heure ; l'hôtel Ansonia dans lequel nous avions pris des cours de danses de salon ; les écuries Claremont où Rachel passait ses samedis et d'où elle rapportait une odeur de foin. Tout allait bientôt changer, de jeunes traders ambitieux s'achèteraient des appartements dans d'anciens foyers rénovés, la jeunesse dorée réserverait les meilleures tables au Victor's Café, au Ruelles ou au Red Baron, et flânerait dans les magasins en quête de chocolats haut de gamme et de jeans à deux cents dollars. Où étaient passés les vieux, les fous, les ivrognes et les prostituées, les joueurs d'échecs de gauche ? Les prédicateurs et les politiciens amateurs, le type devant le Dublin House qui faisait des tours de magie et racontait des blagues contre quelques pièces ? Le West Side de notre enfance renfermait le monde entier, pas uniquement des boutiques et des restaurants classes.

Début avril, après l'arrêt de l'émission, j'ai pris l'avion pour Los Angeles, emménagé dans un studio à Venice, à quelques centaines de mètres de chez Will, et nous avons commencé à écrire ensemble, à élaborer des projets et à organiser des rendez-vous avec des personnes influentes, ce que je savais faire. Will avait, comme Buddy, des idées plein la tête, et il était bien plus vif que lorsqu'il était étudiant. On s'apportait beaucoup, et ça m'a fait penser, comble du ridicule, à John et Paul en train d'écrire des chansons à Hambourg, assis l'un en face de l'autre sur leur petit lit. J'avais Olive au téléphone une fois par semaine et bientôt presque tous les soirs.

Dans ma nouvelle chambre, j'ai rêvé un soir de la tempête que nous avions essuyée, et au réveil, je me suis d'abord senti très heureux, puis triste. J'ai écrit toute la journée et ensuite j'ai fait une longue promenade au bord de la mer. Je me suis demandé ce que Buddy était en train de faire, et je l'ai imaginé au cinéma avec Harry, puis en train de dîner et de dessiner les contours de sa nouvelle vie. J'ai songé que mon anniversaire était le lendemain avant de réaliser que c'était le jour même, j'avais des messages sur ma boîte vocale, et je me suis alors senti loin de tout, loin de tout ce que j'avais toujours connu.

REMERCIEMENTS

Ce livre doit beaucoup à l'Upper West Side de mon enfance ; à mes parents, Heather et Joe Barbash, qui s'y sont installés avec nous juste après l'élection de Nixon, et qui nous ont fait découvrir les albums *Revolver* et *Rubber Soul* des Beatles. Merci à mes amis écrivains, Justin Cronin, Jim Sullivan, Jason Roberts, David Mitchell, Anika Stretifeld, Dave Eggers, Jess Walter et Eric Puchner, qui m'ont encouragé et m'ont donné des conseils avisés.

La sagesse et l'expérience de ma sœur Lisa, de ma belle-mère Carol Lamberg et de ma marraine Joy Boyum m'ont été infiniment précieuses. Merci aussi à David Berman, Mark Weiner, Kerstin Nash, John Swomley et Rex Miller pour leur écoute attentive et leurs remarques.

Dan Chaon m'a aidé lorsque je me suis, plus d'une fois, embourbé dans la narration, et il est depuis des années une source d'inspiration pour moi. Joshua Blum, Ann Terry et John Martin m'ont beaucoup appris sur le monde de la télévision, et sur celui des talk-shows en particulier. Le capitaine Hank Halsted m'a parlé de sa traversée en mer avec John Lennon au cours de deux longs entretiens téléphoniques, mais je me suis permis une certaine licence artistique. Joshua Wolf Shenk m'a aidé à mieux comprendre la relation entre John et Paul. Steffi et Bob Berne ainsi que la romancière Nina Solomon ont partagé avec moi leur vécu dans le Dakota et m'ont fait entrer dans l'immeuble, où j'ai pu prendre l'ascenseur, parcourir les couloirs et échanger avec eux dans leur salon. Le livre de Fred Seaman sur son travail d'assistant auprès de John Lennon m'a éclairé, de même que *Les Lettres de John Lennon*, *Life at the Dakota* de Stephen Birmingham, *African Queen ou Comment je suis allée en Afrique avec Bogart, Bacall et Huston et faillis perdre la raison* de Katharine Hepburn, ainsi que le livre de l'avocat Henry Bushkin sur son client, Johnny Carson. Grant Dorsey et Brenna Wear ont partagé avec moi leur connaissance du paludisme, et David Dodson et Max Mulhern m'ont expliqué la navigation en pleine mer. Merci à la MacDowell Colony, à Martin Lauber et à Simon Blattner de m'avoir offert une pièce dans laquelle travailler, et merci à mes étudiants et mes collègues du California College of the Arts, qui continuent de m'inspirer.

Toute ma gratitude à Lee Boudreaux et Dan Halpern, qui ont été les premiers à croire à ce livre ; à Emma Dries qui m'a aidé à garder le cap ; à Trent Duffy, la référence absolue en matière de correcteur ; à ma patiente et brillante éditrice, Megan Lynch, pour ses conseils sages et francs. À Ellen Levine qui a toujours été une présence éclairée et chaleureuse dans ma vie d'écrivain. Et enfin à Hilary et James, qui font ma joie et mon émerveillement.

DU MÊME AUTEUR

Aux Éditions Albin Michel

LES LUMIÈRES DE CENTRAL PARK, nouvelles, 2015

« Terres d'Amérique »

Collection dirigée par Francis Geffard
(Extrait du catalogue)

CHRIS ADRIAN
Un ange meilleur, nouvelles

SHERMAN ALEXIE
Indian Blues, roman
Indian Killer, roman
Phoenix, Arizona, nouvelles
La Vie aux trousses, nouvelles
Dix Petits Indiens, nouvelles
Red Blues, poèmes
Flight, roman
Danses de guerre, nouvelles

DAVID BERGEN
Une année dans la vie de Johnny Fehr, roman
Juste avant l'aube, roman
Un passé envahi d'ombres, roman
Loin du monde, roman
La Mécanique du bonheur, roman

JON BILLMAN
Quand nous étions loups, nouvelles

TOM BISSELL
Dieu vit à Saint-Pétersbourg, nouvelles

AMANDA BOYDEN
En attendant Babylone, roman

JOSEPH BOYDEN
Le Chemin des âmes, roman

Là-haut vers le nord, nouvelles
Les Saisons de la solitude, roman
Dans le grand cercle du monde, roman

JAMEL BRINKLEY
Lucky man, nouvelles

TAYLOR BROWN
Les Dieux de Howl Mountain, roman

KEVIN CANTY
Une vraie lune de miel, nouvelles
Toutes les choses de la vie, roman
De l'autre côté des montagnes, roman

DAN CHAON
Parmi les disparus, nouvelles
Le Livre de Jonas, roman
Cette vie ou une autre, roman
Surtout rester éveillé, nouvelles
Une douce lueur de malveillance, roman

MICHAEL CHRISTIE
Le Jardin du mendiant, nouvelles

CHRISTOPHER COAKE
Un sentiment d'abandon, nouvelles

TOM COOPER
Les Maraudeurs, roman

CHARLES D'AMBROSIO
Le Musée des poissons morts, nouvelles
Orphelins, récits

CRAIG DAVIDSON
Un goût de rouille et d'os, nouvelles
Juste être un homme, nouvelles

Cataract City, roman
Les Bonnes Âmes de Sarah Court, roman

ANTHONY DOERR
Le Nom des coquillages, nouvelles
À propos de Grace, roman
Le Mur de mémoire, nouvelles

DAVID JAMES DUNCAN
La Vie selon Gus Orviston, roman

DEBRA MAGPIE EARLING
Louise, roman

LOUISE ERDRICH
L'Épouse Antilope, roman
Dernier rapport sur les miracles à Little No Horse, roman
La Chorale des maîtres bouchers, roman
Ce qui a dévoré nos cœurs, roman
Love Medicine, roman
La Malédiction des colombes, roman
Le Jeu des ombres, roman
La Décapotable rouge, nouvelles
Dans le silence du vent, roman
Femme nue jouant Chopin, nouvelles
Le Pique-nique des orphelins, roman
LaRose, roman

BEN FOUNTAIN
Brèves rencontres avec Che Guevara, nouvelles
Fin de mi-temps pour le soldat Billy Lynn, roman

TOM FRANKLIN
Le Retour de Silas Jones, roman
Braconniers, nouvelles

TOM FRANKLIN & BETH ANN FENNELLY
Dans la colère du fleuve, roman

HOLLY GODDARD JONES
Une fille bien, nouvelles
Kentucky Song, roman

KEVIN HARDCASTLE
Dans la cage, roman

ALAN HEATHCOCK
Volt, nouvelles

RICHARD HUGO
La Mort et la Belle Vie, roman
Si tu meurs à Milltown, récits

MARLON JAMES
Brève histoire de sept meurtres, roman

ADAM JOHNSON
La chance vous sourit, nouvelles

BRET ANTHONY JOHNSTON
Souviens-toi de moi comme ça, roman

THOM JONES
Le Pugiliste au repos, nouvelles
Coup de froid, nouvelles
Sonny Liston était mon ami, nouvelles

CHRISTIAN KIEFER
Les Animaux, roman

THOMAS KING
Medicine River, roman
L'Herbe verte, l'eau vive, roman

SANA KRASIKOV
L'An prochain à Tbilissi, nouvelles
Les Patriotes, roman

RICHARD LANGE

Dead Boys, nouvelles

Ce monde cruel, roman

Angel Baby, roman

La Dernière Chance de Rowan Petty, roman

MATT LENNOX

Rédemption, roman

BRIAN LEUNG

Les Hommes perdus, roman

Seuls le ciel et la terre, roman

MAXIM LOSKUTOFF

Viens voir dans l'Ouest, nouvelles

ROBIN MACARTHUR

Le Cœur sauvage, nouvelles

Les Femmes de Heart Spring Mountain, roman

DAVID MEANS

De petits incendies, nouvelles

DINAW MENGESTU

Les belles choses que porte le ciel, roman

Ce qu'on peut lire dans l'air, roman

Tous nos noms, roman

STEFAN MERRILL BLACK

Le Noir entre les étoiles, roman

PHILIPP MEYER

Le Fils, roman

BRUCE MURKOFF

Portés par un fleuve violent, roman

JOHN MURRAY

Quelques notes sur les papillons tropicaux, nouvelles

MATTHEW NEILL NULL
Le Miel du lion, roman
Allegheny River, nouvelles

TOMMY ORANGE
Ici n'est plus ici, roman

KEVIN PATTERSON
Dans la lumière du Nord, roman

BENJAMIN PERCY
Sous la bannière étoilée, nouvelles
Le Canyon, roman

DAVID JAMES POISSANT
Le Paradis des animaux, nouvelles

DONALD RAY POLLOCK
Le Diable, tout le temps, roman
Une mort qui en vaut la peine, roman

ERIC PUCHNER
La Musique des autres, nouvelles
Famille modèle, roman
Dernière journée sur terre, nouvelles

JON RAYMOND
Wendy & Lucy, nouvelles
La Vie idéale, roman

ELWOOD REID
Ce que savent les saumons, nouvelles
Midnight Sun, roman
La Seconde Vie de D.B. Cooper, roman

EDEN ROBINSON
Les Esprits de l'océan, roman

KAREN RUSSELL
Swamplandia, roman

Foyer Sainte-Lucie pour jeunes filles
élevées par les loups, nouvelles
Des vampires dans la citronneraie, nouvelles

JON SEALY
Un seul parmi les vivants, roman

NATHAN SELLYN
Les Caractéristiques de l'espèce, nouvelles

HUGH SHEEHY
Les Invisibles, nouvelles

WELLS TOWER
Tout piller, tout brûler, nouvelles

DAVID TREUER
Little, roman
Comme un frère, roman
Le Manuscrit du Dr Apelle, roman
Indian Roads, récit
Et la vie nous emportera, roman

BRADY UDALL
Lâchons les chiens, nouvelles
Le Destin miraculeux d'Edgar Mint, roman
Le Polygame solitaire, roman

GUY VANDERHAEGHE
Dernière traversée, roman
Comme des loups, roman
Comme des feux dans la plaine, roman

CLAIRE VAYE WATKINS
Les Sables de l'Amargosa, roman

SHAWN VESTAL
Goodbye, Loretta, roman

VENDELA VIDA
Se souvenir des jours heureux, roman
Les Habits du plongeur abandonnés sur le rivage, roman

JOHN VIGNA
Loin de la violence des hommes, nouvelles

WILLY VLAUTIN
Motel Life, roman
Plein nord, roman
Ballade pour Leroy, roman
La Route sauvage, roman

JAMES WELCH
L'Hiver dans le sang, roman
La Mort de Jim Loney, roman
Comme des ombres sur la terre, roman
L'Avocat indien, roman
À la grâce de Marseille, roman
Il y a des légendes silencieuses, poèmes

COLSON WHITEHEAD
Underground Railroad, roman

CALLAN WINK
Courir au clair de lune avec un chien volé, nouvelles

SCOTT WOLVEN
La Vie en flammes, nouvelles

Composition : Nord Compo
Impression : CPI Bussière en mars 2020
Éditions Albin Michel
22, rue Huyghens, 75014 Paris
www.albin-michel.fr
ISBN : 978-2-226-44214-7
ISSN : 1272-1085
N° d'édition : 20841/01 – N° d'impression : 2049664
Dépôt légal : avril 2020
Imprimé en France